建德市景区景点导游词

《建德市景区景点导游词》编写委员会 编

蒋祖云 主编

方志出版社
Publishing House of Local Records

图书在版编目（CIP）数据

建德市景区景点导游词 /《建德市景区景点导游词》编写委员会编；蒋祖云主编.—北京：方志出版社，2023.12

ISBN 978-7-5144-6024-7

Ⅰ.①建… Ⅱ.①建… ②蒋… Ⅲ.①导游－解说词－建德 Ⅳ.①K928.955.4

中国国家版本馆CIP数据核字(2023)第253543号

责任编辑：李丝雨
责任校对：张玉霞
责任印制：梅中英
出 版 者：方志出版社
地　　址：北京市朝阳区潘家园东里 9 号（国家方志馆4层）
邮　　编：100021
网　　址：Http://www.zgfzcb.cn
发　　行：方志出版社图书营销中心（010-67110500）
印　　刷：建德市新华印务有限公司
开　　本：710毫米 × 1000毫米　1/16
印　　张：15.75
字　　数：259千字
版　　次：2023年12月第1版
印　　次：2023年12月第1次印刷
定　　价：68.00元

《建德市景区景点导游词》编纂指导委员会

主　任：张扬军

副主任：谢黎琴　郑希平　黎　源　章晓腾

编　委：顾伟梁　邵永忠　骆燕君　马琦瑛　方　娟

杨　俊　陈晓飞　方　燕　陈　跃　叶　瑾

吕建强　蒋祖云　吴　蓉　胡慧文　孙　琴

胡建文　朱丹萍　王玮江

《建德市景区景点导游词》编写委员会

主编：蒋祖云

撰稿：蒋祖云　夏杜霞　王玮江　朱永文　吕建青
朱丹萍　洪基军　胡　浩　邱和红　吴灵秀
陈方琦

照片：建德市文化和广电旅游体育局提供

统稿：钱　钧　陈利群　蒋祖云

策划：建德市文化和广电旅游体育局
建德市新安旅游投资有限公司
建德市旅游协会
建德市导游协会

序一

□ 张扬军

中国优秀旅游城市、中国首个气候宜居城市——建德市，素以“奇山碧水”的旖旎风光和人文荟萃的名胜古迹闻名于世，是杭州西湖—富春江、新安江、千岛湖—安徽黄山黄金旅游线上的一颗璀璨的明珠。

建德自古就有“锦峰绣岭、山水之乡”的美誉。古有“严陵八景”，今有“新安十景”。1982年，建德就被国务院列为首批国家级重点风景名胜区，并先后荣获中国首个气候宜居城市、中国优秀旅游城市、首批全国绿化模范城市、华东地区十大休闲旅游风情城市、中国十大世外桃源、国家级生态示范区、中国特色魅力城市200强等称号。目前，旅游业已成为建德市第三产业的领头行业。

建德是浙江省发展国内旅游的先行者，也是浙江省唯一因旅游业而设的县级市。经过三十多年的发展，建德已形成“一城三线”的旅游格局。东线主要有严州古城、七里扬帆、葫芦峡漂流、马岭天观等景点，是一条山水风光旅游线路；南线主要有大慈岩、灵栖洞、新叶古村、绿荷塘楠木林、十里荷花、寿昌古镇、卧龙峡漂流、江南喀斯特等景点，是一条名寺名洞名村名园旅游线路；西线主要有新安江水电站、农夫山泉、千岛湖好运岛等景点，是一条集自然山水、红色旅游、工业旅游于一体的旅游线路。新安江城拥有新安江龙舟漂游、竹筏漂流、梦幻新安江夜游、《江清月近人》实景演艺等特色旅游项目，以“水清、风凉、雾奇”三绝闻名，堪称“清凉世界”；另外，建德拥有富春江和新安江2处国家森林公园，拥有千鹤妇女精神纪念馆、双童烈士纪念馆、新安江水电站纪念馆等红色旅游点，拥有建德博物馆、建德人遗址陈列馆、致中和酒业博物馆、倒笃菜非遗陈列馆等“非遗”展示与研学基地，还拥有众多的果蔬采摘基地和乡村旅游点……所有这些景区和旅游项目，使建德成为国内著名的休闲度假旅游胜地。

近年来，建德全力推动“八八战略”再深化、特色产业再提速，努力打响“幸福宜居之城，文旅共富样板”品牌，高水平谋划和推进“诗路文化三江两岸”水上黄金旅游线建德段工作和农文旅体融合，全力推进社会经济的全面发展。建德旅游业态正从过去“一枝独秀”的观光旅游向观光、乡村旅游、度假休闲“三位一体”方向转变。如何把建德优美的自然风光、璀璨的历史文化及建德社会经济的发展变化介绍给广大旅游者，这就需要旅游从业人员的共同努力。特别是导游员，肩负着导游讲解和对外宣传等多种责任。因此，导游员需要不断地顺应时代要求，提高讲解水平，向游客传递正确、有效的信息，讲出具有建德灵魂的内容，使游客产生共鸣，这是导游员工作的基本要求。

为了适应新形势的发展，建德市旅游协会、建德市导游协会于2023年年初着手编写了《建德市景区景点导游词》一书。通过编写初稿、导游员试讲、景区审核、修改补充、专家统稿等方式，历时十余月，如期完成。该书从介绍建德旅游景点入手，展现建德的自然风光、人文景观、灿烂文化、红色旅游、“非遗”研学和社会经济发展，起到了宣传建德、宣传旅游的作用，同时也为导游专业人员规范讲解提供重要依据。当然，由于时间紧、编写者掌握的信息有限，加上景区内容变化大，在《建德市景区景点导游词》仍有不完善之处，请导游员在实际讲解中加以完善。

今年正值亚运年，借着本届亚运会的东风，紧跟杭州走向世界的步伐，我们也将抓住此次难得的机遇，进一步放大杭州亚运效应，将“幸福宜居之城，文旅共富样本”建德新宣传目标呈现在世界面前。

《建德市景区景点导游词》的出版，对建德文旅产业的发展必将产生积极的影响，我衷心期望广大旅游工作者和爱好者能从中得到启迪，并一如既往地为建德旅游业的发展做出贡献。

是为序。

2023年10月于新安江畔

（作序者为建德市人民政府副市长）

序二

□钱钧

童年时，我有收集香烟盒子的爱好，从烟盒商标中我感受到，不同地区的香烟代表的是不同地方的人文情怀，其中有一款“新安江”的烟盒，让我爱不释手，那江上大坝的雄姿，至今仍深深地印在我的脑海。

工作之后，我在一家企业担任团委书记，当时系统团委组织团干部集体培训，培训地点是建德。记得有一天上午，大伙儿一起到镇上拍“白沙奇雾”，我主动担任大家的摄影师，端起海鸥牌相机，在欢声笑语中，咔嚓咔嚓地按动快门，风景照、集体照，拍了一大摞。可是去印照片的时候，照相馆的人告诉我，胶片曝光了，照片全部成了废片。当时对我而言，打击可想而知，该如何向大家交代？我难过了一阵子，为此，我给陪我浪费表情的朋友们写了一封长长的“忏悔书”。

此后，我每次到建德，就会回忆起这两件事。

20世纪80年代初，我从事了旅游业，在杭州飞达航空服务有限公司担任旅行社经理，外出的机会更加多了起来。因为有先前的向往和遗憾，所以我对建德就更加关注，通过多次寻访，一往情深地爱上了这座江上小城。

我爱建德，是因为山的独特，山是一尊佛，佛是一座山。早就听闻大慈岩，建筑一半嵌于岩腹，一半凌空绝壁，被称为“江南悬空寺”。这样的景观，走遍大地神州，只有北岳恒山悬空寺方能与之媲美。

我爱建德，是因为水的清澈，“野旷天低树，江清月近人”。孟浩然的深情赞美，令我心驰神往。天下还有什么样的水能与新安江17℃的水那般动静交融、温润和谐？当她静如处子时，月入江中，明亮皎洁；当她动若脱兔时，大坝出水，白练腾空。

我爱建德，是因为村的宁静，“绿树村边合，青山郭外斜”。徽派建筑风格的新叶古村，田园如诗，乡村如画。民风淳朴崇尚诗书，耕读传家其乐融融。

我爱建德，是因为洞的幽深，石上生灵草，泉中落异花。别有洞天，鬼斧神工。以水见长的灵泉洞，以风取胜的清风洞，以云雾称奇的霭云洞，各具特色，异彩纷呈。

我爱建德，是因为岛的吉祥，湖门第一岛，人称好运岛。这座距离新安江水电站最近的岛屿，五福临门，好运相伴，给人们带来富贵吉祥、幸福安康。

我爱建德，还因为七里扬帆富春江、半朵梅花开梅城，航空小镇寿昌镇，双塔凌云严州城。活血抗寒五加皮，十里荷塘里叶莲，秋梅食品倒笃菜，农夫山泉有点甜……

建德，承载了我童年记忆里的吉光片羽，照片被损毁的些许歉意，以及从事旅游后的无限爱意。

在从事旅游业的生涯中，我编写了25本旅游书籍，其中，《浙江著名旅游景点导游词》《杭州新景导游词》都对建德进行了浓墨重彩的叙述，这当中要特别感谢我的好朋友蒋祖云先生的鼎力支持，建德的第一手资料都是由他提供的，以文会友，我们建立起了深厚的友谊。

去年，建德市旅游协会在蒋祖云老师的倡导下，提出建德导游队伍建设要适应互联网时代的新要求，导游词的写作、讲解必须与新时代接轨，于是把重新编写《建德市景区景点导游词》的工作提上了议事日程。2022年12月8日，受建德市旅游协会蒋祖云秘书长的邀请，我欣然前往建德博物馆，给导游作者们讲述了一堂“如何编写导游词”的课程，并受邀为书作序。

江山之美，还需要导游员用精彩的方法去点彩赋色，《建德市景区景点导游词》正是承担了这一使命，凝聚了建德导游们的集体智慧，他们从爱家乡、讲家乡的情怀出发，以深入浅出的口吻、虚实结合的方法、雅俗共赏的表述，向人们呈现了一道精神大餐。

由于时间紧，编写作者都是一线导游员，实操经验丰富，但理论水平参差不齐，因此在创作技能上还有一定的提升空间。

“星垂平野阔，月涌大江流。”山脉俊朗，水脉清灵，文脉悠长的建德，这片三江两岸诗意盎然的大地，正以溯流而上的激越，劈波斩浪的豪迈，呼唤我们续写新的壮美华章。

2023年10月22日

（作序者为浙江省旅行社协会监事、导游分会会长，
杭州市旅游协会副会长、导游分会会长）

目 录

第一章　建德市情

17℃建德新安江的由来和含义

建德是富春江—新安江（千岛湖）国家重点风景名胜区的重要组成部分。建德总面积为2321平方千米，列入国家重点风景名胜区富春江—新安江的面积达156平方千米，占建德总面积的6.7%。这一比例，在浙江省各县市中名列前茅。建德山清水秀，人杰地灵，物产丰富，是浙西旅游集散中心和国内著名的养生休闲胜地。在富春江—新安江（千岛湖）国家重点风景名胜区中，建德不仅包含新安江风景区的全部面积，而且包括富春江、千岛湖风景区的一部分面积。由于新安江水电站的影响力以及新安江水常年保持17℃的恒温，所以建德人都以“新安江”为自豪。而在对外宣传中，我们又常常以“17℃建德新安江”作为宣传主题。也许有游客问“17℃建德新安江”是什么意思？它有什么内在的含义呢？

“17℃建德新安江”的由来

“17℃建德新安江”的说法是有其根源的。这一根源就是中国第一座自行建造的新安江水电站。从水电站70米深坝底喷涌而出的江水绕建德市区东去，这一源自千岛湖深处的江水常年保持14—17℃，水质佳，无须处理即可达国家一级饮用水标准，“农夫山泉”就是从这里流向全国各地的。17℃的江水是建德独有的，受17℃江水的影响，建德全年的平均气温也是17℃；此外，灵栖洞的洞内温度常年也保持17℃的恒温……我们只要逛一逛新安江大坝、好运岛情人谷、龙舟漂流、梦幻新安江、下涯湿地、七里扬帆、灵栖洞等这些景区，就能印证这个说法。因此，17℃便成为建德新安江的重要标志。

“17℃建德新安江”的品牌内涵

“17℃建德新安江”的品牌内涵是十分丰富的。它具有自然的、人文的和中国意味的三层含义。从自然角度看，17℃建德新安江是充满活力的，是向往永恒的，是自然纯净的，是象征爱情的，是立体惬意的，是适宜养生的。17℃的江水，是充满活力的。当新安江大坝出水，宛如白练的水流抛向空中，发出阵阵巨响，给下游的新安江注入了汹涌湍急的水流。一江清水滋润着这座城市，建德表面上看有着江南城市的慵懒和舒展，但在社会经济发展的各个层面，保持着旺盛的活力，正在快速发展。

17℃的江水，是向往永恒的。新安江大坝以下，江水的流量是靠用电站发电时的水流一次又一次的补充来调节的。而每一次补充的江水，都是17℃的，这是一种动态的平衡，是一种更具美感的和谐。建德新安江的水常年保持在17℃，这份默默的坚持，是为了这座城市的发展，也是为了迎接每位游客的到来。

17℃的江水，是自然纯净的。新安江大坝下出来的水，都来自百米以下，大坝下游也没有任何企业去污染这一江好水，因此这江水是自然的纯净的，不需要人工处理，便纯净到可以直接饮用。如果你俯下身去，离这些水近些，再近些，那江水的清澈，能漾进你的心坎里去。

17℃的江水，是象征爱情的。用这样既恒温又纯净的江水来比喻爱情，自然是妥帖的。试想一下，要是你和爱人的感情，能一直保持合适的温度，能一直如清水般明澈，多好呢？正因为如此，很多人喜欢到新安江边拍婚纱照，请这一江清冽的好水做一场甜蜜的见证。

17℃的江水，是立体惬意的。17℃的新安江，让这座城市的生活节奏，也按照17℃展开。17℃是人体感觉最舒适的温度，17℃的城市节奏，则是不慌不忙，刚刚好。要是你初到这里，多在江滨的公园走走，多去菜场码头看看，这些说着普通话的当地人，尽管他们的生活方式你一眼看不透，但不慌不忙、不焦不躁的状态，那份惬意，随处可见。如果在夜晚或者清晨的新安江边散步，你还能感受到这座城市的呼吸，也是不慌不忙，刚刚好。

17℃的江水，是适宜养生的。虽然新安江水库建成仅仅60多年，但一江17℃的好水滋养出的好生态，已经让建德成为养生的胜地。

新安江玉温泉，是美女集散地；新安江两岸好风景的村庄，则成了全国各地人们买房度假养老的最热门目的地。17℃的建德新安江，有着怎样的魔力，让他们有如此的归属感呢？

“17”谐音“一起”。“17”的谐音，便是旅游的本义——结伴同行、大家在一起的户外活动。

春夏秋冬，新安江水一直17℃，建德也一直适合你和亲朋的“一起”造访。

春去建德·新安江，心在一起。春暖花开，油菜花田金黄，梨树放白，桃树吐红，邀请亲朋踏春，从各方面考虑，建德新安江都是最具说服力的选择。这样美好的春天，在新安江畔放飞心情，同行人的心都聚在了一起。

夏去建德·新安江，乐在一起。夏天的城市，从来都让人烦闷，即使被空调包围，焦躁还是如影随形。睡不好，消耗大，夏天对身体是个考验。其实，解决方案是现成的，邀请一帮朋友，去建德新安江寻找快乐，凉爽一夏。在17℃的江水中，乐在一起，恢复的不仅是身体，还有你对工作生活敏锐的感悟力。

秋去建德·新安江，爱在一起。秋天的建德新安江，单说景色的话，最大的亮点，是大慈岩的大片银杏林。大慈岩的天然立佛，伫立万年，沉默不语，注视着芸芸众生。要是在这个秋天，带上你的爱人，一起去大慈岩，在银杏林里回首甜蜜过往，在大佛前许愿憧憬未来，会给你们留下一个17℃的温润秋天。

冬去建德·新安江，泡在一起。2010年的冬日，新安江硫温泉对外开放。因为硫温泉的美容功效，这里成为浙西美女集散地。此去经年，每到冬季，邀上你身边的女人们，妈妈、姐姐、爱人、女儿，去建德泡泡新安江硫温泉吧。泡在一起，“硫”住美丽，留住亲情和友情。

17℃的建德新安江，更有人文的含义。“在一起”，意味着众人的和睦、和谐。和是中华文化的精华，人与人之间要和，国与国之间要和，人与自然环境也要和。和谐的发展才是真正的发展，否则必将适得其反。建德古代是睦州的治所，睦者，和也；建德的名产五加皮酒叫致中和，这一个和字尽得风流。建德新安江，是一块和谐的土地，这里的和谐山水，有了游客，才会真的和谐。

“17℃建德新安江”在建德的各景区都能感受得到，在春夏秋冬一年四季都能有不同的体会。让我们一同去感受“17℃建德新安江”吧。

建德概况

欢迎大家到中国优秀旅游城市、中国气候宜居城市、全国文明城市——建德市参观游览。

建德地处浙江省西部，钱塘江上游，属浙江省辖县级市，由杭州市代管。总面积2321平方千米，2021年户籍人口50.75万人，常住人口44万人。它周边分别与淳安、桐庐、浦江县、兰溪市、龙游县、衢江区相邻，是杭（州）金（华）衢（州）三地交界地带。

建德是一座自然环境优美、历史文化悠久、气候条件宜人、自然资源丰富的县级市。为了加深大家对建德的了解，我不一一按常规介绍建德的地理环境、历史文化、风土人情等内容，而是撷取唯一性、独特性的内容加以阐述。对于建德，我们可以概括为“六个一”，即一颗“建德人”牙、一个以“建功立德”为含义的县名、一座千年古府、一座“三自”电站、一个交通枢纽、一条17℃的建德新安江。

一颗“建德人”牙

1974年，在建德李家镇新桥村的乌龟洞内发现了一枚古人类牙齿化石，经鉴定距今已有10万年的历史，牙化石的主人被中国科学院正式命名为“建德人”。“建德人”遗址的发现，揭开了浙江省境内发现古人类化石的序幕，为研究建德境内乃至钱塘江流域的远古文化提供了宝贵的资料，为浙江史前文化提供了有力的证据，为良渚文化、河姆渡文化等找到了历史的先导，从而成为无可争辩的浙江历史源头。2006年，时任浙江省委书记的习近平在《与时俱进的浙江精神》一文开篇中指出：远在数万年前，浙江大地上就出现了“建德人”的足迹。作为浙江人类鼻祖的“古建德人”，自强不息，坚韧不拔，掀开了人类发现史“浙江篇”的序幕，成为浙江精神的最早萌发地。

一个以“建功立德”为含义的县名

建德地名的由来，可追溯到三国时期。三国魏黄初二年（221），孙权封孙韶为扬威将军、建德侯；三国黄武四年（225），孙权析富春县设建德县。建德作为地名由此而来。建德的含义是“建功立德”。以建功立德为核心的德文化，在建德大地上源远流长，世代传衍，始终激励着人们崇学向善、务实守信、开拓进取。

一座千年古府

建德不仅是原建德县的治所，更是州府所在地。周神功元年（697），武则天在建德梅城设睦州州治，北宋宣和三年（1121），宋徽宗改睦州为严州，直至1959年建德专署被撤销，建德一直是州、府、路、专署所在地，是徽杭之间唯一的州府。在这1262年州府设置的时间内，杜牧、范仲淹、陆游等先贤在此任职，并为后人留下了丰富的物质财富和精神财富。千年严州文明生生不息，世代相传。一座千年古城，是千年文明的传承地。

一座“三自”电站

每一位寄情山水的人都应该到建德新安江旅游，每一位到建德新安江旅游的人都应该到新安江水电站看看。这座20世纪60—80年代的华东电网主力电站，如今的发电量虽然比不过三峡水电站、葛洲坝水电站、刘家峡水电站等大型水电站，但是作为中国第一座自主设计、自制设备、自行施工的“三自”电站，它为中国水电事业的发展做出了不可磨灭的贡献，是中国水电站建设史上的一座丰碑。

新安江是一条山溪性河流，河床坡降大、险滩多。千百年来，这条江河给下游沿江人民带来了满是痛苦的回忆。“一滩复一滩，一滩高十丈，三百六十滩，新安在天上”和“深潭与浅滩，万转出新安”等古诗就是新安江的真实写照。这么多急流和险滩，尽管给航运带来不利，却蕴藏着丰富的水力资源。1956年，国家将建设新安江水电站列入全国第一个五年计划中，1957年4月1日正式动工兴建，历经三年艰苦卓绝的努力，1960年4月22日首台机组投产发电。周恩来总理曾亲笔题词：“为我国第一座自己设计和自制设备的大型水力发电站的胜利建设而欢呼！”新安江水电站建成后，上游水库形成了举世闻名的千岛湖，下游形成了“水清、风凉、雾奇”三绝的独特气候景观，17℃建德新安江由此而来。

一个交通枢纽

建德地处浙皖赣和钱塘江流域之要冲，襟三江（富春江、新安江、兰江），控五州（杭州、严州、徽州、衢州、婺州），有“江浙锁钥”之称。在古代，以水运交通为主，建德是徽商、赣商的必经之地，可谓是“商贾云集、文化繁盛”；在现代，建德拥有现代化交通网络。公路有杭新景、临金、杭千等3条高速及G320线、G330线2条国道，有杭黄、金建、衢建等3条高铁汇聚于此，水路有富春江、新安江、兰江水运航道，航空有千岛湖通用机场。这种“公铁水航”齐聚的交通网络在全国县域城市中罕见，建德是“承南启北、通江达海”的浙西综合交通枢纽。

一条17℃的建德新安江

建德自古就有“锦峰绣岭、山水之乡”的美誉。现在的建德，以“山青、水清、史悠、境幽”闻名。建德八山一水一分田。建德山青，满山青翠，森林覆盖率达77.26%，是国家级生态示范区和全国绿化模范城市，拥有富春江、新安江两大国家级森林公园，还有亚洲最大的古楠木集中生长区，这里可以说是名副其实的天然森林氧吧；建德水清，境内的新安江达国家一级饮用水标准，富春江、兰江、寿昌江也达到国家二级水标准，著名的农夫山泉饮用水第一厂房就建在这里。山好、水好是大自然的赋予，建德人推开门窗就可以看到碧水蓝天。据统计，建德全年空气洁净天数达346天。2018年5月，建德荣获中国首个气候宜居城市。

新安江水电站的建成，造就了建德新安江水清、风凉、雾奇的独特小气候。水电站发电时，从大坝70米处喷涌而出的千岛湖深层水绕城东去，水温常年保持在14—17℃，使这座城市冬暖夏凉。17℃建德新安江便成了建德的旅游品牌。以17℃为起点，大家可以去新安江水电站探寻17℃的奥秘，站在坝顶的同时，可以欣赏到秀丽的千岛湖和建德新安江。也可以乘坐龙舟和游船，零距离地接触江水和白沙奇雾，观赏梦幻夜景和唯美的喷泉灯光秀。

刚才介绍的“六个一”，让大家对建德有了一个初步的了解。当然，建德的自然地理、历史文化、经济发展和风土人情，不是“六个一”就能反映的。为了增加大家对建德的印象，我再介绍建德的“八大怪”。

第一怪：夏天洗澡怕冻坏。新安江的水是从新安江水电站坝底泻下的千岛湖深层水。水从70米以下的坝底奔流而出，常年保持14—17℃的恒温。一到夏天，新安江是一条寒江，一般建德人在夏天是不敢下水游泳的，只有冬泳爱好者才能到新安江游泳。正因为如此，建德每年夏天都要举办国际性的“夏日冬泳”挑战赛，这已经是建德传统的节庆活动。

第二怪：白沙奇雾随时来。由于新安江水电站的建成，受小气候的影响，形成了举世罕见的“白沙奇雾”。水流愈急，江雾愈奇；温差愈大，雾景愈幻。并且，江雾不受时间限制，也不因季节变化而消失，一年四季、晴雨晨昏均能见到，这是新安江三绝之一。

第三怪：迎娶新娘脚盆抬。新安江中生活着一支水上“吉卜赛人”——九姓渔民。他们以舟为家，以捕鱼为业。特殊的生活环境及内部通婚的习俗，使他们形成了独特的水上婚礼。其中最精彩的就是新娘不坐花轿坐脚盆。新安江九姓渔民水上婚礼是建德最有影响的独特民俗。

第四怪：市区马路坞里拐。新安江城依山傍水而建，城市顺新安江水流方向呈东西向延伸。由于城市一面临江一面是山，故城市空间有限，而各个山谷便成了市民住宅的主要集聚地。

第五怪：方言多得数不来。建德在古代属“百越”，有“三里不同俗”之称。现在的建德市是由原建德县和寿昌县合并而来，老寿昌县区域受徽文化影响较大，老建德县受吴文化影响，加上地处杭州、金华、衢州三地交界地区，受各地影响也较多，故语言体系非常复杂。据统计，建德市域内有方言20多种。在建德市区内，普遍使用建德版普通话。

第六怪：五加皮酒舒筋脉。五加皮酒是建德著名的特产，曾多次在国际上获奖，已有300多年的历史。此酒选用上等粮食白酒，以五加皮为主要原材料，配以23种中药材泡制而成，具有祛风湿、舒筋骨的功能。

第七怪：温泉含硫人人爱。新安江玉温泉是浙江省首个高品质硫温泉。该温泉水质清澈，属重碳酸型水（pH=9），水质偏碱性，水中含有丰富的微量元素，具有润滑、滋养肌肤的功效。

第八怪：慈岩立佛游人拜。大慈岩主峰海拔高586米，但从侧面看，它宛若一尊天然大佛。经中国旅游地学研究会专家小组实地勘测与鉴定，确定这尊大佛总高度147米，头部高41.3米，肩宽60米，胸腹部呈凸肚式，并由岩、洞、草木和谐地组合大佛的五官，神态端庄、慈祥，栩栩如生，是迄今为止中国发现的最大天然立佛。大慈岩也因“山是一尊佛，佛是一座山”这一稀有的自然景观，引得中外游人纷至沓来，顶礼膜拜。

建德的城市品牌是“宜居建德”，建德的旅游品牌是“17℃建德新安江”。旅游业是建德的优势产业，现已形成以市政府所在地——新安江城为中心的东、南、西“一城三线”的旅游格局。东线以严州古城、富春江七里扬帆景区称美，有“山青、水清、史悠、境幽”的风景特色，是一条诗路文化旅游线，主要景点有严州古城、玉泉寺、三都渔村、富春江小三峡、葫芦瀑布、葫芦峡谷漂流、马岭天观等；南线是自然生态风光与历史文化相结合的旅游线路，主要景点有大慈岩、灵栖胜境、新安江玉温泉、新叶古村、寿昌古镇、航空小镇、建德人遗址、卧龙峡漂流、十里荷花等名寺、名洞、名泉、名村、名园；西线是集自然山水、红色旅游、工业旅游于一体的观光旅游线路，主要景点有新安江水电站、好运岛、情人谷等。新安江城以“水清、风凉、雾奇”三绝闻名，堪称“清凉世界”，主要景点有新安江龙舟漂游和梦幻新安江夜游、《江清月近人》实景演艺。近年来，建德努力贯彻拥江发展、乡村振兴和全域旅游战略，实施旅游宾馆、旅游景区、旅游交通、旅游饮食文化和旅游促销能力五大提升工程，使得硬件设施、软件水平、服务质量等有了很大的提高，正逐步向长三角生态旅游目的地方向迈进。

（蒋祖云）

“建德人”遗址

【导游内容】

概况—“建德人”遗址牌坊—“建德人”遗址展厅—乌龟洞口—化石博物馆

【概况】

“建德人”遗址位于建德市李家镇新桥村航头牌，1982年被列为建德县文物保护单位，1989年又被列为浙江省文物保护单位。2013年3月5日，该地被国务院列为全国重点文物保护单位。它主要由“建德人遗址”陈列馆、乌龟洞和化石博物馆三部分组成，是中小学生研学教育基地。

建德人遗址展馆

【“建德人”遗址牌坊】

展现在我们面前的是一座“建德人”遗址牌坊。牌坊上有一副对联。这是由王湫居先生书写的。上联是“溯十万年空谷足音石牙犹启浙江史”，下联是“观八百里严陵画卷椽笔应书建德人”。这副对联的意思是“建德人”遗址把浙江人类历史追溯到10万年前，而建德锦峰绣岭的山水画卷则是“建德人”的良好生存环境。应该说这副对联将“建德人”遗址的社会意义阐述得十分清楚。

【“建德人”遗址展厅】

为了进一步保护这一珍贵的历史文化遗址，2010年9月26日，由建德市文化部门投资兴建的“建德人”遗址展馆正式对外开放。展馆上的匾额由时任中共中央委员、人民日报社社长邵华泽所题写。“建德人”遗址展馆是一座朱红色的汉唐式样的建筑。在这100余平方米的展厅内，以图文并茂的形式展示了从猿到人发展过程的四个阶段，浙江古人类遗迹图，“建德人”遗址考古发现的过程、发掘成果，古人类生活和狩猎场景以及发现保护的意义和研究成果等。一张张中华人民共和国成立以来考古学家的论文复印件吸引游客驻足观赏，一幅幅反映旧石器时代古人类洞穴和狩猎生活场景的图画，不禁让人浮想联翩。

这枚化石标本为右上犬齿，齿冠高11.6毫米，远中近中径为8.2毫米，唇舌径为9.5毫米。其形态以及出土的层位和出土的古生物资料，属于柳江人一类的智人类型，定名为“建德人”。“建德人”属旧石器早期智人类型，生活在距今10万年左右。“建德人”牙齿化石原件存放在浙江自然博物馆，这里展出的是化石图片。这颗牙齿属于智人阶段的古人类牙齿，在浙江省内属首次发现。“建德人”的发现，增加了智人化石在我国分布的新知，揭开了人类发展史“浙江篇”的序幕。2006年1月，时任中共浙江省委书记的习近平在《与时俱进的浙江精神》一文中就指出：“远在数万年前，浙江大地就已出现‘建德人’的足迹……”“建德人”应该是浙江人类的起源。

在浙江省境内，人类生活的遗址很多，但从时间排序上，我们可以发现一个历史脉络。建德乌龟洞遗址的发现标志着10万年前，有人类在浙江生活；桐庐遗址2万年，临安遗址1.2万年，浦江上山遗址距今1.1万年，在这里发现了稻谷，说明人类开始种植水稻了；萧山跨湖桥遗址距今8000年左右，遗址考古发现了“世界第一舟”，说明8000年前人类开始渔猎活动了；余姚河姆渡遗址距今7000年左右，人类已经开始大规模种植水稻，圈养家禽家畜；良渚遗址距今5000年左右，良渚人已经把玉石做成各种精美的玉器，发现的古墓群世界数一数二，发现的文物达6900多种，这说明人类已经聚居生活了……所以浙江人类发展的灿烂文化离不开乌龟洞遗址，这里是浙江精神的孕育地一点不假。

不仅于此，上海复旦大学考古学博士黄家豪，在《建德人在现代人类起源理论的意义》中提到“如此众多的动物化石，加上那枚古人类牙齿化石的发现，是当时浙江旧石器时代考古的重要收获”“建德人不仅仅是浙江人类的始祖，古人类牙齿化石的发现，证明了180万年来一脉相承的血缘和文明的续存，是让世界重新认识‘中国人’的一个有力见证”。这就把乌龟洞遗址的化石跟世界人类，中国人类的发展连为一体，意义进一步得到了升华。

另外，乌龟洞遗址除了发现古人类牙齿化石以外，还发现了大熊猫、剑齿象、纳马象、巨貘等17种哺乳动物的化石，现在大熊猫迁徙了，剑齿象、纳马象灭绝了。这说明，古代的气候条件与现在是大不相同的。

【乌龟洞口】

乌龟洞是当年“建德人”生活的地方，是一个朝阳的岩洞。乌龟洞洞顶海拔250米，高出当时河水水面约15米，呈岩厦状。洞口朝南而略偏西，通井深7.3米，最高处2.73米，最宽处4.25米。洞有三个进口，分左、中、右，洞为三段。底洞右侧有一支洞。右洞进入有一小洞，又分上下两洞。洞内堆积层厚1.35米（自然剖面）分为上、中、下三层。上层呈青苔色，中层呈青灰色，底层呈黄红色。乌龟洞洞口较隐蔽，不易发现；洞内有一潭泓水，常年不干涸；内洞竖直向下，只有人可利用上下肢攀上攀下，而再凶猛的豺狼虎豹只能上而不能下。综上所述，此洞适宜古人类居住，有水源又能保护自己。让人不解的是内洞竖直向下，每年春天到秋天，乌龟洞洞壁很潮，凹的地方是一潭一潭的水，水沿洞壁向下渗透，内洞面积大约2平方米，水长期地渗透而内洞下面泥土不湿。2019年6月，省考古队的徐新民来此考古，实地察看了以后很惊讶地说：“我一辈子跟岩洞打交道，到过的岩洞数万个，这样干燥的岩洞我没见过，水渗下去而土不潮的怪现象我解释不了！”

为了保护这一遗址，目前我们把这洞口封闭，不让外人进入。

乌龟洞遗址最早发现于1962年10月至1963年6月，浙江省地域地质大队黄正维等人，在调查浙江石炭纪、二叠纪灰岩区喀斯特地貌时，到了全省的100多个岩洞，其中也到了乌龟洞，在洞内发现许多哺乳动物的化石，挖掘中发现了一枚人牙化石，可惜后来丢失了，其他化石现存于建德市文物管理局库房。

1974年冬，中国科学院古脊椎动物与古人类研究所专家和浙江省自然博物馆等人员再一次到乌龟洞考古，又发现古人类牙齿化石一枚和多种哺乳动物化石。这枚化石的发现说来是一个巧合，当时被前来观看考古挖掘的一名小孩捡到，是一块钙化了的化石，人牙就藏在这块化石当中。

【化石博物馆】

化石是存留在古代地层中的生物遗体、遗物或遗迹。在漫长的地质年代中，地球上曾经生活过无数的生物。这些生物死亡后的遗体或是生活时留下来的痕迹，许多被当时的泥沙掩埋起来。在随后的岁月中，这些生物遗体中的有机物质分解殆尽，坚硬的部分如外壳、骨骼等与包围在周围的沉积物一起经过石化而成为化石，但是它们原来的形态、结构依然保留着。化石一般要经过上亿年才能形成。作为人类史前地质历史时期形成并赋存于地层中的生物遗体和活动遗迹，古生物化石不仅是地球历史的见证，也是研究生物起源和进化等的重要科学依据，对研究地质时期古地理、古气候、地球的演变、生物的进化等具有不可估量的价值。

建德在二叠纪（距今约2.99亿—2.5亿年）时，是海洋环境，海水较浅，气候湿润，各种光合生物充分发育，有机物生产旺盛，为动植物发育提供了充足的食物和栖身之所。后来由于发生系列造山、造陆运动，许多生物被地层掩埋。经漫长的地质年代，演变成化石。既有菊石、鹦鹉螺、角石、贝壳、海林檎、海胆、海蕾、鱼类等动物化石，又有毛羽叶、鳞木、蕨类植物等植物化石。这些化石为我们研究地质历史提供了证据。

自二十世纪六七十年代以来，中国科学院南京地质古生物研究所、浙江省地质调查研究院等单位专家陆续在李家镇考古，发现了数量可观、门类庞杂的化石。这些化石在化石博物馆陈列出来，用于开展研学和科普教育。

化石博物馆展示的化石有三个突出特点。一是地域性明显。这些化石大多挖掘于建德市李家镇境内，为李家镇赢得了“化石之乡”的荣誉称号。二是明确的时间性。这些生物大多生活在二叠纪（距今约2.99亿—2.5亿年）时期，具有明显的特征，是研究二叠纪气候环境、地质环境的重要依据。三是具有很高的价值。由于陈列的化石数量众多，且每一种化石都有相应的说明，所以我们只选其中两种化石作介绍。

寿昌道比赫化石：是菊石的一种。属于早二叠纪时期化石，最早发现于建德市李家镇，因当时李家乡属寿昌管辖，故以寿昌命名。菊石的壳是由原壳、气室和住室三部分组成的。脐部较大，纵旋纹均匀且较粗，外鞍比侧鞍高，脐缘具更明显的瘤状肋。这个黑色的是它的本体，有一个完整的壳，而这个金属色的是去掉黑色的壳之后，里面的内核。

海百合化石：目前算是化石博物馆的镇馆之宝，海百合化石的年代相较于李家镇的菊石来说，年代要晚两三千万年，属于三叠纪。

海百合，虽然看着像植物，但它其实是一种动物，属于棘皮动物门，棘皮门的动物总共分为四大类，我们常见的海星、海胆、海参、蛇尾，加上海百合，就是棘皮门的主要类别。它被命名为海百合就是因为它长得很像一朵百合花。

大家别看这个化石里海百合是像插花一样插在木头上，其实在真实的海里，海百合是倒挂在浮木之上，海风吹动浮木，它就跟随浮木漂荡。这个种类进化到今天，已经不需要去吸附在树干上，可以自由游泳、自由运动了。

（蒋祖云）

建德博物馆

【导游内容】

概况—自然环境与资源展厅—历史文化展厅—非物质文化遗产展厅—寿崇德陈列馆

【概况】

建德市博物馆位于浙江省建德市桥东江滨景观公园内，南面紧临新安江，是建德市第一座综合性博物馆，真实反映了建德市的自然变迁、历史文

建德博物馆/ 周密 摄

化和社会风貌。其外形灵动，与自然山水相融，意在表达天人合一、与自然相生相伴。博物馆建筑面积9891平方米，展厅面积4264平方米，共设4个常设展厅和1个临时展厅。其中环境与资源展厅讲述了大地与生命的故事，展示建德的自然环境与资源；历史文化厅以更新世晚期的“建德人”作为开篇，从历史源流、行政沿革、州府变迁、历史名人等方面介绍建德的历史文化发展脉络；非物质文化遗产展厅重点展示了建德市省级非遗项目名录的文化价值；寿崇德陈列馆展示了建德市荣获“全国首批美术特级教师”荣誉的寿崇德老师在建德期间的绘画作品及艺术成就。博物馆内还设置了第二课堂和非遗拓展空间，为中学学生和市民提供生动活泼的文化体验。

入口浮雕以唐代诗人孟浩然的《宿建德江》中所描绘的建德自然风光为蓝本，“移舟泊烟渚，日暮客愁新。野旷天低树，江清月近人”，展现江、山、月、人和谐共处的场景。

【自然环境与资源展厅】

这一展厅的主题是“大地与生命的故事——建德自然环境与资源展”。我们将穿越时空，回到远古世界，目睹我们脚下这片土地的由来，感受这片土地上独有的环境与景致。

在新元古代与古生代时期，建德处于滨海区，微弱的火山活动形成了巨厚的白沙群。这里曾经发生过包括“晋宁运动”“印支运动”“燕山运动第一幕”以及“燕山运动第二幕”等多次构造运动。在这期间，典型的地质证据就是冰碛岩化石、三叶虫化石和菊石化石。在新元古代的成冰纪，至少发生了2次地球从两极到赤道几乎完全被冰封的“雪球事件”，在此之后又发生了“热室气候”事件。这种极热和极冷的现象形成了罕见的冰碛岩；在“寒武纪生命大爆发”中，演化出了许多高级生物，其中以三叶虫最为常见。进入奥陶纪，在黑色页岩中发现了笔石化石，还发现了三叶虫的新种属，被命名为“建德粘壳虫”；海陆变迁的地质运动还留下了菊石、煤与硅化木等化石与矿物。

在中生代时期，即距今2.5亿—0.65亿年间，建德地区海水已经退去，成为稳定的大陆。三叠纪晚期“印支运动”的地壳构造抬升波及建德，到白垩纪末初步形成了现代的地貌格局。这是1927年，2位科学家根据建德地层分布制作的建德中生代重要的地质剖面图。它的地层序列有序、完整，包含着连续的火山岩地层，并含有丰富的动植物化石。这样的地层组具有广泛的典型性，是标准的中国中生代陆相地层。这些地层单元，以建德的一些地名来命名，如劳村组、黄尖山组、寿昌组和横山组。中生代生活在地球陆地上的霸主是恐龙，在建德，我们也发现了恐龙活动的痕迹，就是大家看到的这块恐龙足迹化石。这也是浙江发现的年代最早的恐龙足迹化石之一。在中生代，建德大地还经历了一场燕山运动。位于建德市东部，古镇梅城以北的乌龙山，正是这一运动的产物。燕山运动还为建德带来了丰富的铜矿，建德铜官峡——岭后的建德铜矿就是这一时期的产物，也是浙江省最典型的多金属矿床之一。

第四纪，距今约200万年前，由于地下水的溶蚀、侵蚀作用，建德境内形成了喀斯特地貌。最明显的证据就是寿昌冰洲石。冰洲石是无色透明纯净的方解石，因最早发现于冰岛而得名。它具有最高的双折射率和偏光性，透过它可看到物体呈双重影像，因此成为重要的光学材料。喀斯特地貌最典型的就是洞穴景观和岩溶溪流景观。洞穴景观的标志就是灵栖洞。灵栖洞是由一个天然石灰岩溶洞群和灵栖石林组成的，以“水清、洞奇、风凉、气爽、石秀”为总体特征，被誉为神奇的“地下艺术宫殿”；岩溶溪流景观的代表就在“情人谷”景区。

更新世晚期，建德大地上出现了人类活动的痕迹。1974年，考古专家在李家镇新桥村乌龟洞发现了一枚古人类的牙齿，这枚牙齿的主人被正式命名为“建德人”，2006年1月，时任中共浙江省委书记的习近平在《与时俱进的浙江精神》中指出“远在数万年前，浙江大地就已经出现了‘建德人’的足迹”。建德也因此成为浙江人类历史的源头。和“建德人”牙化石一起被发现的，还有大量古脊椎动物化石，这些发现为了解“建德人”生活的时代及其环境提供了有力的物质证据。

宜人的气候、清新的空气和丰富的四季景物，为居民提供了优越的生存环境。屏幕上播放的短片，可让我们感受到建德一年四季的美景。建德市在气候宜居5个大项44个指标中，有41个指标达到优良水平。因此，建德被评为“中国气候宜居城市”。“宜居建德”成了建德的城市品牌。

正是因为建德优越的气候、宜居的环境，孕育了这里丰富的动植物资源。植物资源中最珍贵的分别是楠木林和浙江省仅在建德才有的安息香、中华水韭等；动物资源中最珍贵的就是中华鬣羚等。

除此之外，建德还有丰富的水资源。境内有新安江、兰江、富春江和寿昌江流经全境，其中，新安江蕴藏着丰富的水能，中国第一座自己设计、自制设备和自行建造的大型水力发电站就建造在这里。新安江水电站建成，上游形成了著名的千岛湖风景区，下游形成了以“水清、风凉、雾奇”三绝闻名的小气候。在这里，我们可以感受到17℃新安江的清凉。“17℃建德新安江”，是建德旅游的品牌。

【历史文化展厅】

这一展厅的主题是“建功立德的热土——建德历史文化陈列展”。此展厅重点介绍建德区域人类活动的历史轨迹。从远古“建德人”的登场，到近代建德历经盛衰重燃生机，共分五个单元。

第一单元 从远古的建德人起步——远古时期建德历史

1974年“建德人”牙的发现，为浙江大地拉开了人类登场的序幕。通过牙齿形态以及共生的哺乳动物群推断，它的主人是与“柳江人”相近的晚期智人。这里的全息影像展示的就是“建德人”的形态、伴生动物以及旧石器。近些年，专家在建德神仙洞、麒麟山等地采集到多件石制品，推断为旧石器遗迹。这些发现有效拓展了建德乃至浙江的旧石器时代遗址分布范围，对于深入了解建德及钱塘江流域旧石器时代遗址的分布规律、区域性特征、与之相关联的生态环境等具有积极意义。旧石器时代以使用打制石器为标志，表明人类物质文明的初步发展。而建德出土的磨制石器，则见证了建德区域文明的新进程。在建德久山湖遗址、六山岩遗址、青龙头遗址等地发现的磨制石器诞生于距今约5000年前，有网坠、钺、锛、镞、镰、斧等，表明石器工业有了发展，这片土地进入了新石器时代。一些石器质料与良渚文化时期石器相同，反映出良渚文化的强烈影响。网坠，可用于渔网捕鱼；箭镞，可猎杀动物。在当时，捕鱼和打猎是重要的食物来源。陶器中的稻壳反映出稻作农业的发展。这些文物的发现，说明在远古时期建德地区人口有所增加，形成了一些小型的族群。

进入5000多年前的新石器时代，建德区域逐步发展出原始农业，人们开始种植水稻和蔬菜瓜果等，由于建德人靠水而居，因此渔猎仍然是他们重要的食物来源，同时也出现了纺轮等手工制作工具。这些发现表明当时的文明已经初步形成，同时还出现了原始瓷器和印纹硬陶。

在春秋战国时期，建德已有众多的人类遗迹。展现在我们眼前的是子胥渡江时的场景。在建德民间，流传着许多关于伍子胥的传说，还有一些以伍子胥的名字来命名的地方，如胥岭、胥村、胥溪等。

在秦汉时期，建德区域人类活动已十分繁盛。从寿昌后湖东汉墓葬群和乾潭安仁后山汉墓群出土的国家一级文物青瓷釉虎子和荷花甑等文物中，可以得到佐证。此外，据史料记载，在汉代有两位高人来到过建德，并留下了许多传说和事迹。一位是挑担书生朱买臣，相传他在避难时经过了建德下涯并居住下来，留下了“马前泼水”和“覆水难收”两个成语故事及朱池村、幽径村等地名。另一位高人就是垂钓老翁严子陵。严子陵原本姓庄，为了避汉明帝刘庄的名讳，而改姓为严。他是汉光武帝刘秀的同学，在帮助刘秀建国之后，就隐居在富春江七里泷一带，过着闲云野鹤般的生活。刘秀即位后多次延聘他，都被他拒绝，范仲淹在《严先生祠堂记》中写下“云山苍苍，江水泱泱，先生之风，山高水长”来歌颂他这种不图名利的气节。当地流传着严子陵筑梅花城的故事。

第二单元 建德封侯与东吴立县——秦汉六朝时期的建德

展现在我们面前的场景是孙韶被封建德侯的故事。221年，吴王孙权封大将孙韶为建德侯，取“建功立德”之意，并于225年设建德县，建德一名由此而来。建德的下涯有建德侯庙和孙氏祠堂，在梅城留有建德侯牌坊，这些都是为了纪念建德侯孙韶而建造的。

这块题板上展示的是三国六朝时期建德的行政沿革。再往前大家可以看到一些建德出土的魏晋时期的文物。

第三单元 唐宋时期的州城往事——隋唐宋元时期的建德

建德历史上曾是睦州府、严州府的州治所在地。“睦州”一名最早出现在隋朝，隋仁寿三年（603），隋文帝在新安县置州级建制，取“俗阜人和，内外辑睦”之意，命名睦州。697年，武则天将睦州州治由雉山（今淳安）移至建德，这是建德成为州治的开始。

大家看到中间展示的是淳熙《严州图经》，这是中国现存最早的带有地图的图经，建德有幸保存，而这边展示的严州古城墙模型就是根据淳熙《严州图经》复原的。

两宋时期先后有三代皇帝在登基前遥领过睦州或严州，分别是赵光义、赵构、赵禥。南宋时严州更是成为畿辅重地，因为南宋京城在临安（今杭州），而严州是临安的屏障，当时有“严州不守，临安必危”的说法，严州的地位得到了极大的提升。

唐宋时期，建德相继爆发唐代的陈硕真起义和宋代的方腊起义，陈硕真成为历史上女性自称皇帝的第一人，而北宋宣和时期的方腊起义，在名著《水浒传》中有“宋公明大战乌龙岭”“乌龙岭神助宋公明”等两个章回，“宋江征方腊”的古战场就在建德梅城乌龙山一带。

唐宋时期，有一批学问卓著、勤政爱民的官员在睦州（严州）任职，并把发展生产、兴办文教作为自己的使命。这些人当中有宋璟、杜牧、田锡、胡则、范仲淹、陆游等。这尊雕像就是北宋著名的思想家、政治家范仲淹，他在睦州任职期间兴修水利，兴办书院，修严先生祠堂。他创办的龙山书院，也是睦州的第一所书院。后人为了纪念他的功绩，在梅城建了思范坊。

陆游是一名伟大的爱国主义诗人，祖孙三代都在严州任职过，与严州结下了不解之缘。陆游非常重视农业生产，曾写下著名的《丁未严州劝农文》和《戊申严州劝农文》。陆游的《剑南诗稿》也是在严州刻印的，并流传于世。正是因为有这么一批学问卓著的官员，当时严州的文化得到了极大的发展，同时，刻书业也兴盛起来。南宋时期，严州成为善本书的重要产地之一，其刻本世称“严州本”，以“墨黑如漆，字大如钱”而驰名，是宋刻本中的上品。

在文化产业繁盛的同时，睦州的社会经济也加速发展，居民的生活得到了改善。这一时期，手工业、制瓷业、制漆业得到了发展，建德的严漆因质量优异，畅销江南各地，素有“严漆徽木”之称。这些唐宋时期的文物，不仅体现了当时手工业的发达，而且也是商贸繁荣、文化交融的最好见证。

便利的交通和多样性经营加速了城乡物流，促进了商业贸易的发展，市场也随之繁荣起来。我们看到的这些神泉监铸币，以及从大洋宋墓中出土的臂钏首饰，表明当时人们的生活质量较之前有所提高。

在这一时期，睦州因其优美的风光和丰富的人文遗迹，成为诗人们的心仪之地。沿新安江、富春江而行的水路上，先后有770多位唐朝诗人留下了4000多首诗篇，因此这条水路被人们称为“浙西唐诗之路”。在这个时候，出现了一批卓越的诗人，他们以创作山水田园诗为主，被人们称为“睦州诗派”。出生于建德的李频就是睦州诗派的代表人物之一，《全唐诗》记载了他208首诗作，其中有不少描写建德风光的诗句。

唐宋时期睦州的社会文化事业全面繁荣，佛教文化也得到了极大的发展，涌现出了众多高僧，其中具有代表性的是净土宗五祖少康，他到睦州后广结善缘，带动了睦州境内的佛教文化发展，最后在建德的玉泉寺圆寂。另外一位便是兴建了大慈岩悬空寺的临安高僧莫子渊，大慈岩素有“浙西小九华”之誉，莫子渊循梦意来到此处，成为大慈岩的开山祖师。我们看到的是大慈岩悬空寺的模型，最出名的就是大家身后的天然立佛，远远看去好像一个佛像的侧面。

第四单元 三江之畔的明清岁月——明清时期的建德

这个将军造型的雕像的原型是和严州府城有着极大关系的人，他叫李文忠。他是朱元璋的外甥，是明朝的开国元勋，他的另一个身份是严州梅花城垛形城墙的建造者。1361年他着手修建严州府城墙。为了防御的需要，他将城墙的城垛建成梅花形状。后来，这一建城方式被朱元璋和朱棣复制到南京和北京。相传“天下梅花两朵半”，一朵在北京，一朵在南京，还有半朵在建德梅城，指的就是这个半朵梅形状的城垛，这是当时身份和地位的象征。

明清时期严州地区文教兴盛，广为人知的《聊斋志异》，它的第一版刻本就是在梅城的青柯亭制作，也叫青柯亭本。同时，这一时期兴修科举牌坊的风气也极为流行，最具代表性的就是“三元坊”。明朝时期有2位连中三元者，其中一位就是严州人商辂，后人为了纪念他在梅城修建了“三元坊”。

严州作为州府所在地，交通便利、水运发达，我们眼前的场景便是严东关的三江码头。发达的水运带来了繁盛的贸易，这边穿着粗布衣服的是挑运货物的劳动者，那边衣着华丽清点货物的是在这边进行买卖的商人。在众多徽商中，著名的有致中和严东关五加皮酒的开创者朱仰懋。这边的卖鱼老翁从属于建德一个非常具有特色的群体——九姓渔民，他们终日生活在水上，是社会的最底层。相传他们和元末明初与朱元璋争夺天下的陈友谅有关，在同治年间他们被准许上岸，去除了贱民身份，有一个“改贱为良碑”记录了这段历史。由于种种原因，一直到1970年他们才正式上岸定居。

第五单元 砥砺前行中重铸辉煌——近代以来的建德

走过明清时期，我们便来到了民国时期，这里展示了一批民国时期的生活用品，可以看到步入民国后严州地区，尤其是建德，在很多方面都出现了新的变化。

鸦片战争以来，西风东渐，古老的中华大地发生了巨大的变化，我们建德也不例外，显著的表现便是新式文教的兴起，其中最具有代表性的2所新式学堂，就是历史悠久的严州中学和严州师范。

近代掀起了民主革命的浪潮，建德也涌现出了一批可歌可泣的仁人志士。其中就有晚清革命家包宗经、童家姐弟童润蕉和童祖恺等革命烈士。

随着国内外形势的不断变化，抗日战争全面爆发，日本侵略军很快逼近浙江。在这种情况下，浙江大学决定西迁，第一站便来到了建德。这边就是浙大西迁的情景展示，领头的就是校长竺可桢。

1937—1949年，建德先后经历了抗日战争和解放战争。1949年，建德县人民政府和寿昌县人民政府成立，这两张珍贵的老照片记录了这段历史。

中华人民共和国成立后，工农业生产进入新的发展期，邓家乡走到前列，被毛泽东主席誉为“模范合作社”，得到了党中央和浙江省委的肯定与表扬，并载入《中国农村的社会主义高潮》一书。

在合作社建立后，生产领域扩大带来了劳动力紧缺的问题，千鹤村妇女冲破传统观念的束缚，率先走向农业生产领域，走上田间地头，同时实行了男女同工同酬。这一事件得到了毛泽东主席的批示，这里展示了他写的512字按语。他表示：中国的妇女是一项伟大的人力资源，从此，“妇女能顶半边天”的说法就在全国发扬开来。

呈现在我们面前的是新安江水电站九孔泄洪的场景。1957年新安江水电站主体工程正式开工，仅用3年时间，于1960年基本建成。这是中国第一座自行设计、自制设备、自己建造的发电站，水电站的建成，是一件具有里程碑意义的重要事件，得到了周恩来总理亲笔题词。

20世纪60年代，建德的国企纷纷崛起，这边图板上展示了曾经非常辉煌的一家大型国企——横山钢铁厂。随着时代更迭，生产力的进步，横山钢铁厂在2003年宣布破产。为了改善横钢面貌，建德市在原有的厂址上打造出了航空小镇，这是以通用航空产业为特色的省级特色小镇，有非常多的低空飞行体验项目。到了21世纪，建德还建立了高铁新区，杭黄、衢建、金建等三条高铁线穿过建德。这些新兴产业也为建德未来的发展带来了新的机遇。

【非物质文化遗产展厅】

建德素以优美的风光与宜人的气候闻名遐迩。勤劳的建德人在书写辉煌历史的同时，也创造出特色鲜明的非物质文化遗产。建德的山水、歌舞、美食等，组成了建德人丰富多彩、特色鲜明的非物质文化遗产宝库，也铸成了这片土地生生不息的魂魄。建德市目前有省级非遗项目14项，杭州市级非遗项目24项，建德市级非遗项目108项。在这里，我重点介绍建德几项著名的非物质文化遗产。

1\. 九姓渔民水上婚礼

九姓渔民以舟为家，捕鱼为业。九姓指陈、钱、孙、李、林、袁、叶、何、许。传说元末陈友谅与朱元璋鄱阳湖决战，陈友谅战败，朱元璋俘虏其九族及后代，把他们贬入新安江中，并规定不得上岸居住，不得读书应试，不得与岸上通婚。因他们终年生活在船上，形成了相对封闭的水上部落，也发展出独特的生活习俗。即便回到了陆地，这些习俗仍被保留下来，其中最令人难忘的，是那别具一格的水上婚俗，就是九姓渔民的水上婚礼。目前，这一婚俗已成为独特的旅游产品，每周周六上午10点半在三都镇渔村表演。接下来，通过视频，让我们一起参加这一场别有韵味的婚礼吧。

2\. 新叶古村

参加完热闹有趣的婚礼，接下来，我们去一个历史悠久、民风淳朴的古村走走。

位于建德西南大慈岩镇的新叶村，是一幅被时代无意间遗落的历史画卷。它建于南宋嘉定元年（1208），至今已800多年。这里建筑类型丰富，年代久远，被海内外古建筑专家誉为“中国明清建筑露天博物馆”。在这里，有“新叶昆曲”“新叶三月三”2个非遗产品。

新叶的昆曲是清末金华昆曲流传并遗存在建德新叶的一支，唱腔为昆腔，以曲牌为主干，唱词有相对固定的格式，大家可听一曲有“山乡幽兰”美称的新叶昆曲。

新叶三月三是新叶村大型民俗活动，包括迎神、祭祀、赶集、庙会、社戏等。祭祖迎神有一套完整的程序，还要准备祭品、祭器等。现在大家看到的就是“叠祭”祭品，种类非常丰富。祭祀结束后还可以去赶庙会，方圆百里的村民都会前来赶集。大家可以通过视频来了解“三月三”的盛况。

3. 天罡拳

天罡拳是建德最有特色和代表性的武术拳种。这些兵器和日常生产生活的器具都是天罡拳使用的工具。天罡拳特别讲究桥马功夫，注重下盘稳固，适合舟船、门道、楼梯等狭隘的地方近身短打，可以以一敌众、以弱胜强。据说天罡拳是由初唐李靖将军所创，后来李靖子嗣定居建德后，就在建德流传开来了。大家可以通过视频欣赏到天罡拳的表演。

4. 歌满畲乡——畲族民歌

建德大同镇高桥村、胡村源村、小溪源村、永平村的久山湖自然村、石砚自然村、富楼自然村，以及溪口村的西垅自然村等有畲民分布。他们大多是明清时期经历辗转流徙，才落户本地较为偏远的山地丘陵中。畲族人自称“山哈”，酷爱唱歌，以歌代言，山歌是畲族文学主要的组成部分。他们结合生产、生活实际，触景生情，即兴编唱，内容往往直奔主题，抒发内心的感受。畲歌格式不拘，风格自由；曲式结构也较多变；演唱形式更是多样化。大家可使用听音装置试听。

5. 严州府城

建德市梅城镇是原严州府所在地，这是一座集州府文化、历史文化、军事文化、书院文化、名著文化、宗教文化、商埠文化等于一体的古城，也是一座充满了书卷气和传说故事的城市。其中《梅城传说》也是非物质文化遗产。《梅城传说》主要流传于建德、淳安等周边地区，以古严州历史、人文、民俗为主要内容。包括人物传说《建德侯孙韶的传说》《吴国太与教子井的传说》《商略出世》《范仲淹谪守严州》等；地方传说《梅花城的传说》《望夫塔》《双桂坊的来历》等；还有土特产传说、风俗传说、神话传说。在听音室里，朋友们可以听到各种传说和收集者采访。

6. 倒笃菜制作技艺

这一组模型完整再现了倒笃菜制作过程。制作时先将新鲜的九头芥、雪里蕻堆放在阴凉处晾瘪至发黄，这个过程称为“堆黄”。然后洗净晾干，继而切碎加盐搅拌后揉搓出水，挤压出多余盐渍水分后二度加盐拌匀搓透，装坛压实塞紧，再用毛笋衣或稻草编成的圆盘封住坛口。然后将坛倒置，待盐渍自然沥出，3个月后便可开坛食用了。味道鲜香脆嫩，不可不试。

7. 严州府菜点制作技艺

古老的严州府留下了众多的地方特色美食。著名的有九姓鱼头王、国太豆腐、圆笼糯香骨、炭火鸭、神仙养胃盅、特色粉条、长卿银针虾、分水棍子鱼、遂安焙石笋、寿昌蒸仔粿等。想要学习如何制作菜肴的朋友，可以看看桌面系统的菜谱，里面有详尽的制作方法。

8. 严东关五加皮酿酒技艺

致中和五加皮酒是建德最著名的特产之一。致中和品牌由安徽商人朱仰懋于清乾隆二十八年（1763）在梅城严东关所创。该酒以五加皮为君药，协同当归、玉竹、栀子、砂仁、木香、枸杞子、肉桂、丁香等几十味药食同源的中草药材入酒，采取“二次发酵”“四度浸提”的制酒核心工艺。现在我们看到的是五加皮酒酿造的原料和工具；还可以从纪录片中看看五加皮酒是如何生产出来的。

9. 严漆生产技艺

严漆，被誉为“涂料之王”，素有“严州漆、徽州木”之说。两宋时期名扬一时的温州漆器，就是以严漆为原料的。

建德的地理环境适于漆树生长，早在隋唐时期，人们已经“蒸树割漆”，形成了一套培育漆树、割漆制漆的传统技艺。

10. 欢腾节庆

在建德，每逢节庆来临，城乡的广场都会欢腾起来。各种节日活动极具观赏性，蕴含着当地人对美好生活的祈盼。我们现在看到的场景是建德的各项民间艺术，有欢快喜庆的严州虾灯在鼓乐声中流转回旋；有跳净童的演员们不说不唱，全凭肢体语言来吸引观众；还有古朴有趣、惊险神奇、述说着流传千年的经典故事的李村抬阁；更有千年历史，龙分九节的诸家断头龙，舞得虎虎生风。大家可以在本展区观赏体验。

【寿崇德陈列馆】

寿崇德，字寿子，号“浣溪斋主”，1927年8月生，2015年4月15日逝世，浙江诸暨同山人。为中国著名山水画家、美术教育家、收藏鉴定家，中国美术家协会会员，浙江美术家协会首届常务理事，浙江省美术教育研究会会长、西泠书画院特聘画师，中国第一位特级美术教师，中共十二大代表。

他学贯中西，艺德深厚，擅长山水画，精于绘画史，创作的作品上溯宋元，追慕石涛，笔墨深厚苍润，画风雄秀清新。先后有数百幅作品在国内外展出发表，有的被中南海、天安门和其他艺术馆、纪念馆收藏。以笔力雄健、作品多产而博得“才气横溢”“石涛再世”的赞誉。他为人质朴厚道，安心执教，在建德投身美术教育四十余年，教书育人，一生践行“据德依仁游于艺”，堪称典范。

寿崇德陈列馆共分四个篇章，分别是崇德一生为丹青、安居严州育人才、遍访新安绘山水、笔墨苍润显清新。大家可从中系统地了解寿崇德先生的生平事迹和艺术成就。

（蒋祖云）

第二章 自然山水

大慈岩

【导游内容】

景区概况—索道—清音阁—独秀亭—观景廊亭—香亭—双面弥勒佛—天香悬廊—天然立佛—绿水庵—天栈云渡—天门—玻璃栈道—杏香斋—飞云亭—江南悬空寺—云崖阁—丛林速滑—洞天一览—半闲亭—梦樵亭—长谷溪流—龟蛙戏水—欢泉—曲径通灵

【景区概况】

大慈岩风景区是富春江—新安江—千岛湖国家级重点风景名胜区中唯一的山岳景观。1986年4月正式对外开放，2003年被评为国家AAAA级旅游景区，2008年被评为杭州十佳景区。大慈岩主峰海拔586米，早在五代时期就已经是一处远近闻名的宗教圣地，距今已有1000多年的历史。因供奉大慈大悲的观音菩萨，故名大慈岩，后为地藏菩萨代替。历代以来，闻名于浙西、浙中一带，被称为“浙西小九华”。它又和衢州烂柯山、永康方岩并称为“浙西三座名山”。大慈岩山高坡陡，长谷溪流，巨石处处，风光无限。景区上山设有缆车，乘缆车观景，既可

大慈岩全景

代替步行，又可纵览景区。大慈岩目前开放的游览面积为0.8平方千米，整体以悬崖高位洞穴建筑、长谷溪流、全国最大的天然立佛和浓郁的佛教文化为特色，是集自然山水风光与宗教文化于一体的综合风景区。

整个游程大约为两个半小时。在游览过程中，请大家注意观景不走路，走路不观景，安全第一。并且不要吸烟，以免发生森林火灾。

【索道】

今天我们选择的路线是乘索道上山，请看山门上写的“慈岩索道”四字，由设计国徽的汪国瑜先生所题。大慈岩索道属目前国内较为先进的脉动式索道。全长630米，上下高差为186米，在承载牵引索上每间隔319.83米悬挂一组吊厢，每组吊厢为3只，可乘坐24人。索道满载时可乘坐96人。每小时单向运行500人。设计速度每秒4米，6分钟就能把您送到山顶。缆车在运行期间，敬请各位注意以下事项：一是上下客时动作稍快，注意安全。二是请不要将头或手伸出窗外。三是请不要在车厢内晃动。四是请不要在车厢内吸烟或乱扔废弃物。

【清音阁】

清音阁一名取自古诗“非必丝与竹，山水有清音”。这里的丝与竹指的是乐器，意思是在这灵山宝地，不需乐器演奏只需静心细听，那大自然的山泉之音就是一首美妙的乐曲。它的建筑风格与山西恒山悬空寺一脉相承，是名副其实的“悬空寺”，因地藏王大殿被称为“江南悬空寺”，故清音阁只能称“大慈岩第二悬空寺”。这两座悬空寺既有相同之处也有各自的特色。相同之处则都体现了大慈岩最大的特色——“悬”；不同之处是地藏大殿属洞穴悬空寺，一部分嵌于岩腹，另一部分凌空建造；而清音阁属悬崖悬空寺，完全建造于悬崖峭壁之上。目前，在中国共有7座悬空寺，除大慈岩外，还有山西恒山悬空寺、山西广灵小悬空寺、陕西陇县景福山王母宫、河北井陉县苍岩山的福庆寺、云南昆明西山的三清阁、云南剑川县石宝山中的宝相寺。

请大家看山门上的这副楹联：神仙都会周秦汉，道德根源天地人。这副楹联不难理解，道教是中国土生土长的宗教，源于商周的巫祝和秦汉的黄老道，于东汉逐渐形成，由东汉张道陵所创，并尊春秋时期著名的思想家老子为教祖，号称“太上老君”，奉老子的《道德经》为主要经典。从对联的内容看来，清音阁应该是一处道教建筑，是一座悬空阁。

现在请大家随我到清音阁主殿内参观，它是一处三教合一殿。说到三教合一大家可以先了解，在中国传统的思想文化中，始终存在着两条主要脉络：一是以孔孟思想为核心的注重实际生活的儒家学说，它是中国文化的正统。二是以老庄思想为代表的注重玄想的道家学说，以及在这基础上由张道陵创立的道教。然后再加上外来的佛教文化，就形成了2000多年来中国传统文化中“儒释道”三教鼎立的基本格局，它们之间很多内容互相渗透、互相融合（如：隋唐时期当权者就采用儒释道兼用的方针治国理政，又如四大名著之一《西游记》就融合了三教文化）。正如这副门联写道：治世治身治心诸法无非三派，利国利家利民万事莫此一宗。

殿内有三组塑像。右边的这组塑像是佛教中的“西方三圣”。正中间这位就是阿弥陀佛，西方极乐世界的教主，能接引念佛的人前往西方净土，所以结跏趺坐，双手盈置足上，掌中有一金台，表示接引众生的意思，故又称接引佛。两侧为观世音菩萨与大势至菩萨，主要是扶持他教化众生的。

中间这组是道教的塑像，塑的是老子和他的两位弟子。老子姓李，名聃，又叫李耳，是春秋战国时期道家学派的创始人。他所阐述的“道生一，一生二，二生三，三生万物”中的“道”是万物之母，在天地之前就已经存在，是它产生了世间万物，“道”是无所不在的力量，“德”则是“道”的行动，所以道教的基本教义宣扬“道”是宇宙万物之中最核心的东西。后来在道教的形成和发展过程中，老子被奉为祖师，成为“太上老君”，并与元始天尊、灵宝天尊组成道教最高境界的“三清”，即玉清、上清、太清。在老子身旁的两位弟子，一位叫尹喜，一位叫徐甲。尹喜是春秋战国时期函谷关守令，字公文，善内学，隐德修行。得知老子骑青牛到边关，诚意恳求老子写书立论，以留后世。为此，老子写下了一生唯一的一部书“老子五千文”，即《道德经》。书成后，尹喜随老子西去，莫知所终。所以在塑像中，尹喜总是手捧经书，恭恭敬敬地站在右边。左旁站着的徐甲，一手捧宝葫芦，另一手持仙丹。道教认为，用八卦炉炼出的九转神丹是祛邪治病、延年添寿、返老还童的特效灵药。徐甲便奉行老子的旨意，将神丹赠赐信士善女，使有缘人添福添寿，得道成仙。

左边的是儒教的塑像。孔子，名丘，字仲尼，山东曲阜人，是春秋末期的思想家、政治家、教育家。他不仅是儒家学说的创始人，也是中国文化的奠基人。他的中庸之道、为人师表、谦逊好学、不耻下问等，给后人留下了宝贵的精神财富。孔子的思想主要反映在《论语》一书中，在中国2000多年的历史中有重大影响，在西汉武帝时期就独尊儒学并以此治国安邦。

来到清音阁的平台上，请大家沿陡壁的延伸方向放眼看一看，可以看出清音阁绝不是单一的阁楼，而是集楼、台、亭、阁、长廊、栈道、景门、景窗一系列园林古建筑群于一体的建筑物。虽展延100多米，但既不采取平面布置的手法，也不采取直线布排，而是采取随岩宛转、倚山取势的方法，使得整个建筑群显得十分典雅、雄伟。建筑与建筑之间，或进或出，或高或低，错落有致。建筑屋顶上的直线和曲线巧妙地结合，形成飞檐翘角，它不但有利于采光和排雨水，更增添了建筑的美感。

天师殿内供奉的是道教创始人张道陵和他两位弟子王长、赵升。道教是中国土生土长的宗教，由张道陵创立，自东汉末年以来已有1800多年的历史了。因其最初创立道教时入道需交五斗米，故又称五斗米道，民间也称之为天师道，他本人也被尊称为张天师。在后来的发展中，道教大致形成了南北两大派系。北方是全真派。它形成于金代，由王重阳创立，北京的白云观为全真道天下第一丛林。全真道把“儒释道”三教圆通，主张全神炼气，识心见性，独全其真。其道士戒律严格，不能娶妻生子，不食荤腥，必须住道观。南方是正一派，元代时在五斗米道的基础上形成。正一派以《道德经》为经典，画符念咒、祈雨驱鬼，用符水和中草药为人治病。其道士可以娶妻生子，非斋期可以食荤腥，可在家修行，因此又称在家道士。正一派的道教在漫长的历史长河中，历经魏晋南北朝的变革，唐宋元明清的兴盛，绵延不绝，教主之位父子相传，世代承袭，从张道陵到张恩溥已经是63代，有一支后在民国时期去了台湾，其后裔至今还在台湾传教。正一派是中国历史上仅次于“孔子世家”的“天师世家”。旁有钟和鼓，都说晨钟暮鼓能给人带来好运，大家不妨击鼓撞钟，来祈求一年的幸福平安。

【独秀亭】

站在这儿，我们不妨回头看一看，清音阁凌空构架于杨塘岩一侧，杨塘岩是大慈岩第二高峰，险峻陡峭。屏风岩体长达200多米，相对垂直高差30—60米，真正称得上是悬崖绝壁了。而清音阁，东临深涧，西傍悬崖，凌空构架，气势恢宏。从山脚往上看，有如琼楼仙阁，高映云天之上，而从这里看去，又有凌云欲飞之势，显得十分地精巧与灵秀。亭联不仅道出了清音阁的地理位置，也点明了此处是拍全景的最佳场所。

【观景廊亭】

现在来到的是观景廊亭，因两山之间距离较长，设了这一休息廊亭，站在廊亭里，大家俯瞰山脚会发现两种不同的地势。在我们的右手边是浙西的丘陵，在我们的左手边仅一山之隔就是金衢盆地。大慈岩处于两种地势的毗连过渡处。再看离我们600米的崖壁上有一个“慈”字，长、宽均约为3米，光彩夺目，为佛教协会会长赵朴初所书。这一“慈”字，将大慈岩三字包含在内，我们将这一景称为“心怀慈悲”，告示我们要怀着慈悲之心参拜对面的弥勒佛。廊联——山碧：烟云万壑来天地，雾霭千峰壮古今。湖青：翠壑丹崖千丈画，白云红叶一溪诗。

【香亭】

通往祭天台有99个台阶，在这段中有两座牌坊。第一牌坊——九霄云路：叠石盘山借得钟鼓供香烛，登坛举袂招来众生祭青天。第二牌坊——无上境界：岚光寺影垂明镜，碧浪烟波荡翠湖。这座四角石亭，巍然立于山巅之上，颇有气势，它叫“香亭”。而这座山也叫香亭山。香亭始建于元代，是古人在此向“悬空寺”内地藏王菩萨顶礼膜拜用的。今“天然立佛”发现后，有人提出早在元代，当地人就已发现这天然立佛，建香亭，就是古人在此向天然立佛进香礼拜用的；也有人说，此天台是古人用来求风祈雨所用。古代，每逢大旱之时，给当地人民带来深重的灾难，百姓除信奉神灵外，别无他法，这与目前兴修水利，用机器排灌，解除旱情，真是有天壤之别。

当地民间流传着“八仙造香亭”的传说。据说吕洞宾自从在洛阳施法术，捉弄了南海观音大士，使观音大士同卖草鞋后生韦驮结成了对面夫妻之后，总觉得这件事做得对不起观音大士，心想有朝一日，一定要向观音大士致歉。可吕洞宾生来自尊心很强，当面又低不下头来。因此一拖几百年，一直没有了结这桩心愿。一天吕洞宾碰上汉钟离，问他从哪里来，汉钟离说是从江南悬空寺大慈岩来。一说起大慈岩，汉钟离赞不绝口，他说道："吕兄，大慈岩真是福地也，古人云，莫道此山小似拳，胜过江浙名山川，我看一点也不假，只可惜，这么一块宝地，已被南海观音和地藏王捷足先登，我辈无福享受了。"说完汉钟离告别吕洞宾，踏云飘然而去。吕洞宾听了汉钟离的话后，心想，江南有此等名山，我何不约众师兄一道去领略一番呢？于是，吕洞宾择吉日，约了八仙一道踏上祥云，向大慈岩飞来。到了大慈岩上空，八仙按下云头，果见大慈岩峭壁悬崖，奇花异草美不胜收。吕洞宾乘机说："众师兄，我们既来了，总不能空着手回去，观音大士和地藏王菩萨已登座殿，我们就在此为他们俩造座香亭吧。一来可供香客们小憩之用，顺便表表我们众师兄的心意，祝福他俩在这奇山怪石之间永远享受人间香火；二来也了却我的一桩心愿，表示我在洛阳捉弄观音大士的一点歉意，不知众师兄意下如何？"八仙齐声答道："好的。"于是八仙就在地藏王大殿的对面山顶，选好一块地盘，施展起各自法术，有的去河南背石柱，有的到福建背横梁，有的到江西运砖瓦，有的去安徽运盖板。来来去去、去去来来，一直忙到东方露白。一座精致的香亭已经造得差不多了，只差一块盖板未装好，这时大慈岩的钟声已经敲响，只见沙弥们纷纷走出寺门，开始做功课了。众仙深怕和尚看到他们的行踪，忙驾起祥云离开了大慈岩。后来香亭顶的盖板就这么一直歪盖着了，八仙造香亭的故事一直流传至今。站在香亭，俯瞰四周，景致绚丽，可将大慈岩风景尽收眼底。

【双面弥勒佛】

现在我们看到的是一尊双面的弥勒大佛，它的独特之处是两面都能看到它的笑脸，故称"双面弥勒佛"。弥勒佛又称"未来佛"，释迦牟尼在世时，他常侍旁听法，后释迦授托弥勒继承其佛位，故称为"未来佛"。所以他现在还是菩萨，据佛经说他还在兜率内院修行，要过567000万年以后才到华林园龙华树下得道成佛。我们现在看到的弥勒菩萨多以唐末明州奉化（今宁波奉化）的布袋和尚之形象来塑造，这位布袋和尚名叫契此，号"长汀子”。传说他常拿着一根竹杖，上面挂着一个布袋，到处乞讨，说话颠三倒四，随地随卧。饿就吃，饱就睡，喜欢小孩，时常和孩子们嬉戏，悠然自得。五代吴越贞明三年（917），他端坐在岳林寺的一块磐石上，口中念着“弥勒真弥勒，分身千百亿，时时示世人，世人自不识”就圆寂了。按他的偈语，人们认为他就是弥勒的化身，故后人塑像作为弥勒供奉。其像多为袒胸露腹、笑逐颜开之态，迎着大门哈哈大笑，表示欢迎信徒入佛门。他这种无忧无虑、乐不可支的形象，使人见了马上会忘却一切不必要的烦恼。据说布袋和尚一有烦恼，就会把烦恼装到口袋里，所以他始终乐呵呵。大家所熟悉的一副对联就是对他形象生动的写照：

大肚能容，容天下难容之事；

开口便笑，笑世间可笑之人。

说明一个人度量大，只要把一切烦恼都抛到九霄云外，那就会带来人生的欢乐。大肚弥勒的形象往往赤身露体，这也有来历。据传说有一天，他外出游玩，遇到两名几乎赤臂裸身的贫苦男子，一人对他说：“听说你很慈善，济世救贫，那么请把您的褂子送给我吧。”弥勒一看对方赤膊裸身，就答应了，立即脱下来。另一人亦上前说：“那您也救济一下，把您的裤子给我吧！”弥勒不假思索地答应了，立即解怀脱裤。正当他把裤子脱到脐下时，有行人走过，他觉得不雅，慌忙捧腹坐下，哈哈大笑。现在我们看到的大肚弥勒就是“慈氏”的慈善之相。

【天香悬廊】

从弥勒佛平台往下，要经过天香悬廊，才能到观佛台。天香悬廊由栈道长廊组合而成，全长150米。站在廊亭往下看，有足底悬崖恐欲崩之感，再看对面的亭台楼阁掩映于自然山水之中，犹如一幅美丽的立体山水画，从对面看过来宛如一幅“香亭山”画卷，我们就是那画中之人。再往前一点我们就到观佛台了，在那儿大家不妨沏杯茶，小坐休息一会，欣赏中华第一天然立佛，体会我们大慈岩的绝妙之处。

【天然立佛】

大慈岩由中生代侏罗纪火山碎屑岩组成，在地质构造运动中断裂而形成壁立千仞的垂直断崖，在1亿多年来的风化剥蚀等外力作用下，火山碎屑岩逐渐剥落构成大小不一、如蜂窝状的洞穴，在史前的造山运动中又形成了山崩，造成了岩险、石怪、坡陡和特有的长谷溪流的奇异地貌。特别是石怪，通过我们的想象，就会构成一些惟妙惟肖的石景。瞧，天然大佛就是一景，请大家往前看大慈岩主峰，从“天栈云渡”四个大字向左延伸，凸出的位置，好似大佛的鼻子，在鼻子下面，就是微微开启的嘴巴。从天栈云渡往左上方看，那凸出的岩体犹如大佛的眼睛，岩石上边有一条长长的岩缝，上面夹杂着草木，仿佛是大佛的眉毛。我们再整体看这座山体，大佛的胸、腹、手、腿等一一展现，构成“山是一尊佛，佛是一座山”的稀有自然景观。这尊天然石佛是1994年初由一位雕塑家在拍照时偶然发现的。经省内外风景专家专题考察，定名为大慈岩特大天然石佛。1995年10月，中国旅游地学研究会专家小组一行12人，实地考察了大慈岩景区，并对该天然石佛进行实地勘测与鉴定，确定这尊大佛总高度147米，头部高41.3米，肩宽60米，胸腹部呈凸肚式，并由岩、洞、草木和谐地组合大佛的五官，神态端庄、慈祥，栩栩如生，是迄今为止中国发现的最大天然立佛，也是大慈岩四大景观特色之一。大慈岩此类石景很多，请大家注意观察并展开丰富的想象，去发现前人没有发现的美景。

天然立佛

在观佛台边有块刻写着“中华第一天然立佛”的石碑，左下方落款为“云林木鱼”。“云林”指的是杭州的“云林禅寺”，即灵隐寺，“木鱼”指的是木鱼法师，他是灵隐寺住持，一代高僧。曾于2003年农历七月三十日到大慈岩主持了第一届观佛节暨地藏诞生1370年庙会，其时香客络绎不绝，诵经、礼佛，点莲花灯许心愿、放生，场景盛大，通宵达旦，非常热闹。

观佛台四周有4副楹联，大家可以细细欣赏。

1.灵泉出地清，嘉禾得天味。2.卧云歌酒德，对雨著茶经。

3.汲水鸣玉甃，开宴压瑶樽。4.香分花上露，水吸石中泉。

【绿水庵】

观佛台右侧有一个高山湖泊，名玉华湖，于1988年拦截山涧水而成，水库容量20.5万立方米，面积2.2万平方米。

绿水庵位于玉华湖东侧，又称观音殿。我们看到寺庙建筑的颜色以黄色为主，这是由于中国古代诸多当权者提倡佛教，所以佛寺建筑享有皇宫建筑的独有色彩，从围墙到殿堂都是黄色。绿水庵里面供奉十一尊观音圣像。

观音是佛教创造的一尊菩萨，她以佛教的“真理”和“觉悟”去启发和引导众生摆脱烦恼，拯救众生脱离苦海。在中国民间，称观音的全称是“南无大慈大悲救苦救难广大灵感观世音菩萨”，简称“大慈大悲观世音菩萨”。观音与文殊、普贤、地藏合称为中国四大菩萨。

目前绿水庵里面供奉十一尊观音圣像，分别为千手千眼观音、莲花观音、药王观音、送子观音、马头观音、鱼篮观音、水月观音、白衣观音、如意观音和善财童子观音。在这里，主要讲讲这尊千手千眼观音。相传妙庄王有三个女儿，到了出嫁年龄时，庄王为她们择婿。大女、二女高兴地同意了，但三女妙善死不答应，执意要出家为尼。庄王大怒，把她赶出了王宫。妙善出家修行，成了菩萨。一天庄王得了重病，危在旦夕。妙善化作一老僧前去奏道：“非得用亲生女儿的手眼才能治好。”但大女、二女不肯献出自己的手眼。老僧说：“香山仙长行善救人，求他能成。”仙长即是妙善变化，她断手剜眼献给了庄王。庄王服后即愈，才知道是三女儿献出了手眼，不禁痛心疾首，吁叩天地，请求上天让三女儿长出手眼。很快，妙善果然长出了手眼，并且一下子长出了一千只手、一千只眼，即千手千眼观世音，后来妙庄王也皈依了佛门。千手千眼观音神通广大，有千手千眼，能圆满无碍地普度一切众生，若有众生能供奉这一菩萨，诵持该菩萨所传的大悲身咒，那么此菩萨将以千手护持、千眼照见，并能息灾避祸、降伏邪魔。

【天栈云渡】

这是根据天然裂隙、由人工开凿拓宽而成的别具一格的栈道。它全长

80米，宽2.5米，向内凹进了3米。与别处栈道不同的是，它兼有隧道、栈道和长廊的功能，既可供通行，又是一处景观。炎炎夏日，站在这里却凉风习习，暑气全消。春夏之晨或雨过天晴，从山下远望，山谷中的水汽蒸发升腾形成云雾，加上峡谷气流，云雾升腾弥漫，大慈岩时隐时现，迷离变幻，犹如腾云驾雾飘渡仙境，因此命名为“天栈云渡”。

【天门】

站在高耸的天门，仰头可看到有着1000多年历史的老寺庙，它一部分嵌于岩腹，一部分凌空绝壁，气势可与山西恒山悬空寺相媲美，因此被称为“江南悬空寺”。“天门”二字由建德市人大常委会原主任葛彰生所题。天门的对联是“福被人物无穷尽，慧同日月常瞻依”。大慈岩供奉的菩萨非常灵验，会给善缘的人带来福、禄、寿、禧，因此寺庙历代以来香火旺盛。门前的两头石狮子是元朝遗物，看其形态头大、身小、尾短，四肢粗壮有力，口方、鼻阔、额凸，耳大而垂，眼突如球、头颈鬃毛浓密，旋卷如螺，有23个之多，左边雄狮抱彩球，右边雌狮抱幼狮，处处体现神武、威严、和谐完美，象征着统一宇宙、佛法无边、广积善缘、子嗣昌盛，是避邪、福寿、高贵、驱魔祥瑞之物。相传狮子与佛教在西汉时传入中国，《传灯录》中记载：“释迦牟尼生下时，一手指天，一手指地，作狮子吼，云：‘天上地下，唯我独尊。’”佛又称之为“人中之狮”，与中国“人中之龙凤”有相同的意义。

佛教寺庙有其特定的布局。一般有山门、钟楼、鼓楼、天王殿、大雄宝殿、伽蓝殿、藏经楼等，依次在中轴线两旁对称排列。但是，大慈岩的寺庙却与众不同。这里有三个特殊的地方。一是天门与主殿不在同一纵轴线上，这里的天门是斜开的；二是主殿不是供奉如来佛的，而只供奉地藏王菩萨，并且是半身地藏王；三是观音菩萨不进寺，她依绝壁站立在露天。当然天门斜开是由大慈寺特殊的地理位置所决定的。

【玻璃栈道】

栈道全部由透明玻璃组成，连接“飞云阁”与“莲花台”。线路全长225米，镂空台阶260级，垂直落差40米，相当于10层楼房的高度，为丰富游客体验，中间段风景绝美处设约36平方米的观景平台。

晴天时，蓝天和白云的倒影铺满了整条栈道，让人在心惊胆战之余，更可乐享踏云而行的快感；云雾天气，玻璃栈道则在雾中若隐若现，天上人间的美景更是让人惊叹不已。从“飞云阁”经“水晶栈道”至“莲花台”，在山顶茶室休憩、登高远眺，再沿新建游步道，至“金殿”参观，连接原有“洞天一览”景点（观音菩萨西侧），至“地藏王大殿”，形成游览小环线。寺庙、索道、栈道凌空架构于悬崖峭壁之上，处处体现出一个“悬”字，登之俯瞰，远近山川尽收眼底。脚下便是绝壁天险、万丈深渊。

【杏香斋】

杏香斋因门前这棵古银杏而得名，这里原先是和尚与香客的斋房，1986年依山就势而建。它的后半部是藏在岩洞里的，所以里面非常干燥。这株银杏树高39.5米，胸径1.3米，树龄已有700多年，堪称建德的银杏之王。据资料记载，银杏土名白果，是地球上第四纪冰川运动后幸存下来的珍贵植物，有活化石之称。这是单株雌雄异体的雄性树，只开花不结果，银杏树果实白果和树叶、树皮均可入药，是预防高血压、冠心病的珍贵药材。无论是偶然天成，还是有意栽种，都显示遁入空门修持者为了断欲念，禅悟佛理，了解解脱真理和佛的大悲造福苍生的寓意。每年秋季，银杏树落叶时，这里是金黄一片，真是绚丽之极。大慈岩景区每年都会举办“杏会大慈岩”主题活动，吸引众多游客到此拍照打卡。

大慈岩秋色/胡建文 摄

【飞云亭】

这座亭因建筑在悬崖峭壁上，亭前经常有云雾飘拂，所以叫“飞云亭”。它悬挂岩壁，独角外伸，所以有人叫它“吊角亭”。它同北面的云崖阁和东面的香亭三角对峙，互为对景。崖壁上的这首石刻诗，是明代四川华阳县令毛凤彩（建德寿昌人）所写，也是古人描写大慈岩最好的一首诗：“拟向慈峰绝顶登，羊肠曲绕登千层。大都云月常为窟，惟有猿猱惯得升。细湿衣衫岚酿雨，长遮天日树垂藤。试从山半回头看，足底悬崖恐欲崩。”这首诗把大慈岩的“雄、奇、险、秀”描绘得淋漓尽致。特别是最后两句，更是将大慈岩“悬”的特色写活了，一个“恐”字，意味深长。

【江南悬空寺】

这就是著名的江南悬空寺主建筑“地藏王大殿”。它是新安十景之一，景名“慈岩悬楼”，因建筑一半嵌于岩腹，一半凌空绝壁，与山西恒山悬空寺相类似，故称“江南悬空寺”。

大慈岩地名的由来，我们可以从地方志上得到解释。据民国《寿昌县志》记载：大慈岩为著名形胜之寺，傍岩建筑，岩高数十丈，四面玲珑，宛如民屋，内有石笋从地涌出。元大德年间，临安人莫子渊弃家居此，琢石为佛，号曰“大慈”。从地方志可以看出，山以寺名，寺以佛名。而佛、寺都是莫子渊所建。其实大慈岩早在佛之前就已经存在。据大慈岩山后赤姑坪村《赤姑叶氏谱》记载，后唐同光二年（924），叶岱因大慈岩菩萨灵验，保佑其父病愈，合族从州城圜迁往大慈岩山后建村居住，即今之赤姑坪村。可知在五代时，大慈岩就是一处闻名遐迩的佛教名山了。其历史应在千年以上。莫子渊之“琢石为佛”，可能是元代时观音香火不旺，莫子渊另琢地藏以供之。这也可证“大慈”之来历源自观音，并可解释地藏与观音争地盘传说的由来。传说，在一次如来佛说法时，观音菩萨和地藏王菩萨叽叽喳喳吵个不停。如来佛就提前结束讲经，把这两位菩萨留下，以判是非。原来，观音和地藏王在赴西天听经途中，路过东南方一座名山，山上灵石巍峨，奇花芬芳，两人都想到那里去广施慈悲，普度众生。而两人一谈起来，不觉争论不休。如来佛听后，就说：这等好事，何须争论。你们两位可各施法前往，哪个先到，就由哪个住持，永享香火。观音菩萨和地藏王菩萨一听，便一同叩拜如来，转身去了。观音脚踏祥云，腾云驾雾，从天上而去。地藏王隐入土中，借土遁法而去。观音菩萨在即将到达大慈岩时，突然看到一名妇女拖儿带女，生活十分贫困。观音菩萨慈悲为怀，就从自己的莲花宝座上折下一瓣莲花瓣来送给她，并留下“空空一丘田，心齐好种莲。不可断藕种，苦尽便来甜”的偈语，仔细一琢磨，这还是一首藏头诗，连起来就是“空心不苦”，这是观音菩萨告诉妇女种莲可以解脱贫困。话说这一耽搁，慢了半拍，当观音菩萨正准备降下祥云时，地藏王菩萨已从地底下钻出头来，他伸出半个身子往外一瞧，嘿，发现好运气，已到了石山当中，心里一阵高兴，乐得哈哈大笑，这一笑不要紧，把整座山都给震动了。震得山上的石头直往下滚，大石头压小石头，滚得满山满坡全是石头。地藏王菩萨也以慈悲为怀，担心整个身子上来后，大慈岩整座山便要塌了，赶紧坐稳了半个身子，而观音菩萨因为迟到了一步，又非常迷恋这块灵山佛地，只能立于绝壁之上。后因这两位菩萨都是大慈大悲的，这座大山就被叫作“大慈岩”了。

看，这就是立于绝壁之上的观音菩萨。这尊佛像高8米，端立在莲花宝座上，形态匀称，仪态大方，栩栩如生。大家仔细看一下，观音菩萨的莲花宝座是否缺一瓣莲花瓣？观音菩萨施舍给当地人的莲花现已成为当地的特产——里叶莲子。里叶莲子以“粒大、白净、炖之易酥、食之清香”闻名，在清朝时就是皇家贡品。现在里叶莲子已成为浙江省优农家产品，是当地的著名特产。

看，这就是半身地藏王菩萨。其标准像作比丘装束，结跏趺坐，右手持锡杖，表示爱护众生，也表示修戒精严；左手持如意珠宝，表示要满足众生之愿。意为“金锡振开地狱门，明珠照彻天堂路，度尽地狱众生”。而此处，右手呈此状，则表示赐予众生智慧之意。在佛经中，所谓地藏，就是“安忍不动犹如大地，静虑深密犹如秘藏”的意思。佛教故事称，地藏王菩萨是在释迦牟尼既灭之后、弥勒佛未生之前，中间相隔570600万年，众生赖以救苦的大悲菩萨。地藏王誓必度尽六道众生，始愿成佛。现身于人间、天上、地狱之中，以救苦难。佛语中的“众生度尽，方证菩提。地狱未空，誓不成佛”就是地藏王的誓言。相传他的显灵说法道场在安徽九华山。又据佛经介绍，地藏王降迹新罗（今韩国）国王家，姓金，号乔觉。唐永徽四年（653），金乔觉24岁，带着一条神犬——谛听，渡海来到中国，几经周折，到达九华山，住在天台的洞穴里，以白土拌小米为食，整整苦修了75年，至开元十六年（728）农历三十日夜成道，圆寂时为99岁。3年后开函时，颜色如生，碰他手上或脚上的关节，有金锁般的响声，时人以为他是地藏王的化身，称他为“金地藏”，九华山因此发展为地藏大道场。每年农历七月三十日被定为地藏涅槃日，并举行地藏法会。大慈岩因历代供奉地藏王，每年也在这个时间举办庙会，通宵达旦，非常热闹。

大殿旁的洞厅是休息观景的好去处。神龛里供的也是地藏王，他的坐骑叫“谛听”或“善听”，形似狮子，又有人称它为麒麟。它伏在地上，能对任何神仙、人鬼“照鉴善恶、察听贤愚”。两旁站着的为闵公和道明。他们是父子俩，原为九华山财主。据说金乔觉出家来到九华山结庐苦修，若干年后被地方士绅诸葛节等发现，见他住石洞茅棚，吃野果，饮泉水，生活清苦，又闻知是新罗王子，感到自己应尽地主之谊，于是为他造寺。当时九华山属闵公所有，建寺要闵公出地。闵公问金乔觉要多少地，答：“一袈裟所覆盖之地足矣！”闵公应允。不料金造诣很深，袈裟越扯越大，盖尽九华。于是闵公就施舍了整个九华并成为金的施主，他的儿子也随之出家，法名“道明”。闵公父子也就成为地藏的左右胁侍了。儿子成了师兄，父亲则成了师弟。

【云崖阁】

云崖阁是江南悬空寺的一部分。因地处高位悬崖，常有白云缭绕，所以叫云崖阁。它因山势而建，原是一处石窟，阁内摆设着十八罗汉的塑像，故被称为罗汉堂。罗汉是小乘佛教修行的最高果位，十八罗汉原先只有十六罗汉，据佛教经典说，释迦牟尼去世前，曾对身边众多弟子中的四个说，你们不必去涅槃了，就留下在世间普度众生吧。这四人就是通常所说的四大罗汉。后来他考虑到天地太广阔，东南西北，一个罗汉管一方任务太重，得充实力量，于是增加到四四一十六个。佛教经典上说到的十六罗汉并没有具体说明，十六罗汉演变为十八罗汉，首先应提到的是唐末画家贯休和尚，他在画完十六罗汉以后，还画上斯里兰卡的高僧庆友和中国的玄奘法师，原意可能是表示对他们的崇敬和思念，但久而久之，他们便成了十八罗汉了。到了清乾隆年间，又说应补上降龙罗汉和伏虎罗汉。但我们这里的十八罗汉是由天津泥人张彩塑工作室美术师郭彦春和工艺美术师董秀峰创作的，讲述的是“十八罗汉斗大鹏”的故事。大鹏鸟俗称“金翅明王”，据说是释迦牟尼叔父，一直为释迦牟尼护法，释迦牟尼成佛后希望它永远成为自己的护法神，便将它变成一颗明珠，放在自己的额顶，这样一来就引起罗汉的不满，他们认为把明珠放在佛的头顶有藐视佛祖之意，就抄起十八般武器和大鹏鸟格斗，因大鹏鸟脾气相当暴躁，而且武艺高强，最后以罗汉战败告终。传说终归是传说，这些罗汉的造型栩栩如生，颇具艺术造诣。

这是《兰溪暴动大慈岩会议纪念地碑记》，为纪念第二次国内革命战争期间中国共产党浙西特委领导的兰溪暴动六十周年而立的。这次暴动就是在这里秘密策划的，所以大慈岩又是革命纪念地。

站在这里，看对面飞云亭及整座山峰，我们可以发现大慈岩山体有许多大小不一、状若蜂窝的洞穴。这是怎么形成的呢？大慈岩山体位于浙西山区和金衢盆地的交界处，尽管最高峰只有586米，但在这两种地貌之间，显得十分雄伟奇峭。由火山碎屑岩构成的山体，由于岩石硬度不一，在风化剥蚀等外力作用下，形成了壁立千仞的断崖和成串成行形似蜂窝的洞穴。因此，“悬崖高位洞穴建筑”是大慈岩的四大特色之一。

在大慈岩山岩绝壁上，可以看到许多古代摩崖石刻艺术。有“皆大欢喜”“磐谷”“一拳”“别有蓬莱”“罗浮仙境”等6处。最著名的就是我们刚才看到的“天栈云渡”四字，是已故著名书法家沙孟海先生所题，对面山峰上的“慈”字为赵朴初所题。这块巨石横空出世，上刻“一拳”二字为寿昌县原县长李馀所题。说起这两个字，民间流传着当年李馀县长助民抗灾的动人故事。1934年，寿昌大旱，素有“洞天福地”之称的寿昌，也出现了历史罕见的饥荒。这可急坏了县长李馀。这一天中午，李馀从东乡赈灾捐款回府后饭还未到口，就见南乡有人来报檀村、里叶一带旱情惨重，要求县长赶快设法解救危难。没办法，县长只得带人来到檀村，到首富李富贵家，要他赈灾捐款救民。李富贵见县长上门，连忙叫人端上饭菜，也只不过是粗茶淡饭，饭后，李馀走到粮仓一看，余粮所剩无几。于是他吩咐属下督促富户继续赈灾，独自一人抄近路，过大慈岩另想办法，来到大慈岩，看见大慈岩到处挤满了前来求雨拜佛的人，这时有人认出李馀来，祈求他拜佛求雨。李馀明知烧香拜佛无济于事，却不愿违背百姓的意愿，在和尚的陪同下跪下拜了三拜。忙完这一阵，已是午夜时分，和尚就留李馀宿夜。李馀一上床就进入了梦乡，只见一阵青烟飘过，烟雾里走出了济公活佛，济公说帮他抗旱救灾，说罢抡起拳头，一拳砸在大慈岩上，只听“轰”的一声，一块巨石向山下飞去，砸到李富贵家，李富贵家的粮仓倒了，露出了白花花的大米。李馀被晨钟惊醒，便起床出门，梦中之事历历在目，莫非李富贵家还有粮食藏着？回到县府，马上派人暗中调查，果然发现李富贵早已将粮食偷偷藏到别处去了。李馀马上派官员带人到李富贵家取粮，把粮食分给各家各户，一同度过了历时3个月的饥荒。李馀在寿昌县任县长，自奉清廉，赈灾除害，兴修水利，政声卓著。离任时，行装简朴，乡民赠匾22块，户户燃香鸣炮，挥泪拜送，沿街商店门前均置一桌，上有清水一碗，明镜一面，寓李馀“清如水，明如镜”。望着一切，李馀突然想起当年大慈岩做梦一事，为了感激济公梦中指点迷津，拯救百姓之恩，亲笔书写“一拳”两字，并出资托人刻在大慈岩这拳峰之上，借以铭志。

从这里下山，有两种方式。一是乘坐旱滑道而下，5分钟到山脚，体验的是一种速度与激情；二是徒步下山，约需半小时，可欣赏沿途美景。

【洞天一览】

这里是大慈岩最高的一处景点，因崖壁上有一半球形洞穴，故称“洞天一览”。在洞穴口依势而建的亭子，称为“一览亭”。一览亭其取自杜甫“会当凌绝顶，一览众山小”的诗句，大家可举目远眺，东南几十里山、水、田园风光可尽收眼底。

【丛林速滑】

“丛林速滑”是大慈岩新上线的旱滑道项目，全程约650米，从银杏广场下至欢泉。体验丛林速滑下山，原本徒步半小时的路程，仅需5分钟即可到达。边看风景边下山，轻松畅快，一滑到底。

“峡谷踏云”是大慈岩景区新上线的威亚项目，位于玉华湖水库至天门方向，全程约200米。穿上汉服，凌空飞越，山谷上下一览无余，犹如飞龙在天，圆你武侠之梦。

【半闲亭】

这座六角亭是1986年在明代景亭遗址上重建的，亭联“振衣千仞岗，揽胜半闲时”指这里是人们忙里偷闲出来览胜的好地方。请大家往四周看，地藏王大殿半藏半露，香亭山香亭孤踞，弥勒佛笑口常开，站在此处，或俯瞰深涧，或眺望远方，都是快意之举。

【梦樵亭】

大家可能有点累了，梦樵亭刚好可供歇息。我便将这亭子的来历告诉大家。传说，这亭子是由古代一个勤劳俭朴的孝子所造。这位孝子家贫如洗，靠砍柴度日，供养年迈的老母亲。一天天气闷热，他感到十分疲倦。便在此石下休息，不知不觉睡着了。睡梦中，有一白发老翁告诉他：“五里坞有块平地，平地下有只箱子，内藏有金银财宝，开箱锁在你家板壁上，取之开箱可得。”孝子醒来后，十分恍惚。回家后，他将梦中情况告诉了老母亲。老母亲听后，从板壁后取出一把开山锄，告诉儿子：“老人指点，就是要勤劳地锄地耕种，以求致富。五里坞内那块平地，正适宜耕作播种呢。”孝子按老母亲吩咐，第二天便背着开山锄去开垦种地了。第一年，种瓜得瓜，温饱问题解决了。第二年种豆得豆，家道开始殷实起来。第三年春天，他又去开荒地时，翻起一块石头，下面果真放着整整齐齐、金光闪闪的18只金元宝。他回家后，把金元宝交给母亲，由老母亲安排。老母亲便叫他将6只金元宝交地方修桥铺路，其中这座渡仙桥和这个亭子就是由他出资修建的；又叫他将6只金元宝送给孤寡老人，让他们安度晚年。还有6只金元宝留家供修房娶老婆添置家产所用，后人为了纪念这位孝子和他的母亲，就把亭子取名为“梦樵亭”，并刻石留念。

【长谷溪流】

站在渡仙桥上，我们看到的“长谷溪流”四字，由上海著名书法家张诚之所题。因山高坡陡，山顶谷中有一玉华湖，水从湖中流出，或奔腾直泻成瀑布，或因大石挡道而成溪流，有渗于乱石丛中成泉水，或大或小，或急或缓，曲曲折折，形成这条长880多米、山水相映的长谷溪流。都说山得水而活，水得山而媚，山水相依，使大慈岩充满灵气。下面观瀑台所看到的飞瀑，可以说是长谷溪流景观中最壮观的了，水量大时，它可以飞流直下三千尺，水量一般时，沿着绝壁垂下，水量较小时，它呈一绺绺水线，飘洒而下；绝壁上有“飞泓”二字，道出了长谷溪流的特色。

【龟蛙戏水】

刚才说到自然界有很多石景，此处又为一景，看，这像不像一只头缩进去的乌龟？而这不是一只栩栩如生的青蛙吗？此处被称为“龟蛙戏水”。由原西泠印社秘书长吕国璋所题。看，这块岩石，像不像一只从山顶飞扑下来的蛤蟆？这还与当地的民间传说有关。传说一群天鹅在欢泉旁戏水，一只癞蛤蟆看见了想吃天鹅肉，就从山顶飞扑下来，这事恰好被山顶的观音菩萨看见，甚觉可笑，就洒了几滴香露，把蛤蟆变成了一块石头镇在这儿了。

【欢泉】

这两股泉水从石岩间喷涌而出，形态特异，如跳跃，似欢笑，因此被命名为“欢泉”。当地传说，这泉水是山上观音菩萨的净瓶里倒出的甘露，清凉甘冽，洗手洗脸可消除疲劳，喝了可以青春常在。不过，这里的水质好是有科学根据的，因为它从山岩缝中渗出，含有丰富的矿物质和多种微量元素，喝了有益健康。大家不妨在此洗洗手、洗洗脸，清凉一下，图个吉利吧！

【曲径通灵】

踏上这悠悠古道，大家可一路欣赏到山水的灵秀之美，这就是石牌坊上曲径通灵“灵”字之含义。这四个字由上海博物馆原馆长顾廷龙先生所题。古道边还有一些近代人的摩崖石刻，引人入胜，带您进入山水完美结合的境界。沿此游步道，即可抵达山脚。

（蒋祖云）

灵 栖 洞

【导游内容】

景区概况—考拉森林探险乐园—灵泉洞—清风洞—观海亭—出岫亭—灵栖洞滑道—霭云洞—灵栖石林

【景区概况】

灵栖洞景区是由天然石灰岩溶洞群和灵栖石林组成的自然风景区，是富春江—新安江—千岛湖（两江一湖）国家级风景名胜区中的重要景点。以“水清、洞奇、风凉、气爽、石秀”为总体特征，被誉为神奇的“地下艺术宫殿”。目前已开放的有灵泉、清风、霭云3个溶洞和石林迷宫等四部分，总面积约1.2平方千米。四大景点各有特色：灵泉洞，以水见长；清风洞，以风取胜；霭云洞，以云雾称奇，石林迷宫则以惟妙惟肖的造像石景为特色。

灵栖洞风景区是改革开放以来浙江省最早开发开放的景区之一。从1979年开始开发建设，1980年正式对外开放，至今已有40年多年的历史。40年来，已接待中外游客上千万人次，被誉为“建德旅游的摇篮”，它先后被评为“全国风景名胜区先进集体”“浙江省优秀景点”“浙江省卫生风景名胜区”“绿色景区”“中国名洞”等。不仅如此，灵栖洞景区还是浙江省著名的影视剧外景拍摄基地和浙江省著名的研学基地。据不完全统计，共有《西游记》《封神榜》《梁山伯与祝英台》《碧水双魂》《春江花月夜》等20多个影视剧组来此取景拍摄；浙江大学地球科学系自2001年在此设立教学实习基地，随着研学旅行的兴起，灵栖洞景区也成为省内著名的地质科普研学基地。

【考拉森林探险乐园】

考拉森林

呈现在我们面前的一片水杉林，是景区新开发的考拉森林丛林探险乐园。这是一项集冒险、运动娱乐、挑战于一体的运动拓展体验项目，采用全球顶尖的考拉生命线系统，是国内为数不多的获欧盟EN15567标准认证的丛林探险乐园，可以满足人们寻求刺激、开发大脑和成为勇敢者的愿望。考拉丛林探险乐园集悬空桥梁、网道、步道、秋千和索道等关卡障碍环节于一体，让你体验穿梭在竹木之间、飞越在丛林之巅的快感。根据难度系数可分为高、中、低三个层次，难度系数低的适合小孩子游乐，难度系数适中的适合亲子，难度系数高的适合成年人。参与这一活动必须在专业教练的指导下进行。

沿着游步道走，沿途有若干个水池，由灵泉洞中流出的泉水积聚而成，水面清澈见底，是富含矿物质的山涧泉水。

这是原洞岩寺遗址。

洞岩寺，始建于北宋明道二年（1033），元泰定元年（1324）由当时的高僧如兰重建，至清乾隆三十五年（1770），第三次重修。现重修的石碑和“洞岩天然非点缀，灵栖胜迹古来兴”的石刻楹联尚存。洞岩寺后的枫香树，是整个景区的树王，距今已有700多年的历史，被建德市政府列为名木古树加以重点保护。当地的村民把这棵树当树神供奉，每逢家中有疑难杂症、小灾小病，就会到寺庙和这棵树下朝拜，祈求家中病人平安。

【灵泉洞】

灵泉洞，是灵栖洞中位置最低、面积最小的溶洞，洞穴面积约2300平方米，为地下河道洞穴，洞内河道曲折幽深，石景琳琅满目，构成水石交映的奇异景观，被誉为“水石奇观”。

灵泉秋景

灵泉洞开放于1980年，但它却已有1300多年的游览历史了。据洞内的石刻记载，早在唐高宗永隆年间（680—681），就有人入洞探奇了，到了中唐时期，这里已是闻名遐迩，游者如云了。其中有不少的文人墨客来此吟诗作画。请大家往左面岩壁上看，池里有一些摩崖石刻，“灵泉洞”三字，系当代著名画家施南池先生题写；“石上生灵草，泉中落异花”这两句诗，系晚唐著名诗人李频吟哦灵栖洞的诗句，由当代书法家商向前先生题。这两句诗的意思是指“洞中钟乳石琳琅满目，倒映在水中状如异花”，这形象的比喻成为写溶洞景观的绝句。李频是建德李家镇人，李家镇距灵栖洞仅20千米。李频自幼聪慧好学，中年中进士，是寿昌县第一个中进士的学子。后来官至建州刺史，著有《梨岳诗集》一书。在灵栖洞灵池旁建有“梨岳亭”以资纪念。

灵泉洞平均水深一米，水温和洞温相同，常年保持在17℃左右。现在我们要乘坐电瓶船进入灵泉洞，每条小船可承载7—8人，上下船时要注意安全，把手放在舱内，两船交会时不要用手去推船，要听从工作人员的指挥。洞内是禁止吸烟的，谢谢各位的合作。

现在我们登船。一叶轻舟入洞府，万般情趣在其中。在轻音乐的伴奏下，远离尘嚣的闹市，给人一种超凡脱俗的感觉。从洞口荡舟而入，河道蜿蜒曲折，泉石相映，景色幽幽，洞顶钟乳石似满天星斗，石景琳琅满目，沿途有“黄龙垂首”“倒挂鳄鱼”等石景。可以根据洞中形状各异的钟乳石结合象形景观示意牌，展开想象的翅膀，尽情领略大自然鬼斧神工的杰作，游览这座神奇的地下艺术宫殿。也许有朋友会问，灵泉洞的水来自何处？据科学考证，灵泉洞是由地表水和大气降水补给而形成的地下暗河。全长900余米，目前已开发泛舟观景的有300米左右。因河道弯曲似蛇，故又分为“九曲五潭”。河道宽3—6米，平均水深1.2米，每小时出水流量为80—150立方米，日出水量2000—4000立方米，四季水流量变化不大，且泉水清冽。经鉴定，灵泉水质远高于国家规定的饮用水标准，含有大量对人体有益的矿物元素，是较好的天然饮用水。

来到这里，河两旁断岩绝壁，船行其间，宛如进入峡谷，故游人每每到此，便会联想起长江三峡。此景便被称为“灵栖小三峡”。请大家看上边的洞顶和洞壁，光洁平整，就像经过能工巧匠凿打磨光一样。仔细观看，洞壁有形似跑道的四条层次分明的痕迹，实际上这表明了地下河水位的四个高度。在溶洞中，水是塑造溶洞景观的艺术大师。这形似跑道光洁的洞壁就是经过千万年地下水的溶蚀冲刷而形成的。由此，大家可以想象大自然鬼斧神工的力量是多么的伟大。

小舟出峡谷后我们看到的这个天然溶洞被称“水晶宫”。它的面积有600多平方米，水面到洞顶最高处有19米。这个华丽宽敞的圆形洞顶，倒悬着琳琅满目、形状各异的石钟乳，是整个灵泉洞石钟乳最丰富的景点。这里的四壁，有许多历代题词。据勘测，灵泉洞最早的祈雨石刻，是元大德三年（1299）进士郑文杓率村民祈雨，写下近百字的题记。这段题记距今已有700多年历史了，但字迹仍清晰可见。

“乙亥秋七，吾源亢旱者半月，崖干溪涸，五谷就槁，进士郑文杓率郑、周两族，中元日相与乞灵于是洞。翌日，雨应期降，黄冠淄侣以修，妙果以谢。越八日，还圣水于龙湫，是岁吾源泉虽旱不害，是大德三年也。”

从这篇题记中我们可以看出，祈雨早在中国西汉时期就有记载，是一种民间活动，反映了人们在恶劣的自然生活环境中，对美好生活的期盼。祈雨光影秀即将开始，请大家站在原地不要随意走动，以免发生意外。

大家看到的那条小白龙石像是1986版《西游记》拍摄遗留下的道具，大家可以合影留念。

【清风洞】

在游览“清风洞”之前，请大家欣赏这组依山而建、古朴典雅的建筑。它名叫“习习山庄”。“习习山庄”四个字是由已故的书法泰斗、杭州西泠印社原社长沙孟海先生书写。沙老巧妙地运用篆书的笔意，隶书的情趣，草书的气势，融入“习习山庄”四字之中。

整座山庄由上海同济大学的教授葛如亮牵头，按山体的自然结构设计建造。葛如亮在设计时，希望能够把清风洞的凉风，通过地道引入整个建筑。使每个房间都能常年保持17℃的凉爽。进入山门地面上无一丝绿色，与外面满眼绿色呈强烈对比，让人猛然沉静。接着看到是一条比较宽敞的走廊，中间部分凸出去的屋顶，将这个空间分成了三段，一进门，就能感受到空间明暗的变化。一般园林运用曲线较多，习习山庄则运用七次直线，当你觉得无路可走时，一转身却又别有洞天。习习山庄石墙的砌法是由葛如亮先生创造的，现在叫“灵栖砌法”。这座建筑不仅获得过浙江省建设厅颁发的优秀建筑奖，而且在国际上也有一定的影响力。它始建于1980年，至今还经常有葛如亮的学生特地来此参观。

建筑，山石，自然相互依仗，天然而去矫饰，自然而不做作。葛如亮想让每一个即将进入清风洞的人，都充满无限希冀和期待。习习山庄的建筑设计在国际上也有一定的影响力，同时它也是中国现代建筑的经典范例。

清风洞的特点是以风取胜。据地方志记载：该洞“盛夏之日，风从口出，寒不可御”，故名“清风洞”。清风洞具有“冬暖夏凉”的特性，在夏天，习习凉风从洞中吹出，使人清新凉爽，而在冬季，洞风又“温暖和煦”，若春风拂面，暖意融融。清风洞总面积有5000多平方米，实际开放面积只有2700多平方米，分一廊五厅共三十六景，行程400余米。它虽然不大，但景观发育完整，颇为奇妙多姿。它的进出风口风速分别为4.2米/秒和2.2米/秒。众所周知，溶洞的特点是冬暖夏凉，但像清风洞这种风速的，全国罕见。洞内景观玲珑剔透，石笋、石柱、石幔、石菇、石钟乳、石花等发育完美。在此，提醒大家在游览过程中注意安全，尽量做到走路不观景，观景不走路；请不要吸烟，也不要将垃圾扔在洞里。

“石墙打怪”，采用最先进的互动科技，利用墙面进行投影，支持人们跟投影的图像进行互动，具有很强的科技感。感兴趣的朋友可以参与体验。

大家请看，好客的清风洞主，早已为我们准备了一支熊熊燃烧的火炬，照亮了我们前进的旅程。这一景，叫作“火炬迎宾”。回廊顶上这片石钟乳，密密丛丛，低悬倒挂，其密度之大、面积之广，在国内溶洞中罕见。因其形状极像含苞欲放的莲花，故称“垂莲回廊”。

这是清风洞的第一个大厅。请看，洞厅中央的这根石柱，高达6.7米，粗约一抱，垂直挺拔，表面还有精致的纹路，像南方高大参天的棕榈树，所以叫“千尺棕榈”；在它的右边，这根石柱雄伟高大，顶端与洞厅相连，枝繁叶茂，下端遒劲有力，盘根错节，称“拔地石榕”；看，那边还有一座石雕宝塔，约有九级，每级的腰檐和菩萨像清晰可见，我们叫它“玉塔凌云”，在它的两侧还生长着青翠高大的菩提树呢！宝塔、菩提、古榕和棕榈，组成一幅“南国春早”的美丽风光，故这一厅被称为“南国春早”厅。大家看到的这张椅子，是拍电视剧《西游记》时留下的道具，这是牛魔王和铁扇公主的宝座，现供游客们观赏拍照。

请大家注意这一洞口。清风洞除横向（水平）发育以外，还垂直发育，由于洞顶与洞底高差达80多米，巨大的高差带来了温差，加上洞顶有一进风口，内外空气产生急骤对流。洞内气温终年保持14—17℃恒温，洞外气温则随季节的变换而变化。因此，形成“冬送暖风，夏出凉风”的奇异景象。

第二厅的特点是上下落差较大，从洞顶端到下面最低处有20多米，这里是清风洞的中心，由于很多精致的景观需要仰视，宛如观看天上的星辰，所以这一景被称为“灵霄宝殿”。这里只能看到它的一个侧面，正面要下到第三厅才能一窥它的全貌。请看这座巍峨的大山，山上似有云雾缭绕，形状好似泰山，在泰山登山道上，我们可以找到牧羊女、羚羊回首、仙鹤等象形奇石；在这里，我们还可看到一个天然的大花瓶，瓶里插着一大束芙蓉花，这一景叫“金瓶芙蓉”；在“金瓶芙蓉”边上，还挂着“金华火腿”“北京烤鸭”等“土特产”，这是清风洞洞主送给各位远道而来的贵宾的。

在第三厅可以欣赏一场名为“观音收服鲤鱼精”的3D灯光秀，在这一厅有许多珍奇的“动物”，在那边有一头抱着青竹的“熊猫”；那边，还有活蹦乱跳的“猴子”；而在“观音”下面，还有一根正在慢慢挪动的“灵蛇”呢！

大家抬头看上方，这块钟乳石像什么，像不像大慈大悲的观世音菩萨？菩萨三十三相化身，有人说是送子观音，有人说是净瓶观音，下边水池就是观音的莲花池。

莲花池里有一条鲤鱼天天听菩萨讲经诵法，日积月累，有了一定修行和法力。有一天观音去人间弘扬佛法，拯救万民，鲤鱼趁着天河涨水，偷偷来到了人间的湖里，一念成佛一念成魔，鲤鱼心生邪念，显出了原形，在湖里兴风作浪，横行四方，人间仙境瞬间被吞噬淹没，百姓苦不堪言。菩萨得知自己的鲤鱼作乱，便出手收了鲤鱼精，还人间太平。佛光普照，见者得福，观音将大悲甘露洒向人间，为世人造福。

第四洞厅叫“五十三参厅”。这组石幔上有许多象形奇石，酷似杭州灵隐寺大雄宝殿后的壁塑——海岛立体浮雕“五十三参”图。这一景叫“佛影壁”，这一大厅叫“五十三参厅”。请大家看，这两边红色灯光映衬下的石帷幕，多么像那佛堂两边的神帐，而神帐的后面就是“五十三参”浮雕图。“五十三参”是一个佛教故事，故事大意是说善财童子在悟道前，经文殊菩萨指点，跋涉了千山万水，先后参拜了五十三位仙人，经第五十三位普贤菩萨的点化解说下法眼顿开，终于修成正果，最后做了观世音菩萨的侍童。在这佛影壁上，我们可以找到观音、文殊菩萨、善财童子、弥勒佛、神马等诸多象形奇石。

这是清风洞的最后一个大厅，叫“吉祥如意厅”。我们灵栖洞名称的由来与这一大厅有密切的联系。灵栖是“仙灵栖止”的意思，指的是许多神灵栖息于此。在古代传说中，龙、凤、龟、麟被称为“四灵”。这四灵都可以在这个大厅里找到。大家可以顺着我手电筒照的地方看，这是一条硕大的“巨龙”，“龙头”显得苍老，满脸布满刀刻般的皱纹，“龙身”的中段隐没在云端之中，细长的“龙尾”若隐若现；看，这就是“凤凰”的头，后面是凌空展翅的“翅膀”，再后面是“凤尾”。我们看到“凤凰”的尾巴和“神龙”的尾巴交结在一起，这就是我们通常所说的“龙凤呈祥”；看完了天上再看水下和地上的。这是一只“千年神龟”，乌龟是长寿的象征，而龟蛇在中国风水学上称为玄武，有左青龙、右白虎、前朱雀、后玄武的说法。朱雀指的就是凤凰。这只龟的头部形象非常逼真，在它坚硬的圆壳背上，还驮着一只形象奇特的独角麒麟。麒麟俗称四不像，别看它其貌不扬，在神秘的古文化中麒麟和貔貅都是瑞兽，直到现在很多地区都会在家中摆上麒麟和貔貅，认为它们有招财、镇宅、辟邪的作用。在古代，龙、凤、龟、麟都是益寿延年、吉祥如意的象征。这“四灵”都栖息于此，所以这一大厅叫“吉祥如意厅”，这个景区叫“灵栖洞”。

接下来再看那片凌空的钟乳石，犹如深山老林中的千年灵芝，据《道藏》一书记载，深山灵芝乃中华九大仙草之一，有增强人体免疫力、祛病延年之功效。像这种凌空片状的石钟乳在溶洞中也属罕见。不过各位只能在此一饱眼福，不能饱口福哦。

灵栖洞不仅风景秀丽，植被丰富，而且处处鸟语花香。请看那粗大的“枫香树”上，那些圆形石笋，就像那黄昏时归来的小鸟，这一景我们把它取名为“百鸟归巢”。侧耳静听，仿佛还能听到它们叽叽喳喳的一片吵闹声。百鸟都已归巢，清风洞的游览到此就要结束了，霭云洞的面积和景观比清风洞更宏伟壮观，各位不要错过。

出口顺游步道往左走2分钟，可以去体验一下灵栖洞飞天魔毯，全长365米，是灵栖洞景区新推出的最具特色的体验项目之一。飞天魔毯共分两段，可分别体验坐姿和站姿模式，脚踏魔毯游灵栖，笑声不断魅力不减。只需10分钟，即可开启霭云洞探秘之旅。

【观海亭】

观海亭位于铁帽山的半山腰，清风洞和霭云洞的游道中段。为草顶石柱四角长方亭，颇具原始野趣。原意是站在此处可看清山脚所有碧蓝的池塘，犹如站在高山看大海，由于现在视线被高大密集的树木所遮挡，只能观林海了。

【出岫亭】

出岫为霭云洞最高歇脚点，视野开阔，周围美景尽收眼底，如白云出岫浑然天成。东晋诗人陶渊明《归去来兮辞》中有名句：“云无心以出岫，鸟倦飞而知还。”亭取其意。

碑面：双径通幽，嘉客光临应有礼，愿怀兴而来，尽兴而去，四座濒风，轻云暗度本无尘，清以智见水，以仁见山。

【灵栖洞滑道】

展现在我们面前的是灵栖洞又一体验项目——灵栖洞滑道。这是一种碳钢管轨式滑道，全长1600米，落差99米，是目前江南地区落差最大的管轨式滑道之一。新增加的直径近30米的双回旋轨道以及多处S形弯道，使您在俯冲时如风如电，感受速度与激情，让您尖叫不断。游客乘坐滑道，不仅节省时间，免去步行的疲劳，还可以欣赏景区森林公园全貌，感受高空滑行风驰电掣的动感刺激。从山顶走下山，一般需20多分钟，但乘坐滑道却只要3分钟。等霭云洞游览结束后，感兴趣的朋友可乘坐滑道下山。

【霭云洞】

我们游览的这个洞，叫“霭云洞”。据地方志记载：“天将雨则云气霭然。”意思是说：天将下雨的时候，这个洞口会不断冒出团团云气，密集飘浮在悬崖上。事实上，这种美妙的自然景观在冬春季节最为明显。为什么在冬春季节洞口会形成团团云雾呢？经科学考察，这一谜团被解开了。原来，这个洞洞体宏大，洞体温度常年保持在15.7℃，相对湿度常年保持在96%—99%（冬半年96%，夏半年99%）。由于洞内外温度、湿度差异较大，每到严冬清晨，湿热空气从洞口喷薄而出，遇冷便凝结成雾气，冉冉上升，形成高约10米的粗大气柱，状如蘑菇云，萦绕飘逸在洞口之上。在阳光的照射下，蘑菇云朵中的小水珠，折光反射，变成五颜六色的彩云，蔚为奇特。目前这一景观已很难见到了。

霭云洞是灵栖三洞中面积最大、地势最高的一个溶洞。它总面积有1万多平方米，游览路线600多米，共分五厅一廊，宏伟壮观。

各位朋友，这是霭云洞的第一大厅，叫“世外胜境厅”。这里的各种钟乳石、石笋琳琅满目、层次分明，隐隐透露着一种王者的风范。看，这边长城脚下，张果老倒骑毛驴看唱本，边走边瞧，显得十分悠闲自在；在那深山老林，白虎奉旨守卫仙草灵芝，寸步不离，表现得忠心耿耿。在灵芝旁还有一棵大芭蕉，凌空倒挂着一片硕大的芭蕉叶，这一景叫“独叶芭蕉”。这一厅最引人注目的就是这两片石帷幕了，在红色灯光的映衬下，就像舞台上的帷幕，现在帷幕已徐徐拉开，好戏即将登场，下面就请大家随我进入戏院观

灵栖洞

摩欣赏吧。

这只石蛙，已在这暗无天日的洞中修炼万年，终因相貌丑陋，难入仙班。虽然壮志未酬，但它还是痴心不改，在世间默默地捕捉害虫，努力而勤奋地继续修炼着。石蛙身后的这株石笋，看去就像一位出征前的将军，他头戴铁盔，身披铠甲，极目远眺，其神形与耸立在东海之滨的民族英雄郑成功塑像如出一辙。面前的这组圆形石幔，宛如从天而降，蔚为壮观，它高约9米，褶皱均匀，纹路清晰，酷似二十世纪七八十年代流行的圆顶丝织蚊帐，“垂天罗帐”一名由此而来。它神形兼备，巧夺天工，生长发育完美，是霭云洞的标志性景观。面对如此奇特的景观，大家一定想知道它到底是如何形成的，下面我就将溶洞和洞内景观的形成情况向大家简单地介绍一下。

听说过洞中的石头会长大吗？大约在3亿年前的石炭纪时期，这里还是一片海洋，到了距今约2.3亿年，地质史上的海西地壳变动，褶皱抬升成为陆地。这些溶洞都是碳酸钙石灰岩，氧化钙含量在50%以上，在含有碳酸钙和二氧化碳的地下水的不断溶蚀、地壳运动的挤压和移位等作用下，逐步形成溶洞，其洞龄也有100万年左右了。在溶洞形成后，地表水通过石灰岩的缝隙，将部分溶解的碳酸氢钙连同水珠从洞顶的岩缝滴落，水分和二氧化碳挥发析出后，这些碳酸氢钙溶液重新还原为碳酸钙，在洞的顶部和底部凝固和沉积，像屋檐倒挂的冰的，叫石钟乳，像春天破土而出的竹笋的，叫石笋，上下连在一起的，称石柱，所以“水滴石穿”的成语在这儿就得改成“水滴石高”了。它们的生长速度非常缓慢，平均每100年才长一厘米。罗帐顶部的凌空部分，则是在它停止生长发育后，遇地壳运动时，被地心引力所拉断的。旁边的两根石柱，像两条巨龙盘绕在上面，我们称它为“盘龙双柱”。

这是霭云洞的第二个大厅，叫“东海龙宫厅”。这里有“盘龙双柱”“垂天罗帐”“龙宫倒影”等奇特景观。其中，“龙宫倒影”是霭云洞的一大奇观。大家请往水池看，这根石柱就像东海龙宫里的定海神针，支撑着整个宫殿大厦，在定海神针后面，有一条海底通道直达龙门，偌大的龙宫此时静悄悄的，东海龙王已去西海赴宴，龙太子们则盘绕在两根柱子上嬉戏玩耍，海底的珊瑚礁美妙绝伦，有一种海水深不可测的感觉，百看不厌。事实上，这就是洞内四周形状各异的石钟乳、石笋、石柱在清池中的倒影，在特殊灯光照射下形成的缥缈、色彩绚丽的景象。看，这就是“盘龙双柱”的倒影，而这根“定海神针”就是这石柱的倒影。这根石柱上接岩顶，下插地坪，高约6米，直径约10厘米，像它这样如此挺直，又如此粗细匀称、纹理清晰的石柱，这在世界上也是罕见的。如果说“垂天罗帐”是灵云洞的标志，那这根石柱就是灵云洞的镇洞之宝了。大家在此可猜一猜，我们东海龙宫的水到底有多深？事实上，它平均深度仅10厘米，最深处也仅20厘米。但它展现给我们的是一个深不可测的海底世界，可见，自然界是多么神奇。

下面我们将通过现代科技手段在这里为大家演绎一场精彩绝伦的光影秀“金箍棒的秘密”。

从前，在东海有一条孽龙，时常兴风作浪，祸害百姓。使得民不聊生，生灵涂炭。如意金箍棒原是太上老君冶炼的神铁，后被大禹借走治水，治水后遗下的定海神针，放在东海。

自从盘古开天辟地，这块石头经日久天长，聚天地灵气，猴子的出世就是因果定数，如意金箍棒在等待主人的出现，拯救苍生。电闪雷鸣，山巅的灵石被雷电击中，石破天惊，石猴现世。

传说东海龙宫有宝，得之可拯救苍生，猴子潜入龙宫，出来的时候身穿黄金锁子甲，头顶凤翅紫金冠，脚踏藕丝步云履，威风凛凛，得了战袍缺件拿手的兵器，这时如意金箍棒突然光芒万丈，猴子近前查看，这金光闪闪的铁棍于是就有了主人，猴子自称齐天大圣，带着金箍棒斩妖除魔、降龙伏虎就是齐天大圣的使命。

孽龙狂妄自大，目空一切，他不知道大圣就是他命里的克星，几十个回合下来，孽龙大败，大圣一棒子下去，孽龙一命呜呼，自此人间太平。

因齐天大圣除孽龙有功，受到天庭嘉奖，可是齐天大圣受不了天庭约束，依然回到花果山过着齐天大圣的逍遥日子。

这是灵云洞的第三大厅，叫“广寒宫”。说到“广寒宫”，我们自然就想到神话故事“嫦娥奔月”。嫦娥奔月的故事大家都比较熟悉，大意如下：嫦娥偷吃了丈夫后羿从西王母处请来的长生不死药后，飞升到月宫中，那里异常冷清，孤单寂寞，那种高处不胜寒的环境，使她非常后悔。为了早日能和丈夫团圆，便每日催促吴刚砍伐桂树，命令玉兔捣药，好在月圆之夜飞回人间和丈夫相会。而后羿则必须在月圆之日，用面粉做成像月亮形的圆饼，朝着月亮膜拜，才能使嫦娥下来。现在中秋拜月、赏月的习俗由此而来。

自古以来，有很多描写嫦娥的诗句。唐代诗人李商隐曾发出这样的感叹："云母屏风烛影深，长河渐落晓星沉。嫦娥应悔偷灵药，碧海青天夜夜心。"伟人毛泽东也有"吴刚捧出桂花酒，寂寞嫦娥舒广袖"的描述。站在这里，我们看洞顶旁的平台，像不像是"月宫"？看，在那高处的长尖石笋，就像是那独袖长舞的嫦娥。在她的右下方，吴刚捧出了刚刚酿造好的桂花酒，准备招待来自远方的各位嘉宾。

"人有悲欢离合，月有阴晴圆缺，此事古难全。但愿人长久，千里共婵娟。"这是我们每个人的共同愿望，在此，我就借吴刚的桂花酒，敬大家一杯，祝各位嘉宾阖家欢乐、心想事成、一生平安。

进入"月门"，我们就进入另一个世界了。这一幅连着一幅、多姿多彩、美妙精巧的浮雕，是大自然鬼斧神工的杰作。因此，这一长廊叫"壁雕长廊"，也叫"锦绣长廊"。

在"锦绣长廊"里，有美不胜收的各种石景和珍异之物。大家往左看，左边石壁上的这组景观，酷似一片竹林化石，竹节清晰，形态逼真。在生长发育过程中石壁受自然界外力及地球引力的影响而出现了断裂。由于生长期洞顶的水流不断滴落，在洞中藻类生物的协助下，在断裂处凝结形成的景观。这一景叫"紫竹林"。

深山藏古寺

大家看在右边这一片洁白晶莹剔透的钟乳石，它宛如一幅画，说到这一幅画，可以先跟大家分享一个小小的故事。

宋徽宗时期京城的画院每年都要招收一名画师。这一年，主考官出了一个题目，以"深山藏古寺"为题来考应试者。经过层层筛选之后，有四个人进入最后的选拔，四个人每人都向主考官递交了一幅自己满意的作品。第一幅，深山里，树木环抱，中间有一座寺庙。第二幅密林深处仅仅露出寺庙的一角。第三幅深山老林里并没有寺庙，只有一幅高高飘扬的幡。主考官连看几幅均不满意，原因是这些画均体现了半藏，而不是全藏，与话题不吻合。正当主考官失望之余，却有一幅画深深吸引了他。在画之中，一股清泉飞流直下，跳珠溅玉，泉边有个老态龙钟的和尚正一瓢一瓢地舀着水倒进桶里，仅这么一个挑水的老和尚就把深山藏古寺含蓄深邃地表现了出来。和尚挑水不是浇菜煮饭，就是洗衣浆衫，让人想到附近一定有寺，和尚老迈还得自己挑水，可见寺庙破败，可见寺一定藏在深山之中，画面尽管看不到寺，观者却深知寺是全藏在深山之中。主考官连连点头称好，这才是魁选之作。

听完这个故事之后，大家有没有发现，呈现在我们眼前的正是这幅“深山藏古寺”图。“明月松间照，清泉石上流”，接下来大家就随着我手电光照的方向，一一来欣赏画中的深山老林，画中年迈的老和尚，感受这幅图的独特魅力！

接下来就是灵云洞的第四大厅，叫“大千世界厅”。这里实际上是第二大厅“东海龙宫厅”的背后。这里的主景仍是“盘龙双柱”和“垂天罗帐”。但站在这里，“盘龙双柱”和“垂天罗帐”这二景显得更为逼真和形象。

展现在我们眼前的又是一幅精美的浮雕作品，这幅作品体现了灵云洞博、大、精、绝的特色。首先请看“博”，在那动物保护区内，不仅十二生肖齐全，而且还有很多其他国家级保护动物也在其中，它们和平共处，其乐融融。再说“大”，这倒挂的“金葵吐艳”圆形石钟乳，它的直径达一米多，形如葵花，如此巨大的葵花，堪称葵中之王了。要论“精”，大家上步就可看见“甘露池”，不管洞壁有多大的水流流进池内，它都不会溢出一滴。如说“绝”，仰观那悬空而降的“垂天罗帐”，万年屹立不倒，其逼真形象，全国溶洞中更是绝无仅有。

大家一路行来有些劳累了，不妨放松一下，欣赏一下冰川天女为我们表演的冰上芭蕾吧。天女快速旋转，正好将后背对着咱们，修长匀称的模特身材，头、腰、臀部的特征非常明显。至于她的五官容貌，给我们留下了无限遐想的空间，大家慢慢地去想象吧。

这是灵云洞的最后一个大厅，叫“九柱擎天厅”。它的景观依然气势如虹。看，在这大厅中，我们可以看到九根石柱。这九根石柱，上连洞顶下接地面，整个溶洞仿佛是由这九根石柱支撑起来的。大家知道，在历史的长河中，溶洞和人类有着千丝万缕的联系，根据人类学家考证，我们人类的祖先最早就是居住在溶洞里的。经有关专家考证，在距今5万—10万年前就有人在洞中生活。为了加强对溶洞的保护，我们从2002年至2009年，对灵云洞实行了封闭轮休制度，大家请看：这些乳白色的结晶就是在轮休保养期间的产物，而那些形如舰艇、长满石笋的断岩巨石，则是早在洞穴形成之初就被挤压移位断裂的。

时间过得飞快，霭云洞的游览行将结束，在游览洞天福地时，会给人们一种“洞中方一日，世上已千年”的感觉。各位请看，好客的霭云洞主已按接待帝王的标准，为大家准备了2顶御用罗伞，我们把这一景称为“罗伞送客”。在送行的队伍后面，还有一对情侣在偷偷地接吻，但他们情路坎坷，还差一二厘米的距离。别小瞧这一二厘米的距离，在正常生长的情况下要连在一起，起码也得百年之后，所以又被称为“世纪之吻”。

霭云洞的游览到此结束，请大家按原路返回。喜欢体验滑道的朋友可乘滑道下山；若游兴未尽的朋友可随我参观灵栖石林。

【灵栖石林】

在游览灵栖三洞之后，我们最后去游览灵栖石林。灵栖石林，面积约5万平方米，它分布在灵栖洞群的对侧。远眺，石涛滚滚，石海茫茫；俯视，宛如一盆盆玲珑剔透的盆景；近观，怪石嶙峋，突兀奇姿，引人遐思，显示出刚健雄浑的自然之美。目前，可供游览的石林面积为6000平方米，这里奇石盘踞，怪石耸立，千姿百态的石景和惟妙惟肖的象形巧石连成一片。有的如刀削斧劈，有的像奇兽异禽，有的似庭院假山，确有“远望似林，近看象形之感。古人用“开风吹我登驼峰，大山小山玉玲珑。赤霞日射紫玛瑙，白鹭夜滴青芙蓉”的诗句来形容石林景观，真可谓是恰到好处。

各位朋友，这条小峡谷可以贯穿整个石林，沿此进入，就通向了“迷宫”。从这个小峡谷流出的泉水，清澈甘洌，因此这里叫“流芳涧”。又因这泓泉水与山顶上“小天池”相通，故又叫“通天池”。看，这一片石林，层峦叠嶂，峰如刀削，崖似壁立，气势磅礴，具有“奇、险、怪”的特点。人们将这片石林总称为“十万大山”。那最高峰酷似黄山的天都峰，故又称“飞来天都”。

看，这片石林在造型结构上，高低参差，疏密有致，景象分明，构成了千奇百怪的各种景观。事实上，在这片石林中，可依形找到鼠、牛、虎、兔、龙、蛇、马、羊、猴、鸡、狗、猪等十二种动物，故称“十二生肖园”。请大家发挥各自的想象力，找一找这十二种动物……在如此小的范围内，聚集着如此众多的动物，所以有人称石林为“天然的动物博物馆”。

各位，看完我们的石林迷宫之后，在下山的路上，尚有守株待兔、凿壁偷光、鹬蚌相争、龟兔赛跑、对牛弹琴、铁杵成针等6组艺术雕塑，可供大家欣赏……

灵栖洞景区是一处集游览、会议、度假、休闲、科普于一体的综合性风景名胜区，在景区内现建有灵栖山庄度假村，拥有标准客房94间，并拥有多功能厅和会议室，山庄中还设有餐霞楼餐厅，可为大家提供餐饮服务。

（蒋祖云 吕建青）

富春江七里扬帆

【导游内容】

景区概况—富春江小三峡—江南村—《富春山居图》实景再现—葫芦峡—葫芦峡漂流—葫芦瀑布

【景区概况】

天下佳山水，古今推富春。富春江位于浙江最大的河流——钱塘江中游。钱塘江，发源于安徽省休宁县六股尖，流经皖南各县及浙江的淳安、建德、桐庐、杭州富阳区、滨江区、萧山区、钱塘区等地，最后流入杭州湾，注入东海。它全长589千米，其中在浙江省境内为348千米，流域面积为4.4万平方千米。钱塘江分上、中、下游三段，并且每段的名称各不相同。上游河段称为新安江，从安徽屯溪至浙江建德梅城，总长度为373千米；中游称富春江，自梅城三江口至萧山闻家堰，全长108千米；下游称钱塘江，为闻家堰以下河段。因此，富春江是钱塘江重要的组成部分，它与新安江一道共同成为首批国家级重点风景名胜区。在旅游界，新安江—富春江山水与桂林漓江、长江三峡齐名，并称为我国三条江河风光旅游带。而今天我们游览的这一段江面，长达23千米，被称为七里扬帆景区，是富春江山水之精华所在。新安十景中的七里扬帆、子胥野渡、葫芦飞瀑、严陵问古、双塔凌云等五景就在这里。富春江七里扬帆景区集山水景观、人文景观、森林景观于一体，是中国著名的江河峡谷型景区。

富春江七里扬帆景区有四大特色，分别是“山青、水清、史悠、境幽”。

所谓“山青”，是指富春江两岸山势陡立、群山如黛，森林覆盖率高。据统计，建德境内的富春江两岸森林覆盖率高达94%以上。如此高的森林覆盖率得益于建德林场林业工人长期的养育与保护。1994年，建德林场被林业部授予“富春江国家级森林公园”荣誉称号。建德是首批全国绿化模范城市、国家级生态示范区，这两项国家级荣誉，也有建德林场林业工人的功劳。目前，富春江两岸有200平方千米的山林，在这除林业工人和旅游从业人员外，没有居民，可以称得上是“无人区”。这里有山皆绿，有水皆翠，是名副其实的世外桃源。

所谓“水清”，是指这一江碧水，达到了国家二级饮用水标准。“水清”得益于这“山青”，有了良好的植被，才有这碧绿的一江春水。

所谓“史悠”，是指富春江承载着丰富的历史文化。在富春江两岸，遍布着众多的名胜古迹，有先古时期“药祖”桐君老人结庐处——桐君山、春秋时期伍子胥逃难处——子胥渡、东汉时的严子陵隐居地——严子陵钓台、唐朝时刘长卿隐居的碧涧别墅、宋朝的方腊点将台等，可以说富春江像一条历史的长河，包含着中华民族灿烂的文化；此外，自南北朝谢灵运、沈约开启了吟唱富春江山水的先河以来，富春江山水就成了历代文人骚客竞相游历和歌咏的对象。据不完全统计，历代共有770多位诗人歌咏新安江—富春江—钱塘江，相关诗篇共有4800多首，新安江—富春江—钱塘江也被称为钱塘江诗路，富春江就是这条钱塘江诗路文化带的核心。徐霞客也曾乘坐一叶扁舟，沿着富春江、兰江逆流而上，还在严州府投宿了一夜，据记载，徐霞客来到严州府那个季节，江上已经有了雾气，第二天早上徐霞客出门的时候还是大雾弥漫，幸好上午雾气散开了，于是继续乘舟前往兰溪县城。

所谓“境幽”，是指富春江山水环境清幽，是修身养性的好地方。这里植被茂密，空气清新，环境优美，很少有工业污染。随着政府实施“下山安居工程”，原居住在富春江两岸深山中的农民都已搬迁到集镇上，目前除林业工人和旅游从业人员外，已成为“无人区”。

“山青、水清，史悠、境幽”的四大特色，使富春江成为一条“山水长廊”“诗画长廊”“历史长廊”和“文化长廊”。

【富春江小三峡】

富春江江面狭窄弯曲，碧波荡漾，其秀美的风光可与桂林漓江、长江三峡相媲美。长江有一门三峡，是指夔门关、瞿塘峡、西陵峡、巫峡；富春江有一关三峡，指的是乌石关、乌龙峡、子胥峡、葫芦峡，它们组成了引人入胜的江河峡谷景观。

江面越来越窄，山重水复疑无路，这便是乌石关。在古代，这里是防御州城的驻兵把守之地，又因这里是乌龙山脉的余支，是重要的战略要地（关隘），所以叫“乌石关”。《水浒传》是中国四大名著之一，前80回，主要写宋江等108位好汉劫富济贫的传奇故事。后40回，主要写宋江被招安之后，征辽国、擒田虎、平方腊的故事。其中，有两回写到这里的山水，写的是宋江平方腊的“睦州战役”。一回是“卢俊义分兵歙州道，宋公明大战乌龙岭”；另一回是“睦州城箭射邓元觉，乌龙岭神助宋公明”。乌石关一带就是当初宋江水师和方腊水军鏖兵的战场。盔甲铁叶铿锵，刀剑锋刃铮铮，梁山好汉天剑星立地太岁阮小二、地满星玉幡竿孟康在此遇难。往事越千年，弹指一挥间，谁能想象昔日刀光剑影、血流漂杵的古战场，如今成了游人向往的地方。

七里扬帆

过了乌石关，游船便进入富春江小三峡。富春江小三峡，当地人称“七里泷”。泷是急水的意思，它全长23千米，江面狭窄，两岸陡立，河道弯曲，水急滩多，风光异常秀丽。民国《建德县志》记载“两山夹峙，一江如带，中流鼓棹，帆飞若驶，兼以江水澄清，锦鳞游泳，时有渔歌欸乃，山谷回应”。古“严陵八景”之一，今“新安十景”之一的“七里扬帆”指的就是这里江上行舟的景观。七里扬帆的意思是：过去，舟棹上行，很费气力，需纤夫拉纤或借助风力航行。若乘风而上，20多千米的水路，仿佛只有七里路程那么短暂；但若无风可借，只靠纤夫拉纤，那么这段水路会变得十分的漫长，好像有七十里的路程那么漫长，所以有“有风七里，无风七十里”之说，七里泷的名称由此而来。因此，一般情况下，所有船只都是等候东风起来后才能航行。蓝蓝的天上飘着白云，青山绿水间千帆竞发，渔歌欸乃，山谷回应，那是一幅多么壮观、多么优美的江上行舟图！与乌石关相连的是乌龙峡，这一带的风光以“奇秀”著称，古往今来，许多文人墨客借此抒情，留下了许多脍炙人口的诗篇。历史上在严州游历或为官的名人甚多，在唐代，就有孟浩然、李白、白居易、杜牧等数以百计的诗坛巨匠，饱览严陵山水，留下了4800余首瑰丽壮美、清新脱俗的诗篇，凝结成“一条钱塘江，半部全唐诗”的深邃和豪迈。富春江水电站建成后，这一带的急流险滩消失了，加上现在船只航行靠机械动力了，因此“七里扬帆”的自然景致已见不到了。但两岸风光却更加妩媚、更加迷人，有“人行明镜中，鸟度屏风里”的诗情画意。

各位朋友，这条汇入富春江的溪流叫胥溪，因伍子胥而得名。胥溪的入口处叫胥口，原是建德北乡通往富春江的埠头，也是通往钱塘江这条浙江省最大的水运干线的出入口，是人流、物流的集散地和转运地。当然，这些都已经是久远的历史了。请大家看北岸这块危立的石壁，上面刻着“子胥渡”三个大字。子胥即伍子胥，春秋时期楚国人。他的父亲叫伍奢，本是楚平王太子的老师。因楚平王荒淫无道，逐子夺媳，还杀害了包括伍奢及其长子伍尚等在内的大批忠臣。伍子胥是位具有文才武略的将才，他得知父兄被杀的消息后逃离楚国，遭到楚王的“通缉”。逃到楚国的边关昭关时，只见到处贴满了他的画像。搜查很严，根本无法过关。忧愁、烦恼和仇恨深深地折磨着他。一夜间一头乌黑的头发全变成了白发。这就是“伍子胥过昭关夜白了头”的典故。后来伍子胥在义士东皋公的帮助下逃出了昭关。逃离昭关后，伍子胥翻山越岭投奔吴国。来到富春江边，湍急的江水挡住了他的去路。前有大江拦截、后有楚兵追杀，伍子胥不禁仰天长叹：“天亡我伍子胥也！”此声响震如雷。这时从对岸港汊中，划出一条小渔船，划船的是一位白发老翁。白发老翁帮伍子胥渡过江去，伍子胥十分感激，跪下以所佩宝剑相赠，并请求白发老翁不要将他的行踪外扬。白发老翁为了表明自己的心迹，即在渡口拔剑自刎。后人把这渡口称为“子胥渡”。这条小溪，称为“胥溪”，是富春江的一条支流；循溪而上，胥村（建德市乾潭镇）、胥岭、胥岭洞、早午岭、转头村等地的地名，都与伍子胥有关。胥溪沿途原建有7座纪念伍子胥的忠烈祠，后都被毁。1999年，当地旅游部门在胥溪沿岸重建了子胥祠，祠内供奉着伍子胥塑像，塑像两边的楹联写道：“胥岭胥溪胥村胥口，青山尚留几多胜迹；忠君忠国忠民忠事，绿水长存一缕忠魂。”两面的墙上绘有“伍子胥的传说故事”。请大家上岸瞻仰子胥祠。

【江南村】

从子胥渡开始，我们就进入了“子胥峡”。请大家往右看，这里有许多幢古朴典雅，白墙黑瓦的明清建筑掩映在绿树翠竹之中，环境十分幽雅。这就是有上千年悠久历史的古村落，名叫“江南村”。江南村背依青山，三面环水，远离尘嚣，环境清幽，有“富春江畔桃花源”之美誉。江南村的得名与乾隆下江南在此观景、尝美食有关。传说乾隆皇帝第一次下江南，曾沿新安江、富春江、钱塘江顺流而下去杭州。经过富春江上游（当时称严江）时，旖旎的富春江景色令他陶醉。微服私访的乾隆皇帝只顾了看风景和吟诗作画，竟忘记了时辰。在饥肠辘辘之时，只得进村找吃的。在村子北面碰到一位准备出门上山采茶的农妇。淳朴好客的农妇家里条件不好，正为拿不出好东西犯愁时，一只光吃食不下蛋的鸭子“呱呱”叫着上前凑热闹，扰得人心烦躁，农妇想一脚把鸭子踢出门去，一抬起脚，顿时有了主意，于是准备把鸭子杀了招待客人。谁知拔鸭毛时又犯了难，此时正是鸭子换毛的时节，鸭毛怎么也拔不干净。聪明的农妇急中生智，为了使客人看不出鸭身上没拔净的绒毛，抓了一大把黑乎乎的霉干菜放进锅里去蒸焖。煮熟后，鸭子黑里透红，入口酥嫩爽糯、油而不腻，连农妇也没想到味道会如此鲜美。吃遍天下山珍海味的乾隆品尝后，赞不绝口。问农妇这是什么菜，农妇随口答道："干菜鸭。"不知不觉夕阳西下，乾隆皇帝一行才依依不舍地离开江南村。在船上，一路随行的大学士纪晓岚诗兴大发，吟《过严江舟中偶作》诗一首："山色空蒙淡似烟，参差绿到大江边。斜阳流水推篷坐，处处随人欲上船。"细腻地描写了夕阳下富春江的景色，博得了乾隆皇帝的赞赏。后人为了纪念乾隆皇帝此次下江南，将乾隆吃的干菜鸭子取名为"严州干菜鸭"。在他上岸观景的地方修建了一座精致的亭子，取名"帝座亭"，把古村落取名为"江南村"。目前，"严州干菜鸭"是浙江百县千碗中的一道名菜，也是建德十大碗中必尝的一道菜。

【《富春山居图》实景再现】

游船在子胥峡中航行，两岸风光十分秀美。这一景致，不知被多少画家描绘过。其中有一幅被誉为"国宝"的名画就是《富春山居图》，画家的名字叫黄公望。黄公望，是元代大画家，字子久，号一峰，工书法，通音律，善诗词，少有大志，青年有为，中年受人牵连入狱，饱尝磨难，年过五旬隐居富春江畔，师法董源、巨然，潜心学习山水画。黄公望把毕生的积蓄都投入绘画创作中，呕心沥血，历时十载，终于在年过八旬时，完成了这幅堪称山水画最高境界的长卷——《富春山居图》。它以长卷的形式，描绘了富春江两岸初秋的秀丽景色，峰峦叠翠，松石挺秀，云山烟树，沙汀村舍，布局疏密有致，变幻无穷，以清润的笔墨、简远的意境，把浩渺连绵的江南山水表现得淋漓尽致，达到了"山川浑厚，草木华滋"的境界。《富春山居图》几经辗转，明朝末年传到收藏家吴洪裕手中，吴洪裕极为喜爱此画，以至在临死前让人将此画焚烧殉葬带到阴间去，幸而被吴洪裕的侄子从火中抢救出，但已被烧成两段。前段较小，称"剩山图"，纵31.8厘米，横51.4厘米，现藏浙江省博物馆，为浙江博物馆的镇馆之宝；后段画幅较长，称"无用师卷"，纵33厘米，横636.9厘米，现藏台北故宫博物院。

2010年3月14日在全国两会记者会上，温家宝总理在回答台湾记者提问时提到了《富春山居图》。温家宝总理希望大陆和台湾收藏的《富春山居图》能合二为一，海峡两岸能早日统一。温家宝总理的这番话在国内外引起强烈的反响，《富春山居图》再次引起世人的关注。2011年6月1日，《富春山居图》合璧展在台北隆重举行，引起世界轰动。

黄公望的《富春山居图》是中国十大传世名画之一，影响了一代又一代的画家。当代桐庐籍画家、中国美术家协会原副主席叶浅予先生仿黄公望之作，名为《富春山居新图》。该长卷把富春江七里扬帆的所有景致都描绘进去了，也是一幅名作。黄公望的《富春山居图》和叶浅予的《富春山居新图》等都是以富春江风光为创作源泉的。可见，富春江的魅力是如此之大。我们今天看到的景象，实际上是《富春山居图》的实景再现。

【葫芦峡】

水送山迎，不知不觉游船来到了葫芦峡。沿江继续东下约3千米，便是严子陵钓台。说到严子陵钓台，我给大家讲一个“李太白醉卧严陵濑”的故事。相传唐代开元丁卯年初夏，李白游过黄山，乘舟沿新安江、富春江水路吟咏而下，来到梅城严东关拜访好友权昭夷。权昭夷以五加皮酒、子陵鱼招待。次日，李白辞行，权昭夷还是将五加皮酒、子陵鱼作为礼品相赠。船至严陵滩，李白见两岸青山滴翠、江水清澈，岸边有一块很大的青石，一边欣赏山水，一边开怀畅饮。数杯下肚，诗兴大发，吟诗一首：“我携一樽酒，独上江祖石。自从天地开，更长几千尺。举杯向天笑，天回日西照。永愿坐此石，长垂严陵钓。寄谢山中人，可与尔同调。”直喝得酩酊大醉卧于石上……后来，这里就流传着一首歌谣：“子陵鱼，加皮酒，喝得太白不放手，醉醉醺醺卧严陵，一篇诗章寄山友。”凭着这首歌谣，建德严东关五加皮酒名扬天下。有感于此，后人又写了一首赞美严东关五加皮酒的诗：“色如榴花重，香比蕙兰浓，甘醇醉太白，益寿显神功。”五加皮酒是一种风味独特的强身滋补酒，它选用五加皮、当归、枸杞子等29味中草药，采用传统配方科学精制而成，具有活血祛湿，消疲解乏的功效，可以添精补髓、延年益寿。曾于清光绪二年（1876）在新加坡南洋商品赛会上荣获金质奖章，1915年2月在巴拿马太平洋万国博览会上荣获银质奖章，1930年7月，在西湖国际博览会上荣获优等奖章。严东关致中和五加皮酒，是中国别具一格的传统地方名酒，是建德著名土特产，也是浙江两大传统名酒之一（另一种为绍兴黄酒）。

前方我们看到的码头叫葫芦湾码头。葫芦湾又名坌柏，原有众多的农居村舍，充满了天然古朴的情趣。现改造部分农舍成为旅游接待设施。明朝著名画家董其昌经过此地时，曾画过这里的优美景色，并题诗一首，其上半首为：路入江皋一径斜，绿杨深处有人家。洲前风度千帆影，谷口春藏万树花。此诗为千古绝句。

现在我们弃舟登岸，到葫芦湾中去观赏葫芦飞瀑，并参与葫芦峡漂流。

【葫芦峡漂流】

我们沿着这条小溪上行，就进入了葫芦峡谷。这条小溪原名叫坌柏溪，是富春江的一条支流，发源于龙门山脉，由东源和西源二股山涧小溪汇合而成。富春江森林山高坡陡，植被茂密，此溪流具有“久旱不断流，久雨水碧清”的特点，同时水质清冽，甘甜爽口，是优质的高山冷泉。这涓涓流淌的溪水，由于山体地形的切割，遂形成了多姿多彩的小瀑布景观和急流险滩。葫芦峡漂流项目依托“水急、石怪、林奇、潭多”的独特自然优势，在东源、西源二股溪流汇合处筑坝蓄水，开发了此旅游项目，此处被誉为“浙江生态第一漂”。葫芦峡漂流全程约3千米，落差近100米，最高落差4米，最长落差可达100米，全程漂流大约需要一小时。

在我们左侧有一组古朴典雅的建筑，这是景区宾馆，叫葫芦客栈。它依山傍水，环境优美，夜晚入住客栈，夜深人静的时候听着虫儿轻叫，枕着江水而眠，有身处世外桃源之感。葫芦客栈客房干净整洁，设施齐全。客栈旁是供漂流换衣服和寄存物品的地方。换好衣服后，大家可乘坐景区提供的免费电瓶车到上游码头，等候漂流。我们的右侧是景区餐厅，主要经营农家土菜，所选用的原料以当地的山珍野味和江中的水产为主。我们的行程是先观赏葫芦瀑布，再返回餐厅用餐。用餐结束后再参与葫芦峡漂流。

【葫芦飞瀑】

从这里看去，葫芦飞瀑清晰可见。在陡峭光滑的石壁上，大自然的鬼斧神工造就了上下相连、上小下大的两个岩洞，极像一个巨大的葫芦，瀑水从崖顶流入洞中，再喷薄而出，然后飘然而下，冲击在一级级凸出的山石上，迸散作一颗颗的水滴，如珍珠，似碎玉，洋洋洒洒地跌入深潭之中……从这里看去，葫芦洞很小，事实上，葫芦洞高8米，宽约4米，深约6米，葫芦下部可容数人并进，洞内面积有27平方米。瀑流从崖顶倾入洞内的水潭，然后再坠落山崖。人在洞内往外看，瀑布如帘，就如《西游记》中孙悟空居住的水帘洞一般。葫芦飞瀑是新安江十景之一。

葫芦飞瀑

葫芦飞瀑长百米、宽7米，雨季时，宽达10米。站在葫芦瀑底下，我们可以听到声若雷鸣，目睹“飞流直下三千尺，疑是银河落九天”的壮丽景观。

当地民间相传，葫芦瀑是位列八仙之首的铁拐李那能大能小的酒葫芦变的。当代诗人黄绮曾有诗写葫芦瀑：“漫驾小轮入曲江，崇山劝我试飞觞。铁仙当日曾游此，倾倒葫芦泻玉浆。”云游天下的铁拐李竟然也为这里的景色陶醉，怪不得游客们到了此处，会生出脱俗超凡的飘然之感了。

人常以柔情比水，将水比作明眸巧盼的姑娘，而葫芦瀑却以它“飞流直下”的气势，再现了壮士的刚强和力度。阴柔之美、阳刚之态，在这里得到了和谐的统一，使人惊叹这天地之造化，人世之奇观。

（蒋祖云）

梦幻新安江夜游

【导游内容】

概况—双江特色街—璀璨夜色—朦胧夜公园—新安江三绝—建德大桥—城市之根—白沙桥—梦幻江景—新安江大桥—《江清月近人》实景演艺—沿江宾馆群

【概况】

游船缓缓地驶离双江街旅游码头，逆新安江而上向上游航行。在这里，我先把新安江概况作一简要介绍。新安江是浙江省最大的河流钱塘江的干流。钱塘江全长589千米，可分为上、中、下游三段。从源头到浙江建德梅

梦幻新安江

城三江口为上游，叫新安江；从建德梅城至萧山闻家堰，称为富春江；从萧山闻家堰至入海口，称为钱塘江。新安江全长373千米，它发源于安徽省休宁与祁门县交界的六股尖，流经皖南山区和浙西山区。流经皖南的新安江，以中国独特的徽文化与自然风光、古村落的美妙结合著称，被誉为“山水画廊”；而浙江境内的新安江，沿江两岸峰峦挺秀，翠岗重叠，百川飞泻，江流曲折，素有“锦绣新安江”的称誉。建德市是新安江水域面积最大的县市，故被称为“锦峰绣岭、山水之乡”。今晚我们在建德市区游览新安江夜景。行程大约一小时，主要观赏新安江城两岸璀璨的夜景，领略“水清、风凉、雾奇”这三绝。

【双江特色街】

双江特色街是由杭州市原江干区援建的，江干和新安江都有一个“江”字，故取名为“双江特色街”。它位于新安江东入城口，由滨江水系景观休闲区、滨江亲水休闲平台区、沿街商业体、地下商业区及城市绿肺公园区构成，是以城市休闲旅游服务功能为主，引入“一站式城市旅游景点”概念的集生活休闲、美食餐饮、购物娱乐、文化艺术于一体的高端休闲商业街区。特色街长度约300米，由江滨路西侧7个独立小楼和江滨路东侧沿江3个钢结构小楼构成，业态以特色餐饮美食、休闲娱乐、儿童欢乐世界、沿江音乐四大类为主。它既是梦幻新安江景区的有机组成部分，更是城市夜经济的集聚区。

双江特色街、梦幻新安江夜游、《江清月近人》实景演艺这一“街区＋夜游＋实景演艺”的特色组合在2023年被评为中国最佳夜间旅游项目提名奖。

【璀璨夜色】

正前方，有一座大桥横跨在江面上。五光十色的激光射灯如万紫千红的花朵，为大桥精心编织了一件缤纷的晚礼服。有了灯光的装饰，使这座钢筋混凝土桥梁变得风情万种，绰约多姿。这座大桥叫“洋安大桥”。总共759米，桥宽22米，为双向四车道，是连接主城区与洋安新区的主通道；请大家往右岸看，江畔火树揽枝，银花骄放；岸上，沿江的所有建筑物都灯光闪烁、五彩缤纷，把这座风景旅游小城装扮得无比美丽。这一景，是梦幻新安江夜游中最璀璨的一景，叫“璀璨夜色”。看，耸立在眼前的三座高楼大厦格外地抢眼。最靠近江边的大楼就是建德准五星级酒店——建德半岛凯豪大酒店。那座中空的、形状像汉字“门”的建筑物，叫“金马中心”，也叫“建德之门”。最后的那座大楼是东洲商务大楼。这三座大楼是建德市实施城市东扩战略以来通过招商引资而新建的，是建德市新兴的商业中心。以这三座高楼为核心，周围遍布着众多环境优美的高档住宅小区，有新安明珠、锦华园、半岛、御景园、拉里维娜等。

【朦胧夜公园】

游船缓缓地行驶，渐渐地把我们带入如梦似幻的境地之中。从这里看岸上，一条逶迤的灯光带若隐若现。这就是新安江城城市公园——江滨公园。江滨公园是城市与江水的缓冲过渡地带，它西起罗桐花园大酒店，东至城市入城口，全长约8千米。沿水流方向，自上而下可分为三段。上段从罗桐花园大酒店到白沙大桥，长约3千米，始建于20世纪70—80年代；第二段从白沙大桥至建德大桥之间，是搬迁新安化工、新安江化肥厂之后开始兴建的，长约2千米，是建德新兴的高档住宅区；第三段从建德大桥至东入城口之间，它长约3千米。江滨公园宽20—30米，是实施城市绿化、美化和亮化工程的主体。这是新安江市民休闲的好去处，一到夏天，江滨公园成了市民和游客消夏纳凉的地方。江滨公园的亮灯工程主要以路灯、树灯、建筑物装饰灯及射灯为主体，形成色彩斑斓的立体结构，使夜景显得更加流光溢彩。

【新安江三绝】

游船在航行过程中，阵阵凉风袭来，许多游客已感受到一种凉意。在这里，我着重要介绍一下闻名天下的“新安江三绝”。新安江三绝是“水清、风凉、雾奇”。

先说“水清”。新安江的水清，自古闻名。南北朝著名诗人沈约游览新安江时，曾写道“洞澈随清浅，皎镜无冬春。千仞写乔树，百丈见游鳞”；唐代诗人李白、孟浩然游览新安江时，也都对新安江的水发出感慨，李白用“借问新安江，见底何如此。人行明镜中，鸟度屏风里”的诗句来赞美，而孟浩然则干脆赞叹道："湖经洞庭阔，江入新安清。"新安江的水清澈晶莹，得益于流域内郁郁葱葱的青山；而现在的清澈纯净，除良好的植被外，千岛湖这一天然净化池也起着重要的作用。新安江水就是从新安江大坝底下70米处流出的深层活水。据环保部门测定，新安江水的天然水质的浊度仅为1—2度，已经达到国家一级标准，比许多大城市里处理过的水还要纯净得多，不必经过处理就已经完全符合饮用水的标准。目前，它的水质与新疆天山天池的水质齐名。新安江的水不仅纯净，而且还甘甜爽口。著名的"农夫山泉"矿泉水，实际上就是经净化后的新安江水。其厂址就建在新安江畔。建德人最大的骄傲就是拥有这一江清澈的江水和优美的自然环境。建德人常常戏称：我们每天都用"农夫山泉"洗澡。许多游历新安江的游客，都非常羡慕建德人，常常用"日饮新安三升水，但愿长作新安人"来表达对新安江水的赞美之情。可惜现在是夜晚，我们无法看清新安江水，明天白天大家可以到江边去感受一下这清澈见底的新安江水。

"风凉"是新安江的第二大特色。"风凉"得益于"水凉"。新安江的水是从新安江水电站坝底泻下的千岛湖水。水从70米以下的坝底奔流而出，就像深井里的水一样。因此，新安江水常年恒温，保持在14—17℃。这恒温的江水，使得位于峡谷中的新安江城拥有了"冬暖夏凉"的独特小气候。炎炎夏日，从水电站泻下的清冷的江水犹如脱缰的野马急速地往下奔流，搅动了河谷中低气压的空气，从而形成了一阵阵凉风。这阵阵凉风，湿润清新，沁人心脾，没有半点尘埃，使人觉得仿佛到了广寒宫。因此，夏季的新安江素有"清凉世界"之称，是江南地区著名的避暑胜地。建德旅游的宣传口号曾是"清凉水世界，梦幻新安江"，说的就是新安江的小气候。现在，建德对外打出的旅游牌就是"17℃建德新安江"；当然，到了冬天，17℃的江水又成为温水，那轻柔的江风带来的是阵阵的暖意，温煦如春，柔和舒适。

"雾奇"是新安江的第三大特色。你看，那两岸山峦楼宇，忽失高低；凌空江桥，时断时续；江中游船，若隐若现。是什么让这些变得如梦幻一般？是新安江奇雾。说它是雾，它不像重庆山雾那般混沌弥漫；说它像云，又不似黄山云海那样排山倒海；说它如烟，却没有大漠孤烟那种灰冷沉寂。事实上，新安江的雾是雾、云、烟的结合体。从气象学的角度看，它属于平流雾。其产生有两个条件：一是从大坝底下流泻的水流的温度与气温存在差异；二是水流急骤流动所产生的湿气流与峡谷的下层气流相遇，平流雾便袅袅升起。一般来说，水流愈急，江雾愈奇；温差愈大，雾景愈幻。并且，江雾不受时间限制，不因季节变化而消失，一年四季、晴雨晨昏均能见到，这在全国江河中实属罕见。而雾的出现和消失，又过滤了空气，因此，待雾一消散，新安江畔的空气特别清新。现在我们的游船在雾海中穿行，两岸的灯光似隐似现，大有宋代女词人李清照笔下“天接云涛连晓雾，星河欲转千帆舞”的感觉。我们仿佛是在腾云驾雾，在仙境中一般。

新安江的景致在一年四季、晨昏晴雨各不相同。新安江人把它概括为“晴天是风景，雨天是意境，夜晚是仙境”。今天，我们感受到的就是仙境。在新安江上，除乘坐游船游览外，景区还推出竹筏漂游、龙舟漂流和快艇等游览项目，别有一番风味。

【建德大桥】

展现在我们面前的这座霓虹灯闪烁的大桥，叫“建德大桥”，兴建于1994年，是随着国道320建德过境公路改建而建的，全长412米，宽25米，是一座现代化的公路桥，桥名由时任全国政协副主席王首道先生题写。

【城市之根】

前方江中那块巍峨耸立的圆柱状物体，我们称之为“中流砥柱”。实际上，它是建造新安江水电站时的历史见证。当年，建造新安江水电站时，需要大量的砂石料，而这些砂石料大多是就地取材。这里原是一片沙砾地，地名叫“江村埠”，当时又称“沙石之城”。沙砾要运到对面，再经过火车运到电厂工地。当时机械化水平低，勤劳聪明的建设者们，用皮带运输机运输砂石。为了固定皮带运输机，这座桥墩般的庞然大物便起了固定和支撑作用。1959年4月9日，周恩来总理视察新安江水电站建设工地时，曾实地到过这里，并向建设工人了解每天砂石的运输数量。新安江水电站建成后，新安江变宽了，而这座石碑便屹立在江中央，成为江中一景。它原名叫“中流砥柱”，现改名为“城市之根”。随着城市的东扩，这一废弃的建筑物成了新安江城市的一个独特的景观。政府为了亮灯工程的需要，对它进行了包装。一是进行灯光的布置；二是增设了喷水设施，现已形成独特的喷泉景观。喷

“城市之根”灯光秀

泉总高度80多米，在灯光的映照下，“城市之根”流光溢彩，水柱冲天，在新安江雾海中若隐若现，成为绚丽多彩的景观。

在“城市之根”的北岸，这一组弧形线条的建筑物是建德市“两馆两中心”文化综合体，即建德博物馆、建德图书馆和建德市青少年活动中心、建德市妇女儿童活动中心。这是建德市文化新地标。这组建筑物的一大亮点是该建筑群的设计追求天人合一，如波涛起伏般曲线形的馆体在山水之间流动，与自然融为一体。该设计入选2021年度全球最具有影响力的设计类奖项——德国设计奖，并获得2021年文化建筑特别表彰奖。

在“两馆两中心”旁边矗立着两幢高层建筑，这就是星河金座大楼。这是由浙江虹硕实业有限公司斥资10亿元建造的集酒店、办公、养生、娱乐、商业于一体的综合性大楼。其中一号楼总高165米，二号楼总高123.88米。星河金座1号楼是目前建德最高的大楼，是建德城市的新地标。

【白沙桥】

这座用橘黄色灯光装饰的大桥，叫“白沙桥”。由于灯光的照射，桥在水中的倒影显得十分幽深，我们的游船就在灯火中航行。说起白沙桥，必须先说白沙渡。说起白沙渡，又必须先说白沙女。在民间，这里流传着“白沙女挥纱救黄巢”的故事。注意，原来的“白沙女”的“纱”字是纱巾的“纱”，不是沙子的“沙”。相传，唐末农民起义军领袖黄巢挥师北上，途中遭官兵伏击，义军惨败。单枪匹马突出重围的黄巢，惊慌地向北逃跑。但险峻的新安江挡住了去路，形势十分危急。这时，江对岸有一女子正在江中漂洗白纱，黄巢正疑惑时，只见那白纱幻化成一座白纱桥。黄巢来不及细想，单骑过桥而去，当官兵踏上该桥时，浣纱姑娘又轻轻抖动白纱，顿时，白纱桥消失了，官兵们纷纷落水而亡。黄巢得救了，而浣纱姑娘却最终被官兵杀害了。因浣纱姑娘没有名字，黄巢便建衣冠冢祭之，并命名为“白纱女”，后人把白纱女浣纱之处称为“白纱渡”。经过岁月的演变，“纱”渐渐变成了“沙”。

传说终归是传说，但在白沙渡口耸起一座桥梁，却是新安江人梦寐以求的愿望。新安江人近千年的期盼，终于在1960年成为现实，一座石拱桥建立起来了。该桥全长362米，高24米，宽10米，集赵州桥和卢沟桥的建筑风格于一体，该桥栏杆柱头上，设置了264只形态各异、栩栩如生的石狮子，可与卢沟桥相媲美，有“北卢沟，南白沙”的美誉。目前，白沙女的塑像就安放在白沙桥南的白沙公园内，供人们观赏。桥南山坡上建有古朴典雅的迎客亭，石碑上刻有郭沫若先生手书的“白沙桥”三个遒劲有力的大字。亭柱上镌刻着王家骝先生创作的“姿若虹霓，为山河增秀色；固如磐石，与岁月竞久长”的楹联。碑记和楹联都是由建德市著名书法家方葆燕先生书写的。

【梦幻江景】

各位朋友，我们的游船进入了主城区的江面上。这是新安江夜游中最美丽的景致——梦幻江景。看，南岸的山体在绿色和黄色灯光的映衬下，勾勒出朦胧的轮廓，显得更为神秘；江岸的霓虹灯广告牌和电子屏幕闪闪烁烁，在白沙奇雾的弥漫中，显得十分柔和；江堤沿岸的LED，时而白光流溢，时而绿光闪烁，把江水浸染得五光十色，颇为炫目……从山上到江岸再到江堤，形成了立体的灯影世界，突出了南岸的幽深与宁静；请大家看北岸，那城中依次伫立的建筑，也披上了华灯彩装，闪烁着迷人的光彩，再现了小城童话般的梦幻景致；防洪大堤斜坡上，绿色和黄色的灯光把草坪分割成各种各样的图案，美不胜收；江滨公园里的树木，在绿色灯光的映衬下，显得风姿绰约，亭亭玉立；江畔的音乐喷泉，在灯光的照射下摇曳多姿，不断地变换着形状和色彩，显得是那样的色彩斑斓；江滨公园里，熙熙攘攘的人群漫步在霓虹灯下，是那么的潇洒自如……如果说南岸以幽深为特色，那么北岸就以热闹取胜，一南一北形成鲜明的对比。因两岸的灯光倒映在水中，更显得江的朦胧、城的婀娜，呈现给人们一个梦幻的天地。

【新安江大桥】

看前方那泛着绿色灯光的大桥，那倒映在江水中的影子是多么显眼、美丽。特别是那三个闪烁彩灯的拱形与水中各自的倒影组合成了三个圆，仿佛是三轮明月。这座大桥叫新安江大桥。它始建于1991年12月20日，竣工于1994年6月1日，总投资1400万元。它集交通与观赏于一体，是浙江省第一座中承式不等跨钢管混凝土拱桥。它有3个长拱，跨度分别为84米、120米、84米。横梁有33根，由66根吊索组成，每一根吊索由109股钢索构成，每根钢索可承重6.25吨。新安江大桥全长370米，宽10米，最大拱桥跨度120米，位居目前中国已有的同型桥中的跨度之前列。

【《江清月近人》实景演艺】

我们看到前面灯火阑珊的所在，是新安江中一座小巧玲珑的小岛，原名“江上瀛洲”。它是由寿昌江带来的泥沙堆积而成的沙洲，形成于1973年8月3日的那场大洪水。经过20多年的日积月累，成为今日的规模。它的面积相当于2个足球场那么大，岛上植被茂密，楼阁亭榭掩映其间，环境十分宜人。因它静卧在碧绿的新安江上，形似月亮，故称“月亮岛”。岛中的石碑上“月亮岛”三字，于2006年由国民党荣誉主席连战题写。当人们置身岛中，仿佛落入森林氧吧，令人心旷神怡。在岛上环顾四周，清澈的江水从脚边流过，或缓或急，江底的水草、小鱼清晰可见。

大家知道，黑龙江省哈尔滨市的松花江上有一座岛，叫太阳岛，因一首脍炙人口的歌曲《太阳岛上》而名闻天下。我们建德也有一首写新安江月亮岛的歌曲，叫《月亮岛》。这首歌旋律优美，情真意切，令人回味无穷。这首歌的词作者为著名作词家钱建隆先生，曲作者为印青先生，首唱者为浙江歌舞团青年演员支乐双，现被定为“建德市市歌”。下面，我把这首歌献给各位远道而来的朋友们：“有一条新安江，碧蓝蓝真好看；有一个月亮岛，飘浮在水上边……”

《江清月近人》实景演艺

目前，在月亮岛上推出了《江清月近人》实景演艺。这是由建德市新安旅游投资有限公司出品，中国实景演出创始人、山水盛典董事长梅帅元先生担任总导演，山水盛典文化产业股份有限公司倾力打造的大型沉浸式实景演艺。唐朝著名诗人孟浩然游历建德时，曾写下千古名诗《宿建德江》：“移舟泊烟渚，日暮客愁新。野旷天低树，江清月近人。”演出采用环岛行进的沉浸式观演开工，由“江、清、月、近、人”五个演区构成一台串珠分布而又相互关联的完整实景演艺，包含着“新安江、千古月、生命轮回、根脉乡愁、前世今生”等唯美情境演绎和多层精神表达，奇绝光影，虚实无缝，移步易景，身在其中。这里，古老的“建德人”逐鹿于清江花海，超然的严子陵独钓于山水四季，飘逸的孟浩然与李白起舞邀月，壮志难酬的陈友谅仰天长啸道不尽万缕乡愁，亲水而居的新安江九姓渔民在一场浪漫爱情中艰难圆梦。可以说，《江清月近人》实景演艺是一台讲述建德历史、文化的唯美演出，是外地人到建德不得不看的文化盛宴。

【沿江宾馆群】

游船缓慢地向城市的西端行驶着。这幅唯美的山水画，在我们眼前变幻着色彩，或浓烈，或淡雅，或清新，或艳丽。我们的心，在这山水间沉静了下来。朋友们，想要一生留在这山水画里吗？如果你们不能一世留下，那就在这江边留宿一夜吧。在我们的右前方，有一排临江排列的建筑群，灯火通明，霓虹闪烁，颇为绚丽多彩。这组建筑是新安江城著名的宾馆群。由此往上游，分别是罗桐花园大酒店、国瑞酒店、全季酒店、雷迪森怿曼酒店、银苑宾馆、景澜新安江宿等6座三星级以上宾馆。这些宾馆风格多样，特色迥异，但它们共同的特点是，全都依山傍水，因山就势而建，是领略新安江三绝的好去处，也是体验“宿建德江”风景意境的好选择。

从酒店群往前4千米就是雄伟的新安江水电站大坝了。众所周知，因为新安江水电站的建成，上游水库淹没群山形成了有着1078个岛屿的千岛湖，下游则是这条常年保持17℃恒温的新安江。

现在我们的游船开始返程。在返程的过程中，请大家继续观赏梦幻新安江那独有的江景、桥景、城景和山景，在悠闲自在的氛围中，享受新安江天然空调带来的凉爽、新安江奇雾带来的飘飘欲仙的感受。

（蒋祖云）

千岛湖好运岛

【导游内容】

景区概况—湖光山色—好运广场—望湖亭—萌宠乐园—好望角—五福园—动物表演区—五福献柚—好运阁—隐莲池—瑶台牌楼—瑶台—环湖栈道

【景区概况】

千岛湖好运岛是千岛湖1078个岛屿中距离新安江水电站最近的岛屿，原名叫风坪山。之所以叫好运岛，究其原因主要有三点：一是因为好运岛是“千岛之首”，占尽天时、地利，游客登临此岛有“千岛独尊”之感觉；二是好运岛总面积为118亩，“118”的谐音就是“要要发”；三是岛上有好运广场、好运水、好运阁及福禄寿喜财好运道等以交好运为内容的景点，寓意着“好山好水伴君交好运，清源清气到此可清心”。千岛湖好运岛主要有三大特色。一是可眺望新安江水电站雄姿，俯瞰千岛湖风光，养性；二是可游览萌宠乐园，欣赏动物表演，养眼；三是福禄寿喜财好运道，交好运，养心。整个游览时间约一个半小时，是集观光览胜、休闲与参与体验于一体的生态风景区。

【湖光山色】

我们的游船驶离云梦渡码头，正航行在风光秀丽的千岛湖上，旖旎的湖光山色展现在我们面前。千岛湖是由于建造中国第一座自己设计、自己施工和自制设备的大型水力发电站——新安江水电站而形成的一座大型人工水库，原名新安江水库。因水库蓄水淹没群山，形成面积在3.75亩以上的岛屿1078个，故名为“千岛湖”。新安江水电站始建于1957年，1960年正式发电，是中国第一个五年计划中的重点项目。电站大坝建在新安江的铜官峡谷内。大坝拦江蓄水后，形成了新安江水库，水库淹没原淳安、遂安二个县城及这一带大量的村庄、农田和低山丘陵，移民29.4万余人。看，那就是雄伟的新安江水电站大坝。大坝海拔高度为115米，实际坝高为105米，坝顶的总长度为466.5米，宽度为97米，是混凝土宽缝重力坝，也就是说它是用混凝土和钢筋浇筑而成的。新安江水电站的建设是中国水电史上的一座丰碑，也是世界水电站建造史上的一个奇迹。它的形象曾出现在教科书上，出现在邮票上，出现在各种商标上，成为人们耳熟能详的一座标志性建筑。

千岛湖面积为580平方千米，相当于一个新加坡的国土面积，它是目前我国国内最大的人工湖，比杭州西湖大108倍；它的蓄水量为178亿立方米，是太湖的4倍，是杭州西湖蓄水量的3184倍；沿着它的湖岸线走一圈，60千瓦的机帆船要开半个月。目前，千岛湖是国家AAAAA级旅游区，中国十大最美丽的湖泊之一。千岛湖以“千岛、秀水、金腰带”为主要特色。“千岛”就是指这1000多座形态各异的岛屿，风光旖旎；“秀水”就是指这碧绿清澈的湖水，千岛湖平均水深34米，水体能见度常年保持在9—12米，属国家一级水体，被誉为“天下第一秀水”。著名的“农夫山泉”和“7017啤酒”就是以千岛湖水为原料的。“金腰带”就是指岛屿与湖水相接处环绕着一层金黄色的土带，远远望去就像是戴着一条金腰带一样。大家请看，岛屿上有葱绿的植被，但土带上却没有一点绿意。这是怎么回事呢？原来，有植被的位置标明这是水库的最高水位或叫警戒水位。水库达到这一水位，新安江水电站大坝就要泄洪，以确保大坝的安全。在这警戒水位以下的区域，由于上面不长植物，从而形成一条土黄色的金腰带。如果我们把碧绿的岛屿比喻成翡翠，那么这一土带就是给翡翠镶上的金边。在阳光的照耀下，这条金腰带光芒四射，耀眼无比。千岛湖属浙江建德、淳安、安徽歙县三县市所共有，其中淳安占93.6%，歙县占4.4%，建德占2%。千岛湖目前分五大湖区，分别是中心湖区、东南湖区、西南湖区、东北湖区和西北湖区，旅游资源得到开发的主要是中心湖区和东南湖区。建德境内的千岛湖区面积虽然很小，但风光十分秀丽。目前，建德在千岛湖中主要开发了好运岛景区。正前方那座小家碧玉的小岛就是我们今天游览的千岛湖好运岛。

【好运广场】

出现在我们正前方的“湖门第一岛”五个烫金大字，是林业部原副部长刘广运为庆贺好运岛开张而题的。我们站的这个位置就是好运广场。首先落入我们眼帘的是一组假山雕塑，粗犷的岩柱颇具阳刚之气，它象征着原始、古朴、自然、清新的山野情趣和“天人合一”回归大自然的主题。该假山雕塑是好运岛的标志物。雕塑正面有“好运岛”三个字，是由浙江省书法家协会原主席朱关田先生题写的。大家再看前面这个水池里成群的锦鲤，象征“富贵、吉祥、健康和幸福”。

千岛湖好运岛

再请大家看它的左侧，这里有一照壁和一阴阳八卦坛，照壁上有一龙头雕塑，从龙头中缓缓流出“龙涎”。这就是“好运水”。众所周知：龙是中华民族的象征和图腾。我们是龙的子孙。关于“龙”，大家读过《三国演义》可以知道：曹操和刘备在“煮酒论英雄”时就指出了龙的变化。即：龙能大能小，能升能隐；大则兴云吐雾，小则隐介藏形，升则飞腾于宇宙之中，隐则潜伏于波涛之内。因此龙是“万物之灵”。它的“涎”，就是生命之源泉。这股水从龙口中汩汩而出，颇具“仙气”和“灵气”。

【望湖亭】

这个亭子名叫“望湖亭”。望湖亭匾额是由著名作家孟伟哉所题，楹联是由当地文人方韦所撰写。“移棹心游烟霭外，倚亭身处画图中”，这与我们所见的景致相当吻合。站在这里望湖面，只见：水映青山，山浮绿水，连那倒映在水中的蓝天也染得碧绿碧绿了。当一艘艘快艇、游船驶来，游人也都融进这浓重的绿色之中，站在这里，可谓是有山皆绿，有水皆碧啊！我们也仿佛置身于青山绿水的画图中。因此，千岛湖便有了“绿色千岛湖”之誉。

【萌宠乐园】

萌宠乐园是我们景区展示动物的一个园区，园内有孔雀、鹦鹉、梅花鹿、松鼠等动物。

这是孔雀园。众所周知，牡丹是百花之王，孔雀是鸟中之王。孔雀原产云南，喜欢在灌木高原丛中筑巢，每次产卵10—20枚，由雌孔雀孵卵，经28天出世，可活20—25年。孔雀天性机敏，爱吃玉米、野梨等野果，也吃草籽、蟋蟀、白蚁、蛙类。孔雀可分花孔雀、白孔雀、蓝孔雀、绿孔雀等。孔雀是自然界最美丽的鸟之一，被人们视为吉祥之鸟。目前，该园共有40多只美丽的孔雀。

大家能分辨出哪些是雄孔雀和雌孔雀吗？在动物界中很多漂亮的大都是雄性的，你看那些有着艳丽的羽毛，像个高傲的国王似的就是雄的了。

孔雀开屏一般有两种情况：一是4—5月繁殖季节，雄孔雀展开艳丽的羽屏频繁地向雌孔雀求爱；二是当孔雀遇到敌害危险时，它也会展开羽屏，不停地抖动。为什么会这样呢？大家仔细看它羽屏上的花纹，像不像一只只眼睛，抖动羽屏就是想让对方觉得它是一只千眼怪兽，吓跑敌人。

这是鹦鹉园。鹦鹉，又称爱情鸟，在西方文化中，鹦鹉通常被视为忠诚和爱情的象征。鹦鹉一生只有一个伴侣，因此它们的形象常用来象征忠诚的爱情。鹦鹉也是兴旺文昌的鸟类，抬头遇鹦鹉对着你叫，则代表着吉祥好运，有喜事来临。

梅花鹿，是中国古代的吉祥物之一，因“鹿”与“禄”谐音，所以象征着富裕，故深得人们的喜爱。鹿和蝙蝠在一起，表示“福禄双全”。

边上还有可爱的小松鼠，小朋友们可以喂它点吃的，它就会带着大家进入下个表演区，这里有小猪跳水、马上封猴等精彩表演呢。

【好望角】

站在这里，可眺望千岛湖东铜官景区的湖面，千岛湖东铜官景区（又名情人谷景区）是新安江森林公园的重要部分，这里山高林密，水色澄碧，环境清幽，是回归大自然的理想场所。这一景是建德“新安十景”之中最具诱惑力的一景，称之为“铜谷浮翠”。

铜谷浮翠

【五福园】

这一景观园区，被称为五福园。匾额上是“步步生运”，寓意着游客朋友在这里能交到好运。园那边可以看一个半径8米、高为4米的半圆形照壁，上面分别塑着“福、禄、寿、喜、财”五个大字，“福、禄、寿、喜、财”这五个主题，集中地反映中国古代的吉祥观念，以朴素而直白的艺术语言，表达百姓对生命的关注，对美好生活的向往。在尊重文化、呼唤传统的今天，在社会广泛认同的基础上，拂去历史的尘埃，弘扬传统文化的精髓，吉祥文化将重放异彩。

照壁前面是一个许愿池，有兴趣的朋友可以闭上眼睛投一投，如果投币打中铃铛，泉水便会喷涌而出，也预示着有求必应，心想事成，也就能实现自己心中的梦想了。

【动物表演区】

这里是动物表演区。动物是我们人类的好朋友，许多动物十分可爱，可以模仿人类做各种造型。在这里，主要有小狗互动、小猪跳水等项目。大家看，这几幢房子就是小猪生活的地方，小猪沿着这旋转向上的跑道到达高台。这高台高3米，小猪随着饲养员的号令，从高台一跃而下，跳到深达2米的水池。由于小猪憨态可掬，动作夸张，因此，“小猪跳水”项目喜感十足，很受游客喜爱；狗是人类最忠实的伙伴，狗与狗之间、狗与人之间都有许多交集，“小狗互动”节目也会让人忍俊不禁，捧腹大笑。在动物表演之前，也会有小丑互动，起暖场作用。动物表演有固定的时间表，一般表演时间约为20分钟。

【五福献柚】

现在我们看到的这五组造型，大家可以联想一下前面在五福园看到五个主题字，在这里称之为“五子献柚”，“柚”谐音“有”，“福”“禄”“寿”“喜”“财”五福娃接“柚”，寓意有福、有禄、有寿、有喜、有财。

【好运阁】

这是好运岛重要的一个景点，叫“好运阁”。“好运阁”三个字是由中国文联原党组书记、著名作家孟伟哉先生题写的。门外有2副楹联，分别是“千里寻东西南北中，一朝得福禄寿喜财”，“入此门何须着急不妨先看湖景，来斯地未必圆满但求一半称心”。从这2副楹联中，大家可感悟到一些人生的哲理。

现在我们的好运阁内供有福、禄、寿、喜、财五福塑像，自古以来，老百姓都视“福、禄、寿、喜、财”为好运吉祥之神。

俗话说：“人间福禄寿喜财，天上五吉驾凡尘。”五星神的形象每个都和蔼慈祥，因此使人觉得可亲可近，民间百姓都亲昵地称他们“五星老儿”，并赋予他们非凡的神性和独特的人格魅力。

福神，最早源于福星，民间有“福星高照”的吉言。道教有“三官”神信仰，素来有“天官赐福，地官赦罪，水官解厄”之说。旧时各地有三官庙、殿、堂享用香火，“天官赐福”成为广泛传诵的民间吉祥祝词。

禄神，源自禄星，是主管功名利禄的星官，也是保佑考生金榜题名的文昌星，进入隋唐时期以后，科举制度的兴起让禄星开始走红。科举考试使平民百姓有机会靠读书做官改变自己的命运。禄星主管士人科考升迁，掌管人间功名利禄。

寿神，即寿星。寿星即“老人星”，亦称“南极老人”。寿星既充满对高寿者的敬意，同时也寄寓着人们对长寿者的祝愿。“寿星”象征安康长寿，也是长命百岁、多福多寿、儿女满堂的化身。

喜神，身着红袍，长须喜面，面露喜庆，象征吉祥喜庆。在民间，男婚女嫁、洞房花烛、喜得贵子、金榜题名、乔迁新禧皆有迎喜神、拜喜神的礼俗。

财神，是主管人间财富的神灵。在中国历史上不同时代和不同地区的信众中，财神的名号和神迹各有不同。一般认为“正财神”为赵公明，“文财神”为比干、范蠡，“武财神”为关羽等，但是人们最熟知、供奉最多的还是“正财神”赵公明。“正财神”赵公明原在峨眉山罗浮洞修道，因助纣攻打武王有功，死后被封为“金龙如意正一龙虎玄坛真君之神”，并统领“招宝天尊”“纳珍天尊”“招财使者”“利市仙官”四个部下，他们的职责都与财有关，所以民间百姓奉赵公明为财神。故民间习俗以农历的三月十五日为神诞，祀之能令人致富。财神赋予人们以生活殷实、食禄无忧、财帛满仓祈愿。

福禄寿喜财五福，有“五福五福，无事则福”的“无事福，吉运福”的寓意，也是数千年来黎民百姓心目中最受喜爱的神仙，也唯有福禄寿喜财五星照耀，人间才能有喜悦祥瑞的气息。

【隐莲池】

在好运阁外，由树、池、石构成一组景观小品。好运阁是以供奉财神为主的。在中国传统文化中，水就是财。大家看，那水从树根部源源不断地流出，顺着崖壁流到池中，寓意着财源滚滚，而这水池俨然成为聚宝盆。在池的西边，有石灰石突兀，宛如伸出五指的手掌。四指撑开，状若盛开的莲花。因此，这组景观小品被称为“隐莲池”。

【瑶台牌楼】

从这里拾级而上，可上瑶台。这座牌坊叫瑶台牌坊。“才入境似闻吴刚伐月桂，未登临已见王母献蟠桃”道出了瑶台的含义。在中国神话中，瑶台是王母娘娘开蟠桃会的地方，寓意着仙人汇聚和风景绝佳之地。牌坊框的正中间竖立着一块形似蟠桃的石头，上面镌刻着“来了”二字，大家可以自己领悟其中的含义。

【瑶台】

“瑶台”是好运岛的最高点，海拔165.5米，离湖面的垂直距离是60米，“瑶台”是古人想象中神仙居住的地方，诗仙李白在《清平调》第一首中就曾提到过它：“云想衣裳花想容，春风拂槛露华浓；若非群玉山头见，会向瑶台月下逢。”我们现在所站的地方，三面临湖，一台高耸，松柏苍翠，野花芬芳。晴天，蓝天白云，湖光潋滟，湖影迷离，充满诗情画意；阴雨天，则烟雨迷蒙，水天一色，宛如一首无声的诗，立体的画。人们能在这样清新优美的环境中悠闲地过一段时光，一定会忘掉所有烦恼，身心得到净化，消除疲劳，延年益寿。所以，把这里叫作“瑶台”，喻为仙境是不为过的。

这座亭叫“御风亭”，站在这里凉风习习，是感受清风的理想场所；亭上有一副对联，上联是“环水环山山衬水”，下联是“长云逐浪浪追云”。这副对联点出了在御风亭中观赏到的风景。亭子前面有“瑶台天梯”。瑶台下为千岛湖，它平静的水面似一面明镜；天梯共有15级台阶，站在天梯上可眺望新安江水电站和千岛湖风光。站在上面，可拍出水天一色的天空之境般的好照片，是新兴的网红打卡点。有勇气的朋友，可走上天梯拍照。这也意味着步步高升，一生顺风顺水。当然，由于天梯较窄，请注意安全。

这座亭叫“凌虚亭”。这里也有一副楹联，上联是“登台来好运”，下联是“入宇沐嘉风”。这里也是观光览胜的绝佳处。请向亭的前方远眺，那就是新安江水电站。周恩来、董必武、叶剑英、李先念、朱德、胡耀邦、乔石、朱镕基、温家宝、贾庆林等党和国家领导人都曾视察过新安江水电站，并欣赏过这一带的湖光山色；南面这座树木葱茏的小岛，叫白马琪岛，又名兰花岛。它好似悬浮在湖面上的一座大盆景，它与好运岛隔水相望，是好运岛的姐妹岛。

这是郭沫若所题的诗碑：

西子三千个，群山已失高，

峰峦成岛屿，平地卷波涛；

电量夺天日，降威绝旱涝，

更生凭自力，排灌利农郊。

1963年秋，郭沫若先生在陪同尼泊尔国家议会议长帕塔游湖时，曾被这眼前的美景所吸引，诗兴大发，在游船上就题诗一首。这是形容千岛湖风光中最美的一首诗。郭沫若先生书法刚劲有力，潇洒飘逸，有很高的艺术欣赏价值。新安江水库的面积为580平方千米，相当于108个杭州西湖；库容量为178亿立方米，相当于3184个杭州西湖的蓄水量；因此，郭沫若便称千岛湖为“西子三千个”。站在这里，以新安江水电站或郭沫若诗碑为背景，可以拍一张十分有纪念意义的照片。

【环湖栈道】

这条建筑在悬崖峭壁上的栈道，叫环湖栈道。栈道用钢筋焊接而成，上面铺设防腐木，走在上面不仅可以体验栈道的险峻，还可以欣赏到新安江大坝的全景。站在栈道上可以近距离去感受千岛湖的风光。好运岛还有二期工程待建设，现环湖栈道主要是东面这一段。大家沿栈道到湖门第一岛码头，再乘船返回游客中心。请大家注意安全，带着好运高高兴兴地踏上归程。

（蒋祖云 吕建青）

江南喀斯特

【导游内容】

概况—大冰洞—狮子岩—童话森林—芭蕉洞

【概况】

江南喀斯特景区以喀斯特地貌为主，也称石灰岩地貌，由溶洞、暗河、石林、天坑、峰林等景观组成。这里生态环境很好，森林覆盖率很高，负氧离子浓度高，一般森林能达到2000个/立方厘米以上，大部分地方都能达到5000个/立方厘米以上，我们的芭蕉洞大厅能达到10万个/立方厘米以上。负氧离子被称为“空气中的维生素”“长寿素”，对我们的身体有很明显的疗愈效果，浓度越高疗效越显著。江南喀斯特景区故有“江南小巴马”之称。

【大冰洞】

大冰洞是我们景区最早开发的项目，也是一个非常有特色的网红项目。

我们的冰洞是利用天然溶洞，借助一些特殊的技术建成的人工冰宫殿。这里有丰富的冰瀑、冰柱、冰钟乳、冰花景观，这种景观难以用言语来表达，甚至照片和视频都无法表现冰雪景观的美，只能是现场体验。

进冰洞之前我们必须要做好防寒保暖工作。洞内气温-10℃—-6℃，也就是我们浙江冬季最冷的温度，是穿着棉衣都觉得冷的气温。同时还必须戴上安全帽，洞内岩石和冰溜子很容易撞到头部。进冰洞需要特别提醒大家的是一定要走在红色地垫上，不要踩到冰上去，冰上非常滑，大家一定要做到走路不看景、看景不走路，冰洞入口上下坡度很大，尤其需要注意安全。

江南大冰洞

现在就让我们进入神奇的大冰洞。

穿过厚重的保温门，大家会有一种内外两个世界的感觉。不仅有巨大的温差，还有明显的景观差异。门外是褐色的钟乳石景观，门内是洁白的冰雪景观。我们越往里面走景观越是丰富。大家注意欣赏游步道两侧丰富的景观，冰瀑、冰笋、冰钟乳等千姿百态。

现在到了冰洞大厅，冰雪景观就进入高潮了，在这里就能看到冰洞三绝之一的冰花，很多人在感叹冰花神奇之美的同时都很疑惑，这是怎么形成的呢？跟其他冰雪景观不同，它不是滴水而成，而是由空气中的水蒸气凝聚而成的，令人非常遗憾的是，这么美的冰花很难用相机拍摄出来，只能现场观看。这一片的景观最为丰富，而且这些景观每天都在变化，所以我们的讲解词都无法统一。我们认为每一道景观在不同人的眼中都会有不同的感受，审美没有标准答案，还是请大家仔细欣赏、尽情拍摄。

冰泡泡是我们冰洞开发的特色项目，接下来给大家展示一下制作冰泡泡的过程，我这里带上了一支小朋友喜欢玩的普通的肥皂泡，大家肯定很好奇，这些肥皂泡在冰洞特殊的低温下能冻成冰吗？答案是肯定的，十几秒钟就行，大家可以试试。拍摄冰泡泡需要有一定的技巧，要靠近，最好对着光源拍摄，也可用手机电筒补光。这样的照片全网都很少见。

最后让我们来欣赏冰冻鲜花。我们都知道鲜花象征春天、冰雪象征冬天。当鲜花和冰雪融合在一起是一种怎样的景观呢？这样的照片或许也是第一次拍摄吧！当然我们不仅冰冻鲜花，还创造性地制作了冰冻山水、冰冻海洋等新内容，我们试图创作一种独特的冰冻艺术。大家有兴趣也可以尝试这种有趣的新型艺术创作。

江南喀斯特——飞拉达攀岩

【狮子岩】

狮子岩最主要的项目是飞拉达攀岩。飞拉达是意大利文（岩壁探险或铁道式攀登）的音译，指的是在山崖上以铁扶手、固定缆索、岩石塞、踏脚垫等构成的爬山径道，让不会攀岩的登山者也能攀上陡峭的岩壁。它是一项极具挑战精神的项目，适合于有挑战性的人群。

飞拉达起源于第一次世界大战，意大利为让其军队能快速地攀越多洛米堤山（TheDolomites），在山体上建立了攀岩道。“一战”结束后这种沿着铁索攀爬山脊和岩壁的运动方式得到大众的认可和喜爱，并逐渐在欧洲发展成为广受欢迎的运动项目。现在欧洲很多国家如法国、瑞士及德国各地共有500多条路线。

这里不仅可以让你体验武林高手“飞檐走壁”的非凡技能，也可以当一回“蜘蛛侠”。当你爬上绝壁，将欣赏到在平地无法领略到的独特景观，当然要征服这片陡崖是需要勇气和毅力的。建议家长跟孩子一起体验、一同成长，这将是你们人生中挑战自我最有价值的一段经历。这条长三角地区第一条国际标准的飞拉达，目前共有儿童线、成人线2条攀岩线路，长度分别约60米和220米，适合7—70岁无高血压、无心脏病的游客体验。

在出发之前我们首先要穿好装备，教练会教大家穿装备和攀爬的要点。装备很牢固，踏脚和抓手也很安全，我们的要求是中途不允许脱下装备！我们可以带上一瓶水，也可以带上手机。但是大家用手机拍摄时千万要拿稳，最好挂在脖子上。

【童话森林】

童话森林是一个游乐项目集聚群，共有20多个子项目，也是整个景区项目最多的一个板块。子项目都是近几年的网红产品，游玩项目年龄跨度大，有亲子游玩的树上探险乐园、坑爹车等，也有老少皆宜的树上漫步、魔网、天空之镜以及各种秋千、爬网、滑梯、跷跷板等。天空之镜是必去打卡地，这里还会提供很多有趣的道具供大家拍摄。

童话森林还有一个别具特色的小型萌宠乐园，动物不多，但是很有特色。除了羊驼外，还有山羊。这里的山羊会爬树，估计您也是第一次听说吧，我们拿上蔬菜就能看到山羊敏捷地爬上大树，从对面跑过来。“母猪上树”我们没见过，但在这里可以一睹山羊上树的风采。

【芭蕉洞】

芭蕉洞是国内外首个地下热带花园。我们在这里种植了芭蕉、天堂鸟、龙须树、针葵等高大植物，洞内种植的植物种类达60个以上。这是一道极为独特的景观。

这里不仅冬暖夏凉、四季如春，更为神奇的是芭蕉洞的负氧离子出奇的高，滨湖厅高达23万个/立方厘米，主厅也超过10万个/立方厘米。芭蕉洞的负氧离子远超周边的双龙洞等溶洞景区，也远超广西巴马的百魔洞，具有很高的疗愈价值，这样的资源极为罕见。

芭蕉洞也是国内罕见的大型天然溶洞餐厅，在一个面积达4000平方米以上的天然溶洞中就餐是《西游记》里面才有的浪漫场景。夏天在这里就餐非常凉爽，甚至待久了还需要带件衣服御寒，能够喝酒就特别惬意。我们每年夏季还会举办“溶洞啤酒节”，这也是杭州周边最有特色的节庆之一。餐厅还推出“洞房花烛宴”特色婚宴，同时也是年会、团建、研学、朋友聚会的绝佳场所。

洞内还有溶洞飞拉达，这在国内也属罕见。这条飞拉达约150米长，高度20多米，顶上还有一个洞中洞，洞内还有一个神秘的地下深水湖，水深20多米，面积约1000平方米。我们需要通过一条有趣的通道才能到达地下湖，有兴趣的朋友不妨也可以来探险。

（洪基军）

马 岭 天 观

【导游内容】

景区概况—瀑布—佛前平台—眺亭—佛手桥—万佛顶—状元桥—天空之境—水滑道

【景区概况】

马岭天观景区位于浙江建德市、桐庐县和浦江县三县交界处的建德市乾潭镇梓洲村境内，景区总面积2600亩，依托一峰九崖、船舱石、笔架山、官财岩等四座海拔千米的山峰，兴建了眺亭、佛手桥、万佛顶、金顶和天空之境等独特景观，构成集高山探险、观光览胜、运动健身、极限体验于一体的自然景区。景区拥有全球第一的中国佛手桥、亚洲最长的水滑道等景观，更拥有800多米飞天魔毯、云海观天、悬崖玻璃漂流、天空之镜、云端天梯、悬崖秋千、网红鸟巢、四季旱滑、高空溜索、步步惊心、高空自行车等众多观光运动体验项目，使得景区火遍全网。

该景区由当地乡贤响应政府号召，顺应当地百姓民意，投资与村经济合作社合作进行开发建设。景区开发后，成功地带动了当地老百姓建民宿、开餐馆、卖土特产农副产品等旅游服务业态的发展，并安置了200多名当地老百姓到景区就业。应该说，这是一个十分成功的乡贤回归并带动老百姓创业致富的旅游共富项目典范。整个景区游览时间3—4小时，体力欠佳的可乘坐飞天魔毯、水滑道、旱滑道等交通工具，由于是山地景区，请大家注意安全。

【瀑布】

一进入景区，呈现在我们面前的是一道天然瀑布。瀑布高近50米，宽20余米，水从悬崖处飞流而下，水花四溅，十分壮观。在中国人眼里，水就是财，所以被水淋到，说明财运亨通、福气满满。潭中有锦鲤游弋，逍遥自在。锦鲤也是吉祥如意的象征。这也预示着各位朋友在今后的生活中幸福美满。从这里开始登山，脚下就是莲花步梯和近200米的雾森长廊。莲花步梯，寓意着“步步升莲”，步步高升。

马岭天观主景区位于海拔千米的山顶上，所以一路步行登山，费时费力。景区根据地形地貌，建了5段飞天魔毯（长800余米），每一段飞天魔毯，长的数百米，短的近百米，可以让人迅速地登上主景区。另外，徒步登山的游客，景区也在特定位置设置了相关服务点，配备了小商店、厕所、相关游乐项目和休息区。大家可以根据自己的体力情况和时间安排，合理安排上山方式。

【佛前平台】

站在这里，仰头就见到了佛手桥，这是佛手背部的观景平台，故叫佛前平台。这是景区观景览胜绝佳之地。在这里，我要将马岭天观景区的地理风貌和该景区附近的相关特色景观作一介绍。马岭天观景区地处龙门山脉中段，由中生代火山岩构成。当地附近有4座死火山口。火山岩柱状节理发育，风化作用强烈，所以天长日久，形成千岩竞秀、万壑争流的壮丽景观。最著名的景观就是一峰九崖，一峰是指美女峰，九崖是指望夫崖、大象崖、冲天崖、双乳崖、迎松崖、猿人崖、狮子崖、好汉崖、脊梁崖。光听这名字，就知道无论是峰还是崖都具有象形特征。马岭得名是因为起伏于天际的山峦形状像马，其中马头在金华浦江境内，马身马尾在杭州建德境内，民间戏称：“吃浦江的草，养建德的肥。”这些奇峰异石与茂密的森林植被，整体构成奇、幽、险、野的景观特色，是山地探险的旅游胜地。

在远处，那一耸立山巅上的奇峰，叫美女峰，也叫神女峰。她矗立在马岭山上的危崖之上已经一亿多年了，形成上大下小的美女头像。随角度距离不同，形态也各异，往东看像一朵巨大的蘑菇云，往南看像一座香炉，往北看像一颗螺丝钉，往西看就像一个亭亭玉立的美少女。她实际高度有20多

美女峰

米，神女脖颈处约需3人合抱。但头部却有脖颈处数倍粗。究其原因，这巨石是由火山流纹岩组成，流纹面近直立，因受差异风化影响，中间岩石沿裂隙崩落，故而形成上大下小的形状。又因上部巨石重心落在中央，使巨石危而不倒，远观呈美女头像形状。

在马岭的崇山峻岭之中，有一条蜿蜒于浦江、建德、桐庐三地的青石板古道，被称为马岭古道。这条古道始于浦江县虞宅乡马岭村，一直经建德梓洲到桐庐芦茨湾，曲曲折折20多千米，曾是历史上严州府和金华府之间重要的道路，也是历史上北宋农民起义军方腊攻打金华府的通道，是太平天国抗清万人将士战死沙场的遗址，新四军金萧支队长期活动在马岭一带，是一处兵家必争的险要关隘。2022年，该古道入选浙江省第二批大花园耀眼明珠名单，现已被评为中国最美十大森林古道之一。

除了马岭和马岭古道外，景区所在的梓洲村还有一处全国重点文物保护单位——西山桥。它建于南宋咸淳元年（1265），是一座条石折边石拱桥，全长18米，高5.5米，拱跨度11米，桥面用石板铺就，拱桥以石条用联锁式砌法砌成。它屹立700多年而不倒，具有较高的历史价值、科学价值和艺术价值。

【眺亭】

眺亭位于五指崖顶峰，也是眺望佛手桥的观景地。眺亭上有一副对联：

“眺莲花诸峰都在雾中，到天观佛桥已在云上。”这点出了眺亭是观景绝佳地，这里四面临空，有一览众山小之感。

从这里远观佛手桥，只见一条黄金大道将眺亭与天观佛手连接起来。在这里，我先把佛手桥的传说故事讲述一下。相传，这佛手桥与济公和尚有关。在唐朝时，梓洲一带是交通不便的荒蛮之地。唐朝著名诗人罗隐曾云游至此，看到这里群山环绕，交通闭塞，脱口而出：“前面五盘关，后面笔架山，只出刁蛮不出官。”到了宋朝，因杭州净慈寺被焚毁，方丈想重建净慈寺，济公和尚自告奋勇化缘采办木材，方丈大喜；济公就从钱塘江到富春江芦茨码头、上马岭古道来到这个山村，看到村左有宝船峰，村右有棺材岩，后有笔架山，前有美女峰，惊呼“风水宝地”。他摇着破蕉扇，说道：“左边宝船峰，右边棺材岩，仕途财富运不同。”这两位名人，对同一片山水给出了不同的评价。济公说的棺材岩，就是现在万佛顶的主峰。从近处看，这座崖壁形似一尊棺材，崖壁前还有两块形似夫妻的巨石守在棺前，至今已有一亿多年的历史，后来人称这两块巨石为天荒地老石，象征着夫妻之间的爱情直至天荒地老。济公到马岭这崇山峻岭的马岭村化缘置办木材，他来到族长黄公家中说，想化缘木材去建造净慈寺，黄公问济公需要多少木材，济公认真地说我要一袈裟。黄公看了一下济公身上披着的破烂袈裟，心想，你这件袈裟才这么一点儿大，我这山上一棵树都兜不了，何况修建寺庙是一件积功德的大善事，便欣然答应。没想到，济公将袈裟缓缓脱下抛向空中，只见袈裟在空中越来越大，把整座山兜住了，族长黄公都愣了，但见济公佛法无边，也只有答应了。济公叫来伐木工按他的标记砍了1000棵大树，然后让民工运到梓洲村外关里的悬崖上的深潭边（如今在关里水库下方）。所有人都不明白济公是何意？如果要运往杭州需走官道（马岭古道），怎么会运到这儿呢？问济公何故，济公总是笑而不答。等到所有的木头运到深潭边后，济公才拿出破扇口中念念有词，瞬间一根根木头滚入深潭，不见踪影。在场的所有人目瞪口呆，才恍然大悟知道见到活佛了，急忙跪地而拜，等大家抬头时已不见济公身影。济公到达净慈时，方丈急忙问他采办的木头在哪里？济公将方丈拉到后禅院醒心井旁，只见大木头从井中冒出来，方丈急忙喊来寺院和尚搬木头，大伙儿忙了半天，有一个小和尚看木头已堆积如山，跑到方丈面前说道够了够了，此时一根木头刚冒出井水面突然不动了，任凭大伙使劲去拉也纹丝不动。最后，净慈寺建造收尾时少了一根挑眉梁，方丈又来找济公想办法，济公看看挑眉又看看井里的那棵树，笑了笑，只见他伸出双手，瞬间把满院的木头废渣吸到手中，双手用力一拧，一根弯弯挑眉梁就这样形成了，至此，净慈寺就顺利建成了。到现在，那根挑眉梁还在，醒心井里的树根还在，那树梢呢？该树梢就在梓洲与石舍之间的关里悬崖上的深潭崖壁上（目前都可以求证）。再说族长黄公，见济公将这么多木头运走，很是心疼，但见济公法力无穷又是修建寺庙只好作罢，便穿上草鞋独自上山巡视去了。他来到山上见一根根一人抱的树桩，心里一阵阵心痛，心想我如何向族人交代啊。他来到笔架山后面的仙来坑的泉眼口，感觉体乏口燥，便双手支撑两边的崖体上趴下去喝起水来，但因喝水过猛加上急火攻心，一下瘫软在坑边。家人见黄公傍晚也没到家，便叫上村民们上山寻找，等找到黄公时，黄公已驾鹤西去，泉眼两旁的崖体上赫然印着一双大手印。村民们急忙跪地叩拜并齐声喊道，黄公功德圆满得道成仙啦！自此，村民就在卢家村修建了黄公庙，据说黄公庙很灵验，一直保留至今，泉眼旁的双手印现在还在。杭州净慈寺如期建成后，济公也算到黄公得道成仙，知道马岭是修道成仙的风水宝地，因此济公除了云游外，就常在一峰九崖、船舱石、笔架山、棺材岩等四座海拔千米的山顶上居住修行，济公修成正果后在棺材岩顶登天成佛。济公登天时为回报当地百姓，将身上的宝葫芦从九天飘落，穿云而下，落在了上棺（官）下材（财）的百丈悬崖之上。天地交泰之间，群山震荡，地崩山摧，幽壑之间，巨手凌空而出托起百丈彩带，横亘双岩之上，以带化桥，佛手桥便这样形成了。而他的宝葫芦便镶嵌在上官岩上，水源源不断地流出润泽一方，形成“万福顶”的龙鳞瀑布景观。

这一条金龙桥，又名黄金大道，是连接眺亭与佛手的，全长490米，形似一条卧龙。民间有“黄金大道走一走，健康财富全都有”之说。

【佛手桥】

这是一座佛手桥，桥长169米，宽4.99米，桥凌驾在海拔近千米的山巅之上，支撑起这座桥的是两只硕大的佛手。佛手从悬崖边伸出，在掌心托起桥梁。佛手高22米，是目前世界上最大的石质手，是越南佛手的1.25倍。蜿蜒横亘在远离城市喧嚣的大山之中、峰峦之上、白云之下，十分壮观。这是中

马岭天观佛手桥

国新晋爆红网络的景区，吸引着众多游客前来打卡。在佛手之间，近百米的瀑布倾盆而下，为佛手桥增添了独特的魅力。“佛手桥上走一走，好运年年又连连。”

【万佛顶】

从佛手桥走过来，穿过水帘幕，可清晰地看到8个字“上四山，不如登一顶”（“四山”指的是佛教四大名山，分别指供奉观音菩萨的浙江普陀山，供奉文殊菩萨的山西五台山，供奉地藏王菩萨的安徽九华山和供奉普贤菩萨的四川峨眉山；“一顶”指的就是万福顶）。这句话的含义是：登一次万福顶，少爬三次山。之所以这么说，谜底就在金顶（禅云阁）内揭晓。

上万福顶，沿途有七七四十九根神柱，神柱上分别雕刻着龙的九子、四大神兽、十二生肖和有关人物，仿佛进入海天佛国普陀山一般。斜着的山坡上，躺卧着葫芦状的龙鳞瀑布，泉水源源不断，成为一道奇特的景观。这一葫芦与前面所讲的济公“运木古井”的故事有关。

这是金顶（禅云阁），是万福顶上的建筑，也是马岭天观景区的最高点，海拔千米。阁中东南西北方向各有一尊佛像。朝东的是观音菩萨，对应浙江普陀山；朝南的是普贤菩萨，对应四川峨眉山；朝西的是地藏王菩萨，对应的是安徽九华山；朝北的是文殊菩萨，对应山西五台山。在佛教中，菩萨是指发大心愿的人，立誓“以智上求佛道，以悲下化众生，不为自己求安乐，但愿众生得离苦”的救世慈悲者。他们的地位仅次于佛，而高于罗汉。菩萨的职责是协助佛一起教化众生，传播佛法，普度众生。四大菩萨分别代表智、悲、行、愿。其中，文殊菩萨代表智慧，观音代表慈悲，普贤代表实践，地藏代表愿力。四大菩萨齐聚在马岭天观万佛顶，这就是“上四山，不如登一顶”说法的来由。禅云阁有一副对联：“四围云山佛光普照万福顶，八面临风虔诚信众祈甘露。”从万佛顶再回首佛手桥，另有一番美景。另一方向就是天空之境景观了。下万福顶，这里有两块大石头分立两边。左边天荒岩，右边地老石。在中国传统文化中，天长地久、天荒地老等，形容永恒的爱情和永恒的友谊。在天荒、地老中间，有一条狭窄的缝隙，叫一线天。若是情侣、夫妻或朋友，建议你们手挽手一起走过一线天，寓意着你们的情义、友谊、爱情天荒地老不分离。

【状元桥】

沿着这水波纹的原始步道可以到达天空之境景点。在这游步道上，有一座钢木桥，当地人称之为“状元桥”。之所以叫状元桥，是因为与明朝三元及第的商辂有关。传说，商辂从小跟随父亲在严州城求学，他不仅天资聪慧，刻苦好学，而且喜欢游山玩水。他信奉“读万卷书”和“行万里路”要结合在一起。有一次，他和朋友到马岭游历，在当地村民的引领下，他们在瞻仰了美女峰后，又辗转到万福顶一带来观景。路过此地时，见此路已断，无法走到对面的山上。他看到路口有一高大的槠树，商辂就叫当地的村民砍下树枝，架起了简易的木桥。后来，商辂高中状元，当地村民回忆往事，便自发修筑了一座木桥（现已改建为钢木桥），并命名为“状元桥”。槠树有“中举”之意，状元桥有“高中状元”之意，所以年轻人路过此地时，可以默默地在心中许个心愿。站在“状元桥”上往东看，左边船舱石、右边美女峰，民间有“左手抓财富，右手拥美女”之说。

【天空之境】

这是用玻璃镜面拼成的天空之境，总面积143.9平方米，海拔与万福顶齐平，四面悬空。由于玻璃镜面的反射作用，故在这里拍出的照片有天地一色的感觉，人与人的倒影浑然一体。这里成了网红打卡之地，尤其适合女性游客穿着鲜艳的服饰在此拍写真。在镜面上，还有“马踏飞燕”“云海天梯”“鸟巢”三组造型，以它们为背景和装饰物，更可拍出独特的大片来。站在这里，俯瞰景区全景和山下风光，也是赏心悦目，心旷神怡的。天空之境旁，还有惊险刺激的悬崖秋千项目，身体素质好的游客朋友可以体验一下。

【水滑道】

眺亭、佛手桥、万佛顶和天空之境分别建在马岭的四座山峰上，形成了马岭景区最著名的四个景点。接下来，我们将下山返回。下山的路主要有两条。一是徒步下山，途经“道济泽荫”济公亭，沿游步道而下，经福云平台、佛前平台、福林平台，直到山脚，整个行程需1小时。二是乘坐玻璃漂流、旱滑、滑索等交通工具下山，整个行程仅需25分钟。玻璃漂流依山势而建，悬崖、高空结合，回环曲折，全长3800多米，落差近200米，是亚洲最长的山地玻璃水滑项目之一，可让人体验从山顶一路顺势而下的刺激。到了福云平台，可回首观佛手桥等景观，另有一种风景；佛前平台，可坐旱滑，几分钟可到福林平台；在福林平台，可以在鸟巢休闲打卡，去步步惊心、高空自行车寻找刺激，最后乘坐350米的高空滑索，抵达山脚。无论你选择哪种方式，下山途中，既有美不胜收的风景可以欣赏，又有众多刺激的项目可以体验。

（蒋祖云）

卧 龙 胜 境

【导游内容】

景区概况—牌坊—游客服务中心—游乐园—廊桥—金龙出水—里诸水库—深度露营休闲区

【景区概况】

卧龙胜境景区位于建德市寿昌镇金桥村里诸自然村，总面积约51920亩，是一个以户外漂流亲水项目为主，集精品民宿、露营烧烤、森林观光和休闲度假于一体的山乡风情生态景区。这里自然资源优越，春季山花烂漫，夏季气候凉爽，秋季果满枝头，冬季银装素裹，一年四季皆有景可赏。

【牌坊】

展现在我们面前的这一幢特色建筑，就是卧龙胜境景区的山门。在大门口，有两副对联。

卧龙峡谷川流激湍轻飞舟，

峰回路转豪情激越歌声脆。

这一副对联点明了景区以激情漂流为主要特色。

山能作主青山环胜地，

水来迎客绿水映蓝天。

这一副对联表明了这里的生态环境十分优美。

也许有游客会问，这里为什么叫卧龙峡？难道与诸葛亮有什么渊源吗？

真实答案就是金桥村是三国时期著名军事家、政治家、思想家诸葛亮后裔的居住地。据史料记载，诸葛亮第十四代孙诸葛浰为避战乱，于后周广顺二年（952）举家南迁至寿昌县城郊居住。诸葛浰有6个儿子，后陆续在建德、兰溪一带居住，其中最著名的居住区就是距这里20千米的兰溪诸葛八卦村，诸葛八卦村被称为中国最大的诸葛亮后裔集聚地。诸葛浰有一个儿子搬迁至金桥村居住，并繁衍后代。诸葛亮后代以卧龙先生为荣，故常以先祖的名字或业绩命名相关地名。金桥村这里山高林密、峡谷幽深、溪流潺潺、环境清幽，故将这一峡谷命名为卧龙峡。

【游客服务中心】

展现在我们面前的两幢五层建筑，就是卧龙胜境的游客服务中心。包括服务休息厅、换洗室、租赁柜、超市、餐厅、客房、会议室等。大家可以先到游客服务中心办理购票手续，接着可以观看安全视频，按规定将重要物品寄存，带上必要的漂流物品，在换乘点乘坐景区观光车上山。如果有需要在漂流途中组队对抗的，可以在超市选购物美价廉的水枪或水勺等。

【游乐园—廊桥】

游客中心对面的建筑是廊桥，是另一个休闲好去处，我们可以一边喝着山泉清茶，一边静静地坐在廊桥上，饱看绿野，听着河水潺潺。

廊桥下是鱼鳞坝，大家可以拍照。

边上是亲子游园、亲子沙滩、网红秋千、蹦蹦云……景区内的草坪可供游客露营烧烤。

【金龙出水】

卧龙胜境景区内山清水秀，规划区域内大部分居民已经完成搬迁，树木丛生，百草丰茂，生态环境极佳，河道内水流水量丰沛。卧龙胜境漂流分为金龙水滑道和峡谷山泉漂流两部分，其中金龙水滑道全长1千米，首尾落差100米，采用“S”形设计，沿自然景点和树木盘旋而行。悬空的玻璃滑道，宛如一条巨龙，盘踞在山野丛林之中。顺着水滑道穿梭于金龙之中，好像整个人与龙合为一体，整个滑行时间约 5 分钟，十分惊险刺激。峡谷山泉漂流全长3.3千米，整体落差120米，坐上皮划艇顺流而下，湍急的水道、飞溅的浪花，可让人体验不一样的速度与激情。2023年新建飞天魔毯，节省了游客登上漂流起点的体力和时间。

卧龙胜境

【里诸水库】

这里是漂流起点。漂流所需的水都是由里诸水库提供的。里诸水库始建于2001年，是一座以防洪、供水、灌溉、发电为主的小（1）型水库，上游集雨面积22.5平方千米，灌溉面积为600亩。枢纽工程由大坝、溢洪道、输水隧洞、坝后电站等组成。水库设计洪水标准为30年一遇，校核洪水标准为200年一遇。由于坝高、集雨面积大，加上植被茂密，这里的水质十分清澈。

【深度露营休闲区】

沿着库区再往前走，是正在建设的深度露营休闲区。主要分两部分，一是清水体验带，以规划水库及河道为主轴，多利用里诸水库内丰富的水资源，修整现有河道，确保漂流和水上运动的顺利开展。在河道两侧，布置亲水平台，游乐设施，构成景区空间的主体骨架。二是森林游憩带，以里诸水库东北侧丰富的森林资源为基础，修建登山游步道，安置休息亭、观景平台、森林氧吧等，规划不同的登山路线，新建树下休憩点等项目。前方的大草坪可以举办团建活动，也可以在晚上和家人或三五好友在此枕地野营，感受静谧的大自然。

（胡浩 邱和红）

绿荷塘古楠木林

【导游内容】

概况—水杉—拓展基地—永禁苞芦碑—三元坊牌坊—楠林讲坛—鸳鸯湖—千里岗—芭蕉坞—沙洲坞—绿荷塘水库

【概况】

杭州绿荷塘古楠木森林公园位于建德市寿昌镇境内，属富春江—新安江—千岛湖国家级重点风景名胜区生态资源特别保护区，公园占地6842亩，森林覆盖率达98%以上，其中，拥有700余亩天然楠木林，是迄今为止亚洲面积最大的楠木林。公园依托丰富的森林资源、优美的自然环境及清新的空气，开展以养生休闲为主题的旅游活动。目前主要项目有户外拓展、真人CS野战、水上运动、垂钓、烧烤、露天音乐会、摄影绘画写生、农家绿色餐饮、会议、住宿等等。由于这里环境优美，植被茂盛，空气清新，楠木珍贵，绿荷塘古楠木森林公园成了教育界、文化界、体育界的教学和科研基地。目前，绿荷塘古楠木森林公园已设立的教学和科研基地有第十届世界休闲会森林文化休闲基地、浙江林学院森林文化研究中心、浙江省林业厅森林旅游协会绿荷塘分会、中欧国际商学院国学文化绿荷塘讲堂、浙江省作家协会绿荷塘森林会所、中国美院环境艺术绿荷塘创作中心、国务院电子政务中心绿荷塘培训中心、杭州市体育局野外生存训练基地教练员培训中心、杭州楠林书院等。这些基地的设立，表明绿荷塘古楠木森林公园具有很强的科学研究和文化价值。

到绿荷塘古楠木森林公园养生休闲可使人得到全身心的愉悦。一是流水之声可以养耳；二是青禾绿草可以养眼；三是读书观景可以养心；四是徒步旅游可以养生；五是静坐调息可以养性。今天，各位朋友可在这原生态的森林公园中得到精神上的享受、心灵上的宁静。到了这里，我们首先感受到这里的空气十分清新。绿荷塘古楠木森林公园又被称为“森林氧吧”，这得益于森林“净化空气”的功能。由于森林的光合作用，源源不断的氧气被释放出来，所以空气中负离子含量特别高。空气负离子被誉为“空气维生素”，具有激活细胞生命力、改善肺和心肌功能、降低血压、促进人体新陈代谢、增强人体免疫力和净化空气等功效，对人体健康十分有益。医学研究表明，当空气负离子含量达到700个/立方厘米以上时，对人体具有保健作用；当达到1万个/立方厘米以上时，具有治疗某些疾病的效果。空气负离子已成为评价旅游环境保健作用的重要指标。古楠木森林公园空气负离子含量均在700个/立方厘米以上，最大值达到1800个/立方厘米，空气负离子含量等级均为A级，这种环境对人体具有保健作用。请大家深呼吸一下，让清新的空气给大家洗洗肺。这里是天然的康复中心。

在游览过程中，请各位朋友注意以下事项：一、林区内严禁烟火，请大家不要吸烟；二、不要乱扔垃圾，保持景区的干净整洁；三、在游览时，不准攀摘花木，不准在树木上乱刻，不准捕捉动物，人与自然和谐共处。

【水杉】

在欣赏楠木林之前，请大家看这一片挺拔的水杉林。水杉是中国极其珍贵的树种，有“活化石”之称。为什么这么说呢？因为在水杉还没被发现之前，全球的科学家都认为它在第四纪冰川活动时期就已经灭绝了，直到1940年中国的科学家在湖南省发现它，才证实水杉没有灭绝，中间整整经历了2500万年之久。当时这个消息公布后，世界各地的科学家纷纷到中国一睹水杉的风采，而我们楠木林的水杉也是从湖南一带引种过来的。看，这棵水杉就是我们公园最大的水杉，起码需要2个大人合抱，小孩子需要3个人才行。

【拓展基地】

在水杉的旁边，是户外拓展基地。目前主要的拓展项目有电网、背摔台、求生墙等。在公园中，拓展基地分三个区域，这是拓展基地三，在楠林山庄另一侧有两个拓展基地，主要项目有高空系列、水上系列等，还可以进行真人CS野战。这些拓展项目能锻炼团队的合作能力，大家可以在这里感受一下。

【永禁苞芦碑】

我们眼前的这座亭，叫御碑亭。亭里陈列着一块道光皇帝的圣旨碑。这道圣旨碑叫“永禁苞芦碑”。苞芦是当地的方言，指的是玉米。“永禁苞芦”的意思是“永远禁止在山上种植玉米”。为什么道光皇帝要永远禁止老百姓播种玉米呢？这就要从保护楠木林的故事讲起。

楠木素有木材中的“贵族”“木中金子”之称，因楠木木质坚韧不易腐烂，而被列入珍稀名贵的树种。在古代，楠木的主要用途有三个，一是建造宫殿。如北京故宫、十三陵和承德避暑山庄的许多宫殿的柱子和栋梁都是用楠木做的。二是做棺材。在古代，人死了能用楠木制成的棺材下葬，也是一件十分荣耀的事了。三是制作家具。因此，楠木一度被列入皇家贡品，成为重点保护的树种。在中国，楠木的主产地在湖南、四川、云南、贵州一带，在江浙一带分布很少，在北方根本没有。在清朝，政治经济中心在北京，这就意味着楠木的市场在北方。由于海南、贵州、云南一带运输不便，浙江严州府绿荷塘一带成片的楠木林便成了北方达官贵人首选的楠木基地。清政府在这里设立了楠木保护区，并责成严州府及寿昌县严加管理。当时，这一带土地属国家所有，所有楠木的砍伐都要经过层层审批。也正因为有制度上的约束，这里的生态环境保护工作做得很好。但是，一到战乱时期，山高林密的绿荷塘一带便又成了附近老百姓避乱的场所。战乱一结束，有钱有地的人走了，那些上无片瓦、下无寸地的穷苦百姓就留了下来。他们在此垦荒，建家立业。因为山是国家的山，是公家的，你好种我好种，大家都好种。久而久之，在这里毁林种粮的人越来越多。当时，种植的主要粮食就是苞芦，也就是玉米。嘉庆和道光年间曾聚集了上千人，大量楠木被砍伐，植被被破坏。由于过量开垦，每当汛期来临，只要一下大雨就会有泥沙往外冲，巨大泥石流冲毁了农田，冲坏了房屋，甚至冲毁了朝廷设在寿昌十二都的粮仓。这下可急坏了寿昌县衙和严州府衙，他们深知，凭当地人力、物力，安置数千难民是不可能的，更何况这些难民来自五湖四海。所以寿昌县衙和严州府衙一次又一次地设法上奏朝廷，以期得到朝廷的支持。但是，清朝已经是个没落、腐朽的朝廷，办事效率非常低，他们数次上报均无结果，只好到处寻找通向朝廷门道。后来，通过一个给太子奕詝当过伴读的翰林院侍读，由他将折子递给太子奕詝，再请奕詝在道光皇帝面前斡旋通融。这样，道光皇上才知道，浙江严州府绿荷塘一块楠林已经被毁得差不多了，粮仓也冲了，农田受损了，于是下了一道口谕："绿荷塘一带禁止砍伐楠木，禁止种植苞芦。"严州府衙根据道光皇帝的口谕驱散了难民，并在绿荷塘竖立了一块碑，这一块碑的主要内容是停垦还林，禁止种植苞芦，以保护水土，保护楠木林。碑于道光十五年（1835）十月起，上奏自道光六年（1826）开始，历时9年，可见清朝的办事效率是多么的低下。后来附近村民为感谢太子奕詝从中帮忙，就把现在停车场边一个独立山峰叫太子峰。这一块碑风风雨雨经历近200年，成了楠木的保护神。"文化大革命"时，由于破"四旧"，该石碑也被推倒。后来，当地一名农民觉得这石碑比较平整，可以做洗衣板，就抬到家里去了。久而久之，碑上的文字，也被洗平了。开发楠木森林公园后，公司花了高价从农民家中收购回来，并且修建了这个亭子。

【三元坊牌坊】

这里有一座石牌坊，上有"三元坊"三个字。为什么在绿荷塘耸立这么座石牌坊呢？这里有一个故事。因为这里安葬着一位三元及第的人物，他就是商辂。这个墓园被当地人称为"商阁老墓"。商辂（1414—1486），字大朴，一字弘载，号素庵，明浙江严州府淳安县芝山村（今里商乡里商村）人。商辂在科举上为解元、会元、状元"三元及第"人物，在官场上为英宗、代宗、宪宗"三朝宰辅"，在做人方面为立德（道德）、立言（文章）、立功（事业）"三不朽"楷模。他一心勤政为民，深受平民称赞。他与于谦等忠义之臣一同参加过京城保卫战，抗击了北方瓦剌族的侵犯，后来遭受小人的诬陷，于谦被害，他深知，如果继续为皇帝效力会和于谦一样被害，所以告老还乡。但他回到淳安后，还是一心想着国家大事，希望自己的子孙能高中状元，为朝廷效力。于是请来风水先生，寻找他的安葬之地，当风水先生来到这个山岗之后，发现这里前有水后靠山，左右两边山脉犹如龙爪，于是风水先生当场大叫：此乃安身之地首选，犹如狂龙吸水，倘若死后能安葬于此，必定造福于后世子孙。商辂听后也认为这里是个好地方。他死后，子孙按照他的遗愿将他安葬在此处。为了防止盗墓，他死后共用了12座棺木，放在祠堂前一字排开，抬棺人穿一样的衣服，抬起棺木后在祠堂里把棺木顺序打乱，最后安葬于此。清朝末年，他的墓还是被盗了。民国军阀混战时期又被盗了一次。中华人民共和国成立后“文化大革命”时期再次被盗。不过幸运的是，被盗的是他12座墓穴中的一座衣冢墓，至于另外11座衣冢墓和主墓的位置到现在仍是个谜。前几年商辂的后代曾来这里寻祖。商辂一生曾为朝廷和百姓做过许多事，所以后人一直都怀念他。在建德梅城即严州府所在地曾建有“三元及第”牌坊，在淳安千岛湖有一“宰相岛”和“状元桥”，这些都是纪念商辂的。不久之后，这里将建起一座“商辂纪念馆”。当地还流传许多商阁老的传说故事。所有这些，都寄托着老百姓对商辂这一历史人物的怀念之情。

【楠林讲坛】

这座木结构的圆形舞台是楠林的观赏中心——楠林讲坛。欧洲希腊、瑞典、葡萄牙三个国家的大使与夫人曾在这里欣赏楠木并举行了鸡尾酒会；中国许多专家也曾在此举办过楠林论坛。今天，就由我来为大家介绍一些楠林知识。楠木属国家二级保护植物，也是中国的特产树种。楠木属于樟科，是常绿大乔木，为江南四大名木（楠、樟、梓、椆）之首。楠木喜欢生长在荫翳蔽日的深山峡谷里，那里的土壤肥沃深厚，日照短。一般天然生楠木，初期生长十分缓慢，20年树龄树高和胸径仅有5.6米和4.1厘米，至60—70年以后才达生长旺盛期。楠木树高生长以50—60年最快，胸径以70—95年最快，材积以60—95年最快。特别是材积，60—95年间的生长量占树干总材积生长量的89%，90—95年间生长量，占树干总生长量的25.5%。表明楠木具有后期生长迅速的特性。因此，楠木的寿命比较长，一般都有200—300年。楠木一身是宝，木材是名贵的建筑材料，坚韧不腐，是建造宫殿和制作棺材、家具的最好材质。此外，楠木的木材、枝叶含芳香油，蒸馏可得楠木油，是高级香料。木材、枝叶也可入药，可治吐泻、水肿等疾病。为什么会选择这里作为楠木的观赏中心呢？因为这里的楠木品种最齐全。大家看，在讲坛中间的两棵楠木，树干直并且外表皮呈白色，树叶和枇杷叶很相似，这叫作刨花楠。它的主要用途是制作乐器，如小提琴、古筝等，用它制作的乐器音质响亮、清脆、悦耳。

大家再看这棵外表皮略比刨花楠深一点，叶子很小的，这叫作红楠。它的用途主要是制作高级游船，用它做的船，浸泡在水中几千年都不会烂。宁波鄞州区有个塔山堰，横在堰底的一根木头就是红楠，1000多年了，现在仍然完好无损。

再看这边，这棵外表皮与红楠相似，但树叶比红楠大一些的，叫作华东楠。这是华东地区特有的一种树种。

最后请大家往溪边看。靠近溪边这一棵树，它的表皮呈黄褐色，树叶和刨花楠一样，但树冠却比刨花楠略大一些，这叫紫楠，也叫金丝楠。它是众多楠木中的精品，主要用于建造皇家宫殿和制作各种家具。北京故宫博物院金銮殿里60根柱子和天坛的12根擎天柱以及十三陵中的殿柱都是用这种金丝楠做的。用紫楠做成的家具有三大好处：第一，天然顺滑不用上油漆；第二，自然包浆，随着年代久远颜色越来越好看；第三，经久耐用，不长虫，不腐烂。正因为这些好处，早在唐代就有人用它做家具，到了明代，进入鼎盛时期，江浙沪皖一带的楠木遭到了灭绝性的砍伐。幸好，在绿荷塘一带还保留着这原生态的楠木林。楠木的珍贵还源于它悠久的历史。早在汉代就有人用楠木做武器。《盐铁论》有“江南之楠樟竹箭”的记载，意思是江南的楠木制作的弓箭射程最远，威力最大。湖南马王堆出土的许多汉墓里棺木全是红楠制作的，现在已经有近2000年的历史了。北京十三陵地下宫殿，所有墓室里棺木全都是金丝楠制作的。用金丝楠制作的棺木代表着高贵，代表着皇权。许多文人墨客都说自己死后求一棵楠木棺材就心满意足了。绿荷塘森林公园的楠木主要是清嘉庆年间（1796—1820）依靠原有的母树，天然繁殖而成的。到了道光十五年（1835），皇上下旨禁止砍伐楠木，并将圣旨刻在碑上，楠木的保护工程才开始。当年的寿昌县衙、淳安县衙、严州府衙为了保护这片楠木林作出了巨大贡献。

古楠木森林公园除了拥有珍贵的楠木外，还是一座巧夺天工、自然的植树博物馆。森林公园目前拥有1万多种植物。目前，国家一级保护植物有9种，我们公园就有2种；国家二级保护植物143种，公园里有31种；三级保护植物203种，公园有85种。主要有红豆杉、鹅掌楸、金线吊葫芦、兰花、紫荆花、紫叶紫金牛、绞股蓝等。特别是紫叶紫金牛和绞股蓝。在这里，我向大家作个详细的介绍。紫叶紫金牛，俗称“矮脚茶”，高只有33厘米，叶是椭圆形的，结的果子是红色的。它不但可以盆栽供人观赏，还可以入药治疗感冒。2006年11月，由浙江林学院13名国家级专家带领着30多名学生，花了54天的时间调查后，才在绿荷塘发现这一珍贵的物种。林学院胡绍庆教授发现紫叶紫金牛后，非常兴奋，想移栽成盆景带回杭州种植。结果没有成功，非常可惜。可见，它对环境的要求非常高。再说野生绞股蓝，它也是一种中药材，拥有四大功效：降血脂，抗衰老，改善睡眠，增强免疫力。它含有的五种皂甙，与东北人参体内的5种皂甙是相同的，因此又称它“南方人参”。

古楠木森林公园不仅是植物王国，而且还是一个动物的乐园，自古以来就有“龙虎门前过，凤凰满天飞”的诗句形容这里动物品种繁多。现在，公园里有30多种动物，有野猪、野兔、黄鼠狼、刺猬、毒蛇、猫头鹰、喜鹊、白头翁等。2007年5月，金钱豹曾光顾过楠木林公园，建德林业局动物保护站的工作人员拍到了金钱豹活动的脚印，并刊登在《今日建德》上。希望各位团友在每年的7月再次来这里游览。那时，一路沿溪而上，一边翻螃蟹一边抓石蛙，还可以到山上摘野杨梅。而林区温度最高不会超过28℃，有“白天不扇扇子，晚上不离被子”的说法，是个绝佳的休闲避暑胜地。

【鸳鸯湖】

现在，我们来到的这条沟原名叶荷塘。从这里往山上走500米，有个小水塘，水塘只有10多个平方米。相传是七月初七牛郎织女下凡相会、洗澡的地方。杭州龙信公司耗资50万元，将这个海拔600米的小水塘变成了一个名副其实的人工湖。现在整个湖面面积近700平方米。湖的四周不仅山清水秀、秀丽多姿，而且集奇、险、清、幽于一身，汇峰、瀑、溪、林于一地，融独特的生态环境、人文历史于一体，这样好的地方取什么名字好呢？大家都知道，龙是中华民族的象征；鲤鱼是吉祥如意，年年有余的象征；猴子是智慧的象征，那鸳鸯是什么呢？鸳鸯是夫妻恩爱的象征，故此地取名鸳鸯湖，特别是接近湖面的一段路，需要双方配合，你拉着我，我抱着你才能走上去，彼此相互扶持，相互依靠。这里美景烘托美人，美人更添美景，湖面平如镜，欣赏着自己的倒影，男男女女笑盈盈。一些少男少女游览之后写下了这样的诗句："神工鬼斧绿荷塘，观音恩赐美鸳鸯，问君欲往何处去？鸳鸯湖畔诉衷肠。"真是个谈情说爱的好地方啊！此地非常适合情侣和夫妻们游览光顾。

【千里岗】

现在，我们继续往前行，各位朋友请看，那就是千里岗山脉。最高峰海拔900米左右，山湾700米长。登上山岗，遥望千里，一览众山小，湖光山色，风景秀丽，让人浮想联翩。山顶上悬崖峭壁，时而看见雄鹰展翅高飞，峭壁缝中生长着小树，绿荫丛中挂着各种野果。朝千岛湖方向看去，是一幅山水画；往绿荷塘方向望去，是一首诗。只要登上山岗，就会情不自禁地被漫山遍野的绿色所陶醉，真正感受到人与自然的和谐之美。诗人夏理宽先生曾写道："千亩楠林入望中，重峦叠翠尽葱荣。天空倘若施雨云，疑似巫山十二峰。"可见千里岗的美景在人们心里刻下了深深的烙印。

【芭蕉坞】

各位团友，在鸳鸯湖的左边是芭蕉坞，它的形状像《西游记》里铁扇公主的芭蕉扇，只不过是躺着的，而且这把扇子，孙悟空也拿不起来。在芭蕉坞的中间有棵楠木王子，胸径1.5米左右，目前保守估计有300多年历史，是一棵不可多得的刨花楠。

【沙洲坞】

在鸳鸯湖的右边是沙洲坞。这里地势比较平坦，但峡谷却更深。主要有石破天惊手杖岩、三重瀑布两大景点，非常壮观。

【绿荷塘水库】

我们沿原路返回，到楠林山庄。在这里，我把绿荷塘名称的由来给大家讲一讲。关于绿荷塘地名的由来有2种说法。第一种说法是，"绿荷塘"原指绿荷塘林区3个山坞中的一个，因当时这条山坞常年绿色，加之流水长年不断，所以称绿荷塘坞。后来因这条山坞里发现了壮观的楠木林，名声大振，而把3条山坞统称为绿荷塘了。第二种说法是，这一带共有6个山坞，这边有3条山坞，对面那边也有3条山坞，6条坞中都有水流下来，正好是6条河汇集，称为六河塘，也就是6条河汇集的池塘。有位文人来到此处看到了这么美好的景色就问当地村民此地的名称，村民回他说“六河塘”，村民的普通话不标准，“六河塘”和“绿荷塘”音又略有些相同，文人就听成了“绿荷塘”。还连连念了两遍“绿荷塘”“绿荷塘”，然后哈哈大笑，说：“真真是个好名字！”接着就留诗一首：

难上巅峰三百丈，碧波浩渺绿荷塘。

尽收眼底群山顶，足下沟壑任马狂。

这样绿荷塘的名字也就从此流传开了。不管这名称怎么来的，绿荷塘三字都与这郁郁葱葱的植被和优美的生态环境有关。

我们到达了楠林山庄。这是绿荷塘古楠木森林公园投资兴建的集住宿、餐饮、娱乐和会议于一体的度假山庄。楠林山庄拥有标准客房30间，有餐位120个，适合小型团队和家庭自助游。由于古楠木森林公园在夏天气温较低，是避暑胜地。所以楠林山庄在夏季十分抢手。在楠林山庄下面是绿荷塘水库。这个水库始建于1935年，是由当时的寿昌县令李馀主持修建的。1934年，寿昌地区发生百年不遇的旱灾，农田颗粒无收，许多百姓纷纷逃离家园，也有许多百姓被饿死，景象惨不忍睹。第二年也就是1935年，寿昌县令李馀下令在绿荷塘修建防洪灌溉大坝，以保证当地百姓的农田灌溉。当时修的是一个土坝，但蓄水而成的水库却造就了绿荷塘山水映衬的美景。2007年，在当地政府的大力支持下，绿荷塘古楠木森林公园又重修了大坝，使得该水库更为美丽，名称也改为“绿荷塘湖”。在湖泊西侧，辟有水上活动场所，可开展水上步行球、垂钓、游泳等活动；在湖面上还建有水上亭榭，可休闲观景，湖面上还架设独木网桥，可体验晃晃悠悠的感觉。目前，在楠林山庄右侧，开辟了开展CS野战的区域。另外，亚洲最大的金丝楠木群在这个区域内。

（蒋祖云）

第三章 人文古迹

严州古城

【导游内容】

景区概况—澄清门—澄清楼—宋韵文化沉浸式街区—建德侯坊—三星街—钱塘诗路宋韵严州文化体验馆—邮驿文化馆—德文化实践中心—西湖—玉带河—二板桥弄—太平桥—三座牌坊—府前街—状元坊—三元坊—陆游与严州展城馆—六合堂—魁星阁—清朝耳目坊—浙大西迁办学旧址—府衙遗址—严州府谯楼—青柯亭—总兵府遗址公园—偏石—宋家湖—东湖—龙山书院—翁城—青云桥—福运门

【景区概况】

严州古城景区位于浙江省建德市梅城镇，地处新安江、兰江、富春江三江交汇处，是古睦州府、严州府和建德县的治所，距今已有近1800年悠久的历史。它集州府文化、商埠文化、军事文化、名著文化、诗路文化、书院文化、宗教文化、刻本文化、民俗文化和山水文化等于一体，是浙江省钱塘江诗路文化带和杭州市三江两岸旅游线的重要节点。现为国家AAAA级旅游景区和浙江省AAAAA级旅游镇。

严州古城景区以宋韵文化为重点，精心进行文化的挖掘，现已形成以“穿宋服、逛古街，尝美食、看演艺，住民宿、购特产”为特色的旅游产品体系。景区核心街区以“主题化”“场景化”“沉浸式”为目标，致力于打造宋韵文化沉浸式街区。

“一朝步入严州，仿佛梦回大宋。”严州古城之旅是一场宋韵文化的体验之旅。

严州古城历史悠久，文化兴盛，山水形胜，物产丰富，在这1000多年的历史变迁中，形成了独具特色的十大文化。

州府文化：梅城先后为睦州、严州的州治所在。周武则天神功元年（697），睦州州治从淳安迁到这里，直到1959年撤销建德专署为止的1262年间，梅城一直是州府的所在地。

军事文化：梅城历来是兵家必争之地，维系杭歙诸郡的安危，发生过众多战役。陈硕真、黄巢、方腊、李文忠都曾在此活动。

商埠文化：严州作为钱塘江中游的交通枢纽，聚集着浙皖赣三地的大量商业物资，曾有千车辚辚、百帆隐隐的繁荣盛景。

诗路文化：从杭州出发，沿钱塘江溯流而上，经富春江、新安江的这条线路，被誉为“钱塘江诗路”，历代曾有770多位诗人在此留下了4800多首诗。严州古城位于这条诗路的核心，孕育出唐代唯一的地方诗歌流派“睦州诗派”，代表人物有章八元、方干、皇甫湜、李频等，他们都是睦州当地人，曾写下了以歌咏富春江、新安江为主的众多诗篇，睦州一度成为“东南江表诗坛”的中心。

名人文化：伍子胥、严子陵、朱买臣、孟浩然、刘长卿、范仲淹、陆游等都在这里留下足迹，他们的事迹和作品极大地丰富了严州地方文化内涵。

名著文化：中国古典名著《三国演义》《水浒传》《官场现形记》《金瓶梅》《儒林外史》等著作中都有关于严州和建德的描写。《聊斋志异》的第一个版本就是在严州青柯亭刻印的。当地文人编了六句打油诗描述了这一现象：教子井上品《三国》，乌龙山下论《水浒》，三江口岸读《儒林》，梅花城惠话《金瓶》，青柯亭中话《聊斋》，严州府前说《官场》。

书院文化：严州历史上书院众多，有记载的就有50多所。范仲淹被贬睦州，曾建起严州历史上的第一所官办书院——龙山书院。后有丽泽书院、宝贤书院，书院建设对严州当地文化及后世教育发展影响颇深。

宗教文化：历史上的严州是佛教、道教并存发展的兴旺之地，庙宇道观林立，香火鼎盛。现存的庙宇寺观有玉泉寺、开元寺、灵石寺、乌龙庙、报恩禅寺、七郎庙和奉真道院等。

刻本文化：严州是南宋时期善本书的重要产地之一，其刻本世称“严州本”，以“墨黑如漆，字大如钱”驰名，是宋刻本中的上品。《聊斋志异》的首个刻印版本青柯亭本就是在此刻印问世的。

民俗文化：梅城具有浓厚的民俗文化，现在古城中定期表演知府巡街、虾灯、竹马等传统非遗文化。

【澄清门】

澄清门又称为大南门，过去是军事建筑，如今是看风景的宝地。为什么叫“澄清门”呢？原来梅城坐北朝南，依山傍水而建，此门因南临清澈见底的新安江而得名。新安江的水，被历代文人所赞颂，如唐朝著名诗人李白的“借问新安江，见底何如此”，孟浩然的“湖经洞庭阔，江入新安清”，南朝诗人沈约的“千仞写乔树，百丈见游鳞”……由此可见，澄清门之名，是因新安江水的清澈而得名。

古有墙外辨是非，今有门下道澄清。古时严州澄清门曾是当地百姓明辨是非曲直的地方；如今建德梅城的澄清门下，也迎来了一场“维护公平正义”的浙江省失实检举控告澄清正名发布会。自2019年建德市举行首次“澄清门下道澄清”公开澄清发布会以来，至今已是第四个年头，不仅喊响了“为担当者担当，为负责者负责”的郑重承诺，还在全省打响了“澄清门”品牌。全省11个设区市纪委监委公开发布澄清正名宣言，旗帜鲜明地为敢于担当的干部撑腰鼓劲。

地面上的浮雕为明代万历年间的《严州府图》，从这幅《严州府图》上可以了解到整个古城街道三纵三横，城池格局十分规整。著名古城保护专家阮仪三教授说，严州古城是全国为数不多的州府规制清晰、街巷肌理完整、历史文脉可循、历史遗存丰富的古城。鼎盛时期的严州城，城市肌理如蛛网般展开，一座座深宅庭院择地而居，一幢幢徽派建筑鳞次栉比。幽深的大街小巷纵横交错，满街青石板光亮如镜。大小客栈遍地，各地会馆满城。城内城外，城墙、城楼，书院、寺庙、古井、祠堂举目皆是，仅牌坊就有115座之多。

【澄清楼】

雄伟高大的城门上有座楼，楼上飞檐挑角，正中挂着牌匾“澄清楼”。

严州古城

澄清楼的形状像古代将军的头盔，高为两层，站在楼上，举目远眺，四望皆空，可穷千里之目。所以，在无战事的年月里，城楼就成为观览山水风光的绝好去处。站在城楼上可观“群峰围绕，一水萦行，江阔山深，山川宏伟”。明代严州知府李德恢题了“严陵八景”，这八景分别是千峰古榭、八面层峦、双塔凌云、二江成字、三墩毓秀、九井储清、七里扬帆、双台垂钓。除此之外古城的黎民百姓也编集龙山、宝塔、三元坊、九峰寺等为民间十景。老谚语有云：“一座乌龙镇梅城，两耸高峰南北分，三元坊是严州有，四不像守府台门，五朵梅花天下少，六曹巷中跳魁星，七郎庙中存遗迹，八角亭中念诗文，九峰寺内多活佛，十里埠上访贤人。”

梅城置城始于唐代，先后三次修建，一次遭毁。首次修建发生在唐代，余杭镇使陈晟修建睦州城，周围十九里，高二丈五尺、宽二丈五尺，“度地形山势，圈而围之，故曰罗城”；第二次修建发生在宋代，其时方腊事平，知州周格重筑睦州城，其环缩为十二里，建八座城门。遭毁发生在元世祖元年间，元世祖忽必烈下诏拆毁。第三次修建发生在元至正二十一年（1361），朱元璋部将李文忠占据严州后，改筑城池，周长八里余，高二丈四尺，阔二丈五尺，辟有五座城门，门上均建城楼。

天下梅花两朵半，一朵在南京，一朵在北京，还有半朵在梅城。这是严州府治所在地梅城人最为自豪的一句口头禅。这里的“半朵梅花”，指的是严州古城墙的城垛，呈半朵梅花的形状，与北京、南京皇城的梅花形城垛十分相似，是具有皇家风采的荣耀与象征。

关于梅花城地名的来历有不同的版本，最为流行的当推民国《建德县志》所载的一段叙述：“建德城即严州城，俗称梅花城，以临江一段雉堞半作梅花形故也。”

严州古城的城墙最后一次建于明初，为朱元璋的外甥李文忠所建。至于雉堞为什么做成梅花形，一直没有一个一致的说法。据民国县志记载，宋代有三个皇帝在未登基之前都曾经领过严州的地方官职务，严州被认为是“潜龙所在地，其制故与南京、北京同”，所以这里有“天下梅花两朵半”的俗谚。建德市学者戴不凡先生力主此说，他在《梅城漫话》一文中写道：“我跑过不少国内古代名城，留心观察过……雉堞成梅花形的，除南京、北京外，我所亲见的，的确只有建德这半座（缺正北及东北角）。”戴不凡还根据民间传说故事，认为梅花形雉堞是明代皇帝为一个宠妃而建的，这个宠妃是严州人，她向皇帝要求建造梅花城，后来，她“不幸短命死矣”，所以只造了一半云云。

一种说法认为梅城是为了纪念汉代高士梅福而命名的。

相传严子陵是梅福之婿，梅严二人都以节操高尚闻名于世，严州就是为了纪念严子陵在此隐居而得名的。元方道睿《思台文集》序：“吾郡山水闻天下，以严名州，子陵高节故也。”民间有严子陵造梅花城的传说。为了纪念梅福、严子陵二人，所以严州城又名梅花城。

还有一种说法认为是因为建德特有的梅花“建德山梅”而得名的。

建德山梅生长在高山之上，冷坞之中，不畏寒湿，花开五瓣，花朵洁白而芬芳，盛开于春末夏初，这在梅花中是很独特的。

大家请往北看，那座莽莽苍苍、连绵不断的山叫“乌龙山”，它是梅城的镇山“乌龙山”，曾名“仁安山”。最高处海拔916.6米，因山石乌黑，且又似一条蜿蜒数十里盘踞在城北的卧龙而得名。山周围尽是低矮的丘陵，唯其耸立众山之后显得格外雄伟，又因颇似泰山，就有了“小泰山”的美称。

坐北朝南的梅城仿佛是躺在乌龙山宽阔胸怀中的孩子，所以就有了“北枕乌龙山”一说。

大家再往东看，放眼望去，这里江面开阔，汇聚了严陵山水特有的灵光精气。沿江两岸分别矗立着两座山峰，江北的巍峨，江南的低缓。巍峨的那座叫卯峰，当地人又称北高峰。低缓的那座叫巽峰，当地人又称南高峰。在两峰的峰顶上，各屹立着一座古老的七级楼阁式砖塔，这就是著名的古“严陵八景”，今“新安十景”之一的“双塔凌云”。

大家再往南看，从西往东流的江叫“新安江”，从东南方向来的江叫“兰江”，两江汇合后，折向东北，那就是“富春江”，新安江和兰江构成一横，富春江的流向成一竖钩，三江形成一个“丁”字形。唐朝杜牧有“越嶂远分丁字水，腊梅迟见二年花”的诗句，描写的就是这里的场景。

【宋韵文化沉浸式街区】

南大街靠近码头，古代就是商铺林立，市井繁华，目前主要有建德知名品牌产品、茶文化馆及非遗业态。

在古街入口右手边的这栋建筑为胡亨茂总号。“胡亨茂”原为严州巨商，在古严州影响巨大，其经营的涉及面在古严州分布极广，主要经营南北货、五加皮酒等，号称“胡半城”。目前这栋建筑由古建院设计，设计师反复寻访浙江、安徽等周边地区，采购徽派老建筑构件进行组合、复建而成。

行走在青石板铺成的街道，看着悬挂的幌子，以及古色古香的牌坊和木结构房子，大家可以体会到古街的韵味。沿街的商铺里飘来美食香味，这里有香脆的“严州烧饼”、软糯的“三都麻糍”、滑嫩的“建德豆腐包”等地方美食，这里可是“吃货”的天堂。

宋韵水上婚礼表演

从南大街到正大街至府前街，这是严州古城

的中轴线，也是严州古城商业繁华之地。严州古城致力于宋韵文化的打造，是宋韵文化沉浸式街区。胡亨茂总号是宋服换装中心，游客至此，可租穿宋服，身穿宋服的游客只要下载相关APP，就可以在街区特定商铺参与线上游戏环节，并享受相关优惠。街区上，白天有知府巡街、宋韵歌舞、宋韵杂耍和宋韵水上婚礼等表演，晚上有宋韵水上歌舞、不倒翁小姐姐等表演，不经意间还可偶遇严州茶娘子、严州酒娘子及渔樵耕读人物，他们会与游客进行互动，充盈着趣味性，同时街区上还有相关宋韵茶肆、宋韵酒楼和宋韵市集。这种场景式、沉浸式的体验，让人仿佛有一种穿越之感。

【建德侯坊】

建德侯坊是为了旌表三国东吴大将孙韶而立，先有孙韶被封为“建德侯”，而后有建德县，是建德历史的开端。

牌坊是中华特色建筑之一。是古代社会为表彰功勋、科第、德政以及忠孝节义所立的建筑物。牌坊的等级可分御制牌坊、恩荣牌坊、圣旨牌坊、赐赠牌坊；其中御制牌坊为牌坊里的最高级别，它是由皇帝亲自下旨，国库出资建造。而恩荣牌坊由地方出资，圣旨牌坊和赐赠牌坊都是由自己出资的。

大家请看建德侯坊的“龙凤牌”上，镌刻有“敕封”两个大字。古代朝廷封赠官爵，称为“敕封”。明间正面题铭文：“孙韶，字公礼，梅城人，善用兵，有将才，魏黄初元年，孙权为吴王时升扬威将军，封建德侯。”额坊下的大字板上铭文：“三国吴黄武四年析富春地置建德县。”记述建德县的由来。又有“建功立德”之意，含有人生两大目标追求的崇高境界。

【三星街】

面向建德侯坊，往右是东门街，是古城宋韵美食街，宋朝时，中原地区广种粟麦，以北多以面食为主，饼由此成为宋朝百姓一日三餐不可或缺的主食。在宋代，凡面粉制成的食物均可叫饼，烤制的叫烧饼，水瀹的为汤饼，上笼蒸的是蒸饼，油炸的称为环饼。瞧：街口就是严州古城有名的烧饼店，往里是有名的31道地方美食餐厅。

往左进入三星街，这里是文化展示、民宿一条街。文化展示主要有钱塘江诗路文化馆、德文化馆、清邮局、千鹤传习馆等，民宿主要有望山梅院子、澜清拾光、九进士等。文三星街古称庙弄里，因位于辑睦坊北面的南周宣灵王庙外的弄堂而得名，前方是复建的辑睦坊。辑睦坊，始建于唐宋时期的里坊制。辑睦："辑"的本义为车舆，"辑睦"是合作、和睦之意。以辑睦为坊名，寄意"君臣一德，上下合力，内外辑睦，邦固民安"的美好愿望。

【钱塘诗路宋韵严州文化体验馆】

左手边是建德首家数字诗路文化体验馆，当诗路文化遇上数字科技，严州这颗璀璨的诗路文化明珠便有了古今互融、虚实交互的体验空间。

严州诗路文化体验馆总投资750万元，面积239平方米，是一个在大数据平台支撑下的数字化沉浸式新型体验展馆，利用人工智能、大数据、人机交互、裸眼3D等前沿科技，整合建德全域内的诗词、景点、历史文化等IP资源，展现千年古城诗路文化独特魅力。

体验馆分为沉浸式空间、飞花令研学空间及室外展区文化点三个部分。其中，沉浸式空间的打造，是以严州历史文化和历代诗词为基础，通过大数据梳理出与建德相关的770位诗人、4800余首古诗，形成严州"人、地、时、物、诗"数据图卷，包括钱塘江诗路地图、严州古城诗路图谱、壮游严州数字图卷等7项；飞花令研学空间则可通过交互竞答方式开展诗词研学，感受严州古典诗词之美；室外展区文化点借助诗词"串"起了全域旅游，其中有景、一人园、姚坞石碑，游客可循着"诗歌之路"，领略严州秀美的山水风光。

【邮驿文化馆】

严州邮驿文化馆是一处保存比较完好的清代徽派古民居院落，马头墙，严州青，都是梅城百姓骨子里的乡愁。

严州自古以来便是扼三江、连三省的战略要地，其邮政的历史最早可以追溯至宋代，据严州最早的地方志淳熙《严州图经》（1186）记载，南宋时期颇为繁华，已设多处邮驿站。清光绪二十二年（1896）正式批准开办大清邮政官局后，严州作为内陆重要地区于光绪二十六年（1900）开办二等邮局，原址现已难觅踪迹。1930年，严州邮局搬迁至此（原毕氏古民居），直至1942年5月日本侵略军入侵而迁出，大清邮局在此办公长达12年，门楣“邮局”二字，正是这段历史的见证。

随着拥江发展和千年古府保护开发建设，遵循“保护为主，修旧如故”原则，致力于古建筑修缮和复建。破烂不堪的老邮局已被整体修复。梅城镇十分注重对历史建筑的保护、修缮和利用，在这些老建筑里因地制宜建成各类主题展馆，清邮局和德文化实践中心是其中的2个。

【德文化实践中心】

德文化实践中心原为钱氏家园，20世纪40年代，曾作为中共建德县工委所在地，现为梅城德文化实践中心。用于传承弘扬建德源远流长的德文化，践行社会主义核心价值观。

眼前看到的这座铜像是建德侯孙韶像。孙权封孙韶为建德侯，取“建功力德”之意。三国吴黄武四年（225），又析家乡富春县设建德县，作为孙韶的封地。古人认为，立德、立功、立言是人生要实现的三个层次，而立德是最高的境界。孙权封爱将为建德侯，分故乡之地设“建德”县，将国都定名为建业。国都是政治中心，是建功立业之处，取名建业，十分贴切；家乡是祖业之本，是厚德载物之基，故名建德，可见孙权对德业的注重和对孙韶的器重。

千年前，因吴王孙权封大将孙韶为建德侯，取“建功立德”之意。从此，以“建功立德”为核心要义的“德文化”，在建德大地上世代传衍。

【西湖】

前方是天下西湖三十六之一的梅城“西湖”。在严州古城不但有西湖，还有东湖。东、西两湖原为新安江古河道，因地势低，前人利用低地段筑坝蓄水，旱时储水浇灌，涝时缓解洪峰，因而形成此一东一西两湖。站在乌龙山上俯视城内，二湖酷似明珠镶在城中，也有人戏称此乃乌龙的双眼，是古城的风水湖。唐朝著名诗人韦庄曾夜游西湖，并留下《忆小女银娘》一诗：“睦州江上水门西，荡桨扬帆各解携。今日天涯夜深坐，断肠偏忆阿银犁。”清初大戏剧家李渔曾写过《严陵西湖》游记，他把严州西湖与杭州西湖进行了比较，认为：杭州西湖“绰约而绮丽”，是既入吴宫的西施；而严州西湖“露倩冶于浑朴”，是未入吴宫尚在苎萝村的西施，有一种天然之美。西湖南面有一半岛称“宝华州”，古时曾建宝贤书院。始筑西湖坝蓄水者为唐刺史侯温（865—871），南宋景定二年（1261）洪水决堤，知州钱可则复堤，并与东湖相通。自明嘉靖四十二年（1563）至清同治六年（1867）先后疏浚八次。1919年知事张良楷又加固加宽湖堤，并治湖植树，湖边一柳一桃，风雅无限。民国时期“一代词宗”夏承焘先生曾执教于严州中学，他十分喜爱西湖的风景，曾写下众多的诗词歌咏严州西湖，他在《严州西湖看桃花作歌》中写道：“天边一片红云来，水边无数花枝开。夕阳引我出城去，宝华洲上几楼台。”可见，严州西湖的风光是绝美的。现在西湖中广种荷花，在夏天显得十分妖娆。

西湖边的这幢建筑是西湖驿站，原为20世纪70年代医药公司的老旧仓库，经修缮后作为茶歇点，是会务、研学、创客空间和对外招商的重要平台。门前小广场中的老物件是美丽城镇建设过程中发掘的。

【玉带河】

玉带河横贯严州古城东西，历史上与东湖、西湖串联贯通，由“一湖、两塘、五桥”组成。俯瞰梅城，一个西湖、一个东湖、一条玉带河，就像一个玉如意，成为改造后古城的点睛之笔。玉带河有一神奇之处，它的水不是自西往东流的，而是自东往西流的。这里面有风水上的讲究。从地理位置上看，由于州城下水方向的建安山不够高大，不符合“青龙要高大，白虎不能抬头”的要求，起不了“收气挡风”的作用，因此，要从风水上进行补救。补救的办法是让东湖水往西流，以减缓下泄之气。于是借横穿城中的玉带河将两湖贯通，以达到湖水西流的目的。当地流传着“郡治若横腰带水，凡来太守尽贤侯”的民谣，所以每一位到严州担任地方官的太守，都竭尽全力整治水利，保一方平安，同时成全自己“贤侯”的称号。

在玉带河上乘坐“元宝船”往来东西，感受“睦州江上水门西，荡桨扬帆各解携”的意境。沿途的江家塘—清芬阁—里仁坊—太平桥—宋家湖等，形成一条展示美丽元素、生态环境和文化底蕴的水系特色长廊。玉带河两岸业态以高端民宿和酒楼等为主，主要有漫珊瑚民宿、花间府、枕水民宿及状元府酒楼等。

眼前看到的这座牌坊是为纪念北宋谏议大夫江公望所建。里仁坊为宋代实行里坊制时的门坊标识建筑。“里仁”二字出自《论语》，子曰：“里仁为美，择不处仁，焉得知。”正所谓环境改变人，只有与德行高尚的人在一起，才能在耳濡目染之下培养出高尚的情操。从这些解释中我们可以想象，这里一定居住有仁德之人，这个人就是北宋的严州人氏右司谏江公望。

前方就是红学家戴不凡故居，故居位于戴家弄中段，是一个二层小楼，庭院里的墙壁上绘有精美的墙画。戴不凡在《梅城谈往》一书中写道：“我梅城老家的楼上，一打开窗就可以看见西湖的宝华洲。”

玉带河对岸是重建的清芬阁，按中国文化传统，见阁如见斯人风貌，登阁如览精神人格，就像登滕王阁便想起王勃和“青云志”，登岳阳楼想起宋范仲淹和“忧乐观”，登清芬阁就会想起方干和“幽兰清芬”。

严州城内先后重建清芬阁，以此纪念严子陵、方干、江公望等严陵先贤，同时也是为了纪念孟浩然、范仲淹、陆游等流寓文人官员而建的标志性建筑。重建清芬阁，其意义非同一般，体现了严州的人文精神。

【二板桥弄】

严州古城拥有很多的弄堂，大多数以所居住的居民氏族为名，如戴家弄、严家弄、郑家弄等。从中可以了解到古代坊巷同姓聚族而居的痕迹。也有以巷中的特征命名的，如东门街的观音弄，弄中因观音庙而得名；府前街的将军弄，因旧有将军庙而得名；试前弄，因旧时在府试院前而得名。古老的地名承载着悠远的历史，令人生思古之幽情。

严州古城的弄堂大多保存完好，旧时风貌兀自如初。在这条二板桥弄里做了简单的集中展示。在这里可以感受古城的弄堂文化，可以说是一巷一故事。比如玉带河流经的江家塘、江家弄，就是因为当年江公望住在那里而得名的。行走在巷中，高墙壁立，脚下石板路依然。春日雨后，蓦然与一位撑着油纸伞的姑娘相遇，眼前出现的是戴望舒《雨巷》中的意境。

【太平桥】

太平桥初名为伏龙桥，宋代称龙津桥。古城老人们流传下来一个传说，太平天国运动时期，“长毛”进入古城的城南烧杀抢掠，却不进城北祸乱，所以百姓纷纷从这座桥进入城北得以太平，故得名“太平桥”。

太平桥长约7米，桥下穿过的玉带河宽不到5米。按照历史学家的说法，每隔100年，城市就要“长高”20厘米，由于古城不断“长高”，太平桥面已提高约1.2米。由于玉带河水位也跟随着城市的“长高”而不断抬升，现在的水位船只已经无法从太平桥下经过，本着“既要保护桥，又要复原千年古河道场景”的宗旨，经过十几轮的精细论证，决定保持太平桥现状，同时从太平桥北开辟一条新的河道，让玉带河绕行回江家塘，同时在这个绕行的河道上加盖遮盖板，河道上方仍然恢复为交通干道。小船可从这条地下隧洞穿行，如此做到开发与保护的“双赢”。一座小小的太平桥，让人们读懂保护严州古城的历史意义和现实意义，既要尊重历史，也要结合现代文明的需求。

【三座牌坊】

前方就是由思范坊、理学名邦坊、汉富春治坊共同形成“品”字形牌坊，它们在空间上打破了十字街的单调感，又强调了古城南北中轴线。同时建德以德立县，历来十分注重品德的养成，牌坊“品”字排列也意为做人要有人品，为官要有官品。

正中为思范坊，是为了纪念北宋著名的政治家、思想家、文学家范仲淹而建的。范仲淹的《岳阳楼记》，以“先天下之忧而忧，后天下之乐而乐”的名句传颂于世。这种“先忧后乐”的思想至今仍闪耀着光芒。

宋景祐元年（1034），担任右司谏的范仲淹因反对宋仁宗废郭后，被贬到睦州知州。到睦州后，他抓的第一件大事就是办“学校”。除了官学以外，还创办了睦州有史以来的第一所书院——龙山书院，与地方上读书人商议，划出地方，创办书院，以期提高山区人民的文化水平。第二件大事是重建严子陵祠。据史书记载，唐朝时在富春江畔就有严陵祠，后损坏。范仲淹到任不久，主持营建严先生祠，并亲自为之作记。《严先生祠堂记》是一篇千古传诵的佳作，清康熙年间（1662—1722），编入《古文观止》一书后流传甚广。文中的“云山苍苍，江水泱泱，先生之风，山高水长”，高度评价了严子陵的高风亮节。

范仲淹一生恪守“先忧后乐”的宗旨，为官清廉，勤政爱民，当他调离睦州后，当地老百姓感念他的恩德，自筹资金修建了“范公祠”“思范亭”“潇洒楼”等建筑物，以示怀念之情。这座思范牌坊由当地政府和老百姓自筹资金重建于1993年，进一步表达了后人对范仲淹的崇敬和爱戴之情。

理学名邦坊描述的是宋朝理学在严州兴盛的情景。背刻“三贤会聚”，指的就是朱熹、吕祖谦和张栻三位理学大师曾在此弘扬理学。乾道五年（1169）吕祖谦受诏令为严州州学教授，适值张栻前来就任严州太守，遂在严州开办丽泽书院，朱熹更曾于乾道年间（1165—1173）、淳熙年间（1174—1189）多次至严州丽泽书院讲学。

汉富春治坊为汉富春县治古迹历史由来的一个明证。牌坊正面写着“吴越分野”，表明严州所处的方位是吴越两国的交界。

背面明间额枋的匾额上题有“龙兴之州”四个大字。严州有“潜龙之地”“龙水之镇”之称誉。据南宋淳熙《严州图经》及景定《严州续志》记载，在两宋时期，太宗赵光义、高宗赵构、度宗赵禥在登基之前，都曾任睦州（严州）防御使、节度使，并以诏书的形式公布于天下。

当我们仰望这座庄严的石牌坊时，能够感受到严州古城历史的厚重和文化的丰富多彩。

【府前街】

府前街为严州府北部核心城区中轴线，长370米，自古就是府衙、府学及庙宇的所在地，一直以来承担着行政、居住、教育、祈福等功能。目前府前街综合改造已基本完工，可以看到很多建筑都呈现出古色古香的原貌。府前街改造的定位为宋韵文化、州府文化、历史风情步行街，服务原住居民生活与引入旅游商业相融发展。

左前方是宋代瓦子，瓦子又称瓦舍，是宋代都市中的娱乐场所。瓦子最早出现在北宋汴京。南宋移都临安，杭州成为江南的政治、经济、文化中心，人口集聚，城市繁华，瓦子发展很快。严州州治梅城出现瓦子，最早当在南宋。

宋代瓦子的出现，也带动了茶事的发展。斗茶，又称茗战，它是古人品评茶叶品质优劣的一种形式，有比技巧、比输赢的特点，富有趣味性，挑战性。

宋代，朝廷官员、文人学士斗茶品茗、品茶观景、饮茶赋诗蔚然成风。茶叶也是招待宾客、宴请同僚的必备饮品。在严州府衙内，设有“酒侯”“茶虞”的机构（见《严州图经》子城图）。虞、侯是宋代初级官员。在严州府设“酒侯”“茶虞”之职，是专为接待往来官员，负责掌管茶酒的。

梅城地处三江交汇，历代都是商人云集之地，各地商人都在此建有地方的会馆，同今天的大使馆、各省驻京办事处差不多。历史上的梅城各地会馆满城，江西会馆、福建会馆、徽州会馆等会馆达12处之多。眼前的福建会馆便是一座省级会馆，当时，闽北的出路都是过仙霞关，从江山上船，途中都要停靠严州。福建会馆内供奉的是妈祖娘娘，也叫天妃宫。

【状元坊】

状元坊是为南宋时期状元方逢辰立，是严州古城最古老的牌坊之一。严州人文荟萃、学风浓郁，据了解，在严州科举史上共有进士701人和状元3人（詹葵、方逢辰、商辂），留有众多科举文化遗存，如书院、牌坊、街巷等。严州古城中轴线上第一座被修复重建的石牌坊，就是这座立在原址的状元坊了。从南宋淳祐十年（1250），严州知州赵汝历为方逢辰立牌坊至今，已有近800年的历史。重修的状元坊，其檐顶、斗拱、抱鼓石、花板是从地下发掘的牌坊老构件，这些老构件背后都有一个个动人的故事。

左手边的六眼井，已有500多年历史。相传明宣德年间（1426—1435），梅城人马景福见乡邻饮水困难，自掏腰包请人掘井，并亲自参与建造，上有大小6个井圈，可供6只水桶同时汲水。六眼古井是严州府留下为数不多的明朝古迹之一，现为建德市文物保护单位，古井至今仍在使用。

【三元坊】

“三元坊”是明代严州知府黄澍为淳安人商辂三元及第而立。在严州古城的所有科举功名坊中排名第一，影响最大。商辂（1414—1486），字弘载，号素庵，浙江严州府淳安县。于宣德十年（1435）乡试、正统十年（1445）会试及殿试均为第一名，是明代近300年科举史上唯一“三元及第”者，也是中国1000多年科举历史上17位三元及第之一。这可真是名副其实的“学霸”！

商辂在科举会考中，连中“三元”（解元、会元、状元），金榜题名，这对古代士子来说，好比成仙登天，是梦寐以求的夙愿。商辂32岁那年就摘取了所有殊荣，4年后又跨入了最高权力机关——内阁，掌控着全国的军政要务。

商辂在英宗、代宗、宪宗三朝与3个大太监同朝共事，历经“土木堡之变”“夺门之变”。他每天立于危墙之下，肩负着无比沉重的社会责任，却用自己人格的魅力和感召力，左右并影响着事件的走向，恪守忠君爱民的人生信条。他以仁爱之心去待人，不计较别人的过失，能宽恕体恤别人。处世风格如春风拂面，润物无声，即如老百姓口中所说“宰相肚里能撑船”。

为纪念这位乡贤，在省城杭州、州城严州、县城淳安为其建三元坊。严州城内的三元坊因火灾被毁。后在清道光年间（1821—1850），商氏后裔重建。1942年8月，毁于日本侵略军炸弹，现为2019年7月重建。

【陆游与严州展城馆】

南宋的大诗人陆游与严州很有缘分，他家三代曾在此为官，这不能不说是一种缘分。

南宋淳熙十三年（1186），62岁的陆游出任严州知州，他在严州主要做了三方面的事：一是勤政，二是创作，三是刻书。

陆游来到严州，正逢丙午荒年，怀着“为官一任，造福一方”忧国爱民之心治理严州。他主政制定和实施廉政的举措：启用贤能之士，放宽政令期限，简化办案程序，力戒兴造公房，节制宴饮游乐。同时具文呈报朝廷，请求准予免除严州灾民的租赋徭役，发放州县义仓粮食救济灾民。他组织设坛祈天求雨活动，盼望风调雨顺，五谷丰登。他注重农业，提出“农为四民之本，食居八政之先”和“为政之术，务农为先”的主张，采取减免税赋、扶贫济困等多项主政措施，鼓励农业生产自给自足。三年内两次向朝廷请求蠲免灾区的赋税，特别是两次撰写劝农文，颁布布告鼓励农桑。严州人民自发地为陆游的高祖陆轸建祠，并刻石像供奉，“以慰邦人无穷之思”。

陆游是宋代伟大的爱国主义诗人，一生留下了9000多首诗，是中国古代传诗最多的诗人。在严州，陆游写下了大约300首与严州有关的诗作。包括《夜登千峰榭》《严州大阅》等呼号抗战的诗篇。“羽林百万士，何日闻北伐”“夜阑卧听风吹雨，铁马冰河入梦来”，正是他忧愤心情的写照。本来，孝宗派他来严州任职，希望他在这个“山水胜处，可以赋咏自适”。但对国运的担忧却使他写不出多少休闲的山水田园诗来，以致离任时发出了“桐江久客无奇句，孤负君王乞左符”的感叹。

陆游年轻时就有诗名，被人称为“小李白”，他的创作量也十分惊人。到严州时，总量已达数万首，他对作品进行了严格的筛选，删去十分之九，保留了2500首，编为20卷。为了纪念在四川前线那段紧张难忘的抗金生活，他将诗集命名为《剑南诗稿》（四川在唐代时属剑南道管辖）。如今，这部严州版的淳熙刻本《剑南诗稿》珍藏在国家图书馆的古籍善本库中，是国家图书馆的镇馆之宝之一。除《剑南诗稿》外，陆游在严州还刻印了《江谏议奏议》《大字刘宾客集》《南史》和《世说新语》等书籍。据统计，陆游守严州三年，刻书5种共150余卷，为严州留下了宝贵的文化遗产。

【六合堂】

“六合堂”因六合古井而得名。三国时期孙策孙权兄弟从小在这里长大，并且经常在此接受母亲吴国太教诲。为纪念孙氏兄弟也是为建德开山鼻祖孙韶而立。孙韶本姓俞，文武双全，深受孙权喜爱，赐姓为孙。公元221年，孙权封其为建德侯，取义“建功立德”。四年之后，又将这里置县建德。1800年来，这方土地不乏“建功立德”的典型案例，建立祠堂，更是希望此精神能够发扬光大。

祠堂左手边上这条勤俭路与石板井头交会处有口千年古井，整个井身是用青石板砌成的六角形，被称为六合古井。相传为东汉末年丹阳太守吴景的家井，吴景之姐嫁与富春人孙坚，乃孙策、孙权之母，世称吴国太。据传，孙策、孙权兄弟自幼在严州长大，吴国太常以“秦扫六合”之举，教导兄弟二人，要志存高远，建功立德。后人在井圈上刻上了“六合古井”四个字。千年古井至今完好无损地保存下来，而今水质仍清澈透亮，百姓饮水思源，古井代代相传。

【魁星阁】

魁星，指北斗七星中的第一星“天枢”或前四星“天枢、天璇、天玑、天权”的总称，又是中国古代天文学说中“二十八星宿”之一“奎星”的俗称，是西方白虎七宿第一宿，传说主宰文运，遂又称“文曲星”。在儒士学子心目中，魁星具有至高无上的地位。在科举考试中，取得高第即称作“魁”，又称“魁首”。魁星楼，又名魁星阁，是为儒士学子心目中主宰文运兴衰的魁星而修建的建筑，全国各地皆有修建。古时候，读书人在科举考试前都要到魁星楼叩拜魁星，祈求金榜题名。

【清朝耳目坊】

清朝耳目坊初建于明万历四十四年（1616），如今这座古牌坊经过考古修复重建。

清朝，并非朝代的清朝，指的是清晨，明代《白发》诗中有“清朝揽明镜，元首有华丝”。耳目，一为耳朵和眼睛，另一层意思指的是审查和了解。清朝耳目，实际意思为官员在清晨的时候要多听多审视，古有“清朝耳目，肱股之臣”的说法。

【浙大西迁办学旧址】

浙大西迁办学旧址，同时也是竺可桢校长的旧居。为了纪念抗战时期浙大西迁办学史，竺可桢校长在梅城的旧居经修缮布展成为浙大西迁建德旧址展馆。馆内展出形式丰富多样，包含了西迁时的实物、文史图片、场景复原、油画、雕塑等，生动全面地回顾了当年西迁的艰苦历程。

从1937年11月11日第一批师生抵达建德到12月26日最后一批师生撤走，前后虽然只有40余天，但师生们在极度艰苦的环境中、战争炮火的威胁下，依然坚持办学的精神，值得我们好好学习与缅怀。

1937年“七七事变”，日本发动全面侵华战争。8月“淞沪战役”失利，民国政府西迁陪都重庆，日本帝国主义侵略战火弥漫中华半壁河山。浙江大学师生在著名地理气象学家、教育家竺可桢校长的率领下，怀着“教育救国，科学兴邦”理想，踏上漫漫西迁路程，历时2年多，穿越江南六省，行程2600千米，于1940年抵达贵州遵义、湄潭、永兴，坚持办学7年，谱写了一部伟大的“文军长征”史。

浙大西迁的路程是曲折的，先后换了建德、泰和、宜山、遵义四处校址。浙大西迁还有一个重要的使命，保护《四库全书》的转移。《四库全书》共有7部，3部于清末被毁，日本发动侵华战争又损失2部，竺可桢受民国教育部的委托，将文澜阁《四库全书》从杭州孤山抢运至富阳渔山，此后一路辗转，地经五省，历时9年，最终于1946年7月安全返杭。此次文澜阁《四库全书》的漫漫护书路，可谓中外文献史上罕见的“文化长征”。

驻足于饱含历史沧桑的浙大西迁旧址门前，看着横梁、窗棂、屋檐处的斑驳痕迹，仿佛又回到了那个红色岁月，仿佛又看到了怀着“教育救国，科学兴邦”理想踏上漫漫西迁路程的竺可桢老校长，仿佛又听见了“日机啸空，警报长鸣，炸弹雨泻，校舍毁夷。热血男儿，七十又七，奔赴前线，服务战地，为校争光”的豪言壮语。为《四库全书》的保护工作而惊叹，为战火中坚持办学的精神所感染，我们要铭记那段艰苦岁月，让他们的红色精神激励着我们每一代人！

【府衙遗址】

严州府衙遗址位于城中轴线北端，州牧府尹治事之官署，即府治。严州府衙遗址距今已经有1300多年的历史，自周武则天神功元年（697）开始，睦州州治从雉山（今淳安县）迁移梅城，州治署衙方位基本没有什么变动。严州府衙是一处历史积淀十分深厚的文化遗产。这里面有10多处纪念历代先贤、能臣、清官的标志性建筑。比如有纪念范仲淹的思范堂、思范亭、潇洒楼、潇洒园池；有纪念杜牧的潺湲阁；有纪念唐代四大名相之一宋璟的赋梅堂，赋梅堂里刻有宋璟写的《梅花赋》，也是今天梅城的名字的出处的最早版本；有纪念爱国诗人陆游的千峰榭；有纪念《聊斋志异》严州刻本的青柯亭；有纪念明代开国元勋李文忠的元帅庙，等等。严州府衙里这些建筑，其文化内涵十分丰富，在国内州府府衙中是独一无二的。这里可以称得上是一座府衙历史文化博物院。目前，府衙正在筹划兴建之中。

【严州府谯楼】

严州府谯楼于2008年在原址上重建。古严州知府衙门城楼为单拱形城门，上面为檐牙高列的谯楼，城门对面为高大的照壁，照壁前立有一只专治贪官的“四不像”，可惜这些在“文化大革命”期间尽数被毁。2012年浙江档案馆出版的《浙江20世纪图鉴》中第一幅照片即为严州府谯楼。

【青柯亭】

青柯亭是严州府衙后花园里一个休憩小亭，距今已有900多年历史，青柯亭因清乾隆三十年（1765）刻印蒲松龄文学名著“青柯本”《聊斋志异》而闻名海内外。青柯亭曾6次重修，中华人民共和国成立初尚在，后因年久失修而倒塌。1996年，梅城镇政府发动群众在原址上重建青柯亭。

【总兵府遗址公园】

严州古城背山面水，踞浙江上游的新安江、兰江、富春江交汇处，为金、衢、婺、歙通往下游杭、嘉、湖的咽喉和锁钥，历来为兵家所重。

明洪武年间（1368—1398），在严州设立守御千所，辖军士2240名。嘉靖三十九年（1560），增设参将一员。清顺治三年（1646），设总兵一员，下辖五营兵；顺治五年（1648），降格为副总兵，辖只二营。参将为正三品，总兵为正二品，副总兵为从二品。清末编制新军，建三十六镇，镇下设协，严州协属衢州镇，军事首长称“协镇”，有“协台衙门”之称。结合各时期志书及历史资料，总兵府主轴线由南至北依次为照壁、大门、仪门、大堂、二堂，西侧设旁厅、箭道，东侧设内书院。

在遗址东侧采集到石碑1件，残碑面竖行铭刻“严镇副总兵官尚维勷 中军都司特通阿 左右两营守备 任重 于广汉”字样。据《乾隆实录》和《嘉庆实录》记载，清乾隆五十九年（1794），尚维勷从惠州协副将一职升任广西右江镇总兵；嘉庆二年（1797），改任广州协副将。

建德严州古城总兵府遗址的发掘，发现了房址、道路、水池、水井、排水沟、缸、灰坑等遗迹52处，出土青花瓷碗、杯、盘、碟、笔筒、青瓷碗、笔架、虎子、青白瓷器盖、酱釉瓷罐、灯台、白釉瓷人像、铜锁、灯台、烟斗、簪、钱币等遗物1000多件，数量众多，品种各异，为研究严州总兵府历史和古代建筑史及人们当时的生活状况提供了丰富的实物资料。

【偏石】

2020年，在宋家湖开挖修复工程的施工现场，挖出了一块圆柱状重达3吨的巨石。经过反复观察后认为这是一块产自唐代的碾子石，是当年筑城时用来夯土的碾子，距今有1000多年的历史。这块不知名的如碾子模样巨石，呈圆柱状，两头带有榫头，呈赭红色，长度近3米，直径近1米，足有3吨多重。由于埋在水底下时间久了，这块碾子石头周身布满包浆，因为巨石两端有凸出的榫头，在场的很多人推测，这是一块1000多年前建造睦州古城时用来夯土的碾子之石。

仔细辨认石头上所刻的文字："伟哉礌石，作镇此州。显晦以时，灾祥实由。消殄巨蠹，制服貔彪。桑麻遍野，谷麦盈丘。千亿万年，世沐洪庥。"这段文字的大意是神奇而岿伟的偏石，是睦（严）州的镇州之石。偏石在或明或暗的时候，能预知天气的变化和自然灾害的发生。偏石能够制伏危害百姓的豺狼虎豹，又能灭绝奸佞巨寇和病虫灾害。有偏石的护佑，睦（严）州地方就会桑麻遍野，五谷丰登。有偏石庇佑，千亿万亿年，睦（严）州的百姓都能沐浴和享受祥瑞之光的庇佑。

礌石者，乃巨石之意也。从铭文的含义理解，礌石不光巨大，还会有神灵闪现。如傀儡戏中的影子画面一样，会在礌石上面出现。如宗教法器一般，让人顶礼膜拜。因此，后人就将唐代使用的"礌石"和明代使用的"磊石"改名为"偏石"。这个记载从明末清初一直沿用至今。

严州偏石的发现和重见天日，是严州古城美丽城镇建设中的一件标志性事件，是严州古城考古的重大发现。

【宋家湖】

"宋家湖"，又称小东湖。这里是唐代名相宋璟后人居住的地方。作为严州唯一有府第的家族，他们居住在城中偏东南的玉带河畔。并在自家门前开挖了一处小湖，名曰宋家湖。在宋家湖的南岸，就是著名的"宋家开府"，这也是从唐玄宗恩准宋璟营建的"开府仪同三司"府第演化而来的称谓。在大明王朝，严陵宋家人才辈出。严州"宋家开府"门前的"祖孙科甲坊"就是最好的见证。

宋璟（663—737），邢州南和（今河北省南和县）人，进士出身。曾在武则天称制时担任监察御史、凤阁舍人，在唐景云二年（711）和唐开元四年（716）两次为相。由于他为政清廉、刚正不阿又精于吏治，后人将他和房玄龄、杜如晦、姚崇相提并论，素有“前称房、杜，后称姚、宋”之说。四人一同被称为“唐代四大名相”。其《梅花赋》是文学史上的名篇。

如今的宋家湖，碧水似镜、小桥流水、亭榭楼阁、绿树成荫、白鹭飞舞，是游人的热门打卡地。

【东湖】

东湖临新安江、老虎湾。形成于明代，自古就是防洪排涝湖泊，坝上还卧有清光绪年间（1875—1908）镇坝石雕水牛，随着时间的推移，东湖由最初的河流形态慢慢演变成具有防洪排涝功能，兼顾人文观光的景观湖泊。这里贤士云集、典故荟萃，历代名人在梅城留下许多足迹，其中东湖就有8处名人古迹。未来这里将打造自然景观和人文历史底蕴相结合的东湖先贤怀古游览区，远借乌龙山胜景，形成湖—城—山一体的景观格局。

【龙山书院】

龙山书院是严州全新的文化地标。历史上，龙山书院建于梅城北门外乌龙山麓，是严州第一所书院，由范仲淹创办，距今已有1000多年的历史，并且从此开启了州府办学的新纪元。北宋景祐元年（1034）四月，范仲淹被贬知睦州一年，到睦州后，他第一件事情就是拨出经费整修学校，创办龙山书院。

重建的龙山书院配有综合会议厅、藏经阁、大成殿、潇洒楼、范公祠以及4个办公楼，这里除了做书院展示之用，还能承办大型活动，融入论坛、研学、旅游、文创等功能，打造成全国知名的文化旅游胜地。

整体建筑的制式采用南宋建筑风格，在布局上采用中轴对称、纵深多进的院落形式。主体建筑如前门、棂星门、仰圣门、大成殿、潇洒楼集中于中轴线上。办公室、管理房等排列于两旁。中轴对称、层层递进的院落，除了营造一种庄严、神妙、幽远的纵深感和视觉效应之外，还体现了儒家文化尊卑有序、等级有别、主次鲜明的社会伦理关系。

走进书院正大门，正对面可以看见的牌楼式石质建筑就是棂星门，棂星门，中国古建筑名，是文庙中轴线上的牌楼式木质或石质建筑，古代中国传说棂星为天上文星，以此命名意味着孔子为天上星宿下凡。象征着孔子可与天上施行教化、广育英才的天镇星相比。袁枚在《随园随笔》中说：“后人以汉灵星祈年与孔庙无涉，又见门形为窗灵，遂改为棂。”在宋代，棂星门又称“乌头门”，文庙修棂星门，象征祭孔如同尊天。

左面的人物群雕是以对古代严州龙山书院及龙山书院文化产生重大影响及贡献的历史文化名人形象为题材，从左到右分别是陈诜［shen，陈诜（1642—1722），字叔大，号实斋，浙江海宁盐官人。曾任工部尚书、礼部尚书等职务］、项一经、东南三贤（张栻、朱熹、吕祖谦），背景墙采用抽象书籍的形式衬托，背面刻有每位人物的介绍。地台上的水纹线刻，寓意新安江水和历史长河，将人物事串联起来。

右边的文化长廊是严州历代进士的名录，中间以年代为分组，总共有常科进士701名，特赐进士121名（宋代497名）。浮雕采用皇榜的式样，边框描绘龙纹，体现金榜题名的情景。两侧描绘严州当地独特的山水风景和进士考学场景，突出严州的文化特色和龙山书院的求学氛围。

迈过状元桥，来到仰圣门，“仰圣”表达对孔子的尊敬和敬仰，提醒人们必须服装整洁，心怀敬意才能入院的礼仪之门。

穿过仰圣门，大成殿便出现在我们的面前。“大成”是孟子对孔子的评价，他说：“孔子之所谓集大成者。”意思是说孔子学术的博大精深已经达到了集古圣先贤大成的境界，颂扬了孔子的教育思想和渊博文化。大成殿也就成了师生们祭祀孔子及历代儒家先贤的场所，是师生们施礼的好地方。

殿中正中为孔子及“四配”的坐姿雕像。分别是正中的孔子像和两侧的左上方亚圣孟轲、右下方宗圣曾参、右上方复圣颜向、述圣孔伋。孔子身后的壁画分别描绘的是《杏坛礼乐图》和《退修诗书图》，展现孔子著书立说、开坛授课的场景。左右两侧墙面是十二哲站姿画像，分别是闵损、冉雍、仲由、宰予、端木赐、言偃、卜商、颛孙师、有若、冉求、冉耕、朱熹。

大成殿的后面是整个龙山书院最高的建筑——潇洒楼，走进潇洒楼，可以看到一楼大厅中央陈列着一尊范仲淹全身像，范公的形象是他身着公侯式官服的全身像，凸显庄严肃穆的氛围。背板屏风墙雕刻的是范公所作诗词《萧洒桐庐郡十绝》。《萧洒桐庐郡十绝》是范公第二次被贬出知睦州（桐庐郡）期间所写，诗中描绘了桐庐潇洒绝伦的山水，也体现了他积极乐观、潇洒豁然的态度，也呼应了“潇洒楼”的名称。

穿过讲堂来到开阔的庭院，庭院正中是一尊范仲淹的铜像雕塑，此雕像由著名雕塑大师孙家彬创作，由中国范仲淹研究会范宝源先生捐赠。雕塑后面的照壁正中雕刻着“先忧后乐”四个大字，出自范仲淹的《岳阳楼记》一文中的“先天下之忧而忧，后天下之乐而乐”两句。这两句话也成了他一生爱国的写照。

参观了书院后，我们可以了解到范仲淹先生虽然在睦州不到一年时间，但却留下了深远的影响，他的执政理念，他的崇高品行，都为后人树立了典范，至今仍有积极的意义。

【瓮城】

“瓮城”在古代，属于城市防御设施之一。又称月城、曲池，是古代城池中依附于城门，与城墙连为一体的附属建筑，多呈半圆形，少数呈方形或矩形。当敌人攻入瓮城时，如将主城门和瓮城门关闭，守军即可对敌形成“瓮中捉鳖”之势。

【青云桥】

青云桥，古名蛇浦桥，始建于唐，唐代诗人刘长卿任职睦州时，曾有《蛇浦桥下重送严维》之诗传世。

至南宋景定年间（1260—1264），蛇浦桥重建并更名为佘浦桥，因横跨老虎湾，俗名老虎桥，与西门外狮子桥遥相对应，拱卫严州古城，成为严陵一景。后在明代万历年间（1573—1620），严州知府朱暟曾进行过规模较大的重修。至清康熙七年（1668），时任严州府驻军协镇鲍虎，又主持重建佘浦桥，并在东西桥头设有石虎4只，成为名副其实的老虎桥。

因老虎桥在古城东面，《易经》中东为青龙位，因此刻石更名为青云桥。

青云桥的建成，使严州古城至严东关古码头形成了通途大道，也使得钱塘江流域国际滨水工程项目在此得到完美的衔接，也为百姓的出行和游客旅游观光提供了新的便捷的通道。

【福运门】

福运门又称“小南门”，明代后期随着经济的快速发展，临江南面的一个城门已经难以满足水运交通、经济发展的需要，就在东段另开了现在的这个小南门。崇祯年间关闭后直到清道光年间（1821—1850）才重新打开，严州知府聂镐敏为此专门写下《重开小南门记》一文来纪念，并将此门命名为“福运门”，福运门顾名思义，承担迎气纳财的功能。

南宋时期，严州古城曾作为临安府的京畿之地，繁华一时；如今，焕然一新的严州古城饱含宋韵风采，再现芳华。

严州古城是一幅流动的《富春山居图》，是一座活着的千年古府，是一首很优美的小城故事歌。“看似一幅画，听像一首歌，人生境界真善美这里已包括……”这首耳熟能详的《小城故事》，每一句歌词都非常贴切严州的古往今来。

（夏杜霞 蒋祖云）

寿昌古镇

【导游内容】

古镇概况—南门广场—翁宅—方氏群落—中山路步行街—909夜街—会通桥—寿昌西湖—三元宰相坊—周宣灵王庙—西湖水街—状元廊桥

【古镇概况】

寿昌古镇，原寿昌县县府所在地。寿昌最早设县在三国吴黄武四年（225）。这一年，江东霸主孙权为了巩固政权的需要，将原富春县分设为富春、新昌和建德三县。晋太康元年改新昌为寿昌，意为寿恒世昌之意，寿昌之名由此而来。后，寿昌归属睦州府（严州府）管辖，是严州六县之一。1958年11月寿昌并入建德县，结束了它作为县城的历史，现为建德市的一个镇。寿昌镇位于建德市西南部，全镇面积145平方千米，人口约5万人。

寿昌县址，历史上有过三度迁址。最终县址定于寿昌万松山南麓至今，虽经1300余年风雨沧桑，但根基仍固，春颜永葆。这里仍保留着古街、古巷、古宅、古桥、古湖等众多古迹，保持着独特的民俗民风，是一座烟火气十足的千年古镇。寿昌古镇现为国家级重点镇、国家级生态镇、国家级特色小镇、浙江省级旅游镇，浙江省第六批历史文化名镇、浙江省美丽城镇样板镇、浙江省AAAAA级景区镇。

【南门广场】

寿昌南门广场，是寿昌人民活动的中心广场。牌楼后方为寿昌镇综合文化站，设置有历史文化，非遗展示，24小时图书馆，亲子体验室等，展现鲜活生动的古镇风采。左边的百姓运动场有1200平方米，提升了居民健身娱乐的便捷性和舒适度。东侧为城镇客厅，满足游客休息、了解、咨询等需求。旁边行政服务中心，一站式服务提高了百姓办事效率，大楼后方就是寿昌规模最大的农贸市场。这里还是浙江非遗天罡拳的表演场所。天罡拳依据道家天、地、人合一的思想演练而成。天罡拳以道德为门风，以自然为神韵，讲究形神合一，练此拳可达内外兼修，拳法动静结合，刚柔并济。清同治时由福建拳师李老尖传入，现在弟子遍布江浙一带，现传弟子多为第四、第五代。为了弘扬传统文化，每周末在广场上有天罡拳和舞龙表演。

【翁宅】

从南门广场进入寿昌街市，纵横巷道比比皆是。这条巷道的墙面上有很多墙绘，这一幅幅的墙绘真实反映出当时百姓的街市生活。

这组古建筑就是翁宅。寿昌自古就有“翁半县”“方半街”之说，说的就是这里的翁姓和方姓。寿昌自唐景福二年（893）县令戴筠开湖引水东郭，城市开始兴旺。自古人以富地聚，自然招引了诸多外姓迁入，翁姓就是其中之一。翁姓原世居海宁，以读书商贾并重，自迁入寿昌后，人丁兴旺，且读书登仕代有英才。这是翁氏在寿昌最大的宅第，占地6000平方米。建筑坐南朝北，设有南北三门，内部格局似若迷宫，屋中有屋，厅中有厅，明堂天井以落水设置，天井以青石砌成，一墙围起12房，内有大小房间上百间，由一条通道自然连接，南北两正门同在一条中轴线。寿昌翁姓乃官宦之家，以积小善行大德发脉寿昌，遇事为善，与人为善，富不弃贫，势不压人，遂成望族。故立足寿昌千年而兴旺发达。这是寿昌翁氏发达之源泉，有“翁半县”之誉。

【方氏群落】

这组古老的建筑原为方氏所有。方姓于宋代迁居寿昌，分散于寿昌县城乡各地，但多数居住寿昌南门一带。此处古有连片方氏宅第，清同治年间（1862—1874）因为战火，数处被毁，今仍有较完整宅院楼宇留存。南门方氏群落虽无高墙圈围，屋宇间却以挑檐挡雨作道，家户间雨天无须撑伞顶笠，行走无碍，不湿衣衫鞋履，可谓寿昌县城之一绝。从南门到北门，由南街至北市，这半条之街方氏占其主要，“方半街”之说由此而来。

【中山路步行街】

中山路步行街是寿昌古镇最热闹的地方。首先呈现在我们面前的徐庄进士牌坊。徐庄，寿昌乌石人，字敬夫，明成化二年（1466）登进士第。由于其才华出众且人品正直，被宪宗皇帝多次委以重任，还做了太子的老师，太子即位后，封徐庄为紫薇弟，徐庄励精求法治国，以民为念，造福一方百姓。后积劳成疾辞官还乡后病逝于家中，明孝宗赐徐庄进士牌坊，希望后人能以他为榜样，做一个勤勉、正直的人。

这条街在过去店铺林立，是商贸中心。现在经美丽城镇建设，恢复其原有风貌，现已成为一条集传统技艺、特色餐饮、文化拓展、互动体验等于一体的杭州市高品质步行街。步行街上，既有老寿昌时期的千层糕、油煎粿、油沸粿、水晶糕、咸汤团、烤饼、炒粉干等特色小吃，又有来自世界各地的风味美食。寿昌的小吃、美食等具有较高的知名度，因此寿昌古镇的广告语是“寿昌味道、味道寿昌”。

寿昌古镇最有特色的小吃当推千层糕。相传，千层糕的出名与明朝皇帝朱元璋有关。朱元璋坐定大明江山，忽而想起救他脱险的朱山，决定前往朱山拜谒，借此了解民情。见寿昌地面风调雨顺五谷丰登，又见百姓家以新米磨水粉蒸糕，便与知县推磨学着做糕。朱元璋推磨生情，食之见味，连赞：“千层糕，步步高，美食也。”从此，“双推磨”传为佳话，千层糕传承至今。

千层糕的制作工艺较为繁琐：先将干净的稻草烧成灰，放入桶中用沸水冲泡，待稍凉时用细布滤去灰渣。灰水置于桶中凉透后，将新米倒入灰水桶中，浸泡一夜或大半天，然后带水上磨磨成米浆。锅中水沸后，将米浆上笼炊蒸，浇一层米浆，待熟后再浇一层，不能浇得太厚或上一层未熟即浇，那样糕会夹生，层数也浇不多。手艺高的行家能浇七层，而且每层之间既黏又松，寓意“逢七开窍”，取个吉祥。千层糕香糯可口，那种特有的稻草灰香味，食之久久难忘。稻草灰又是祛湿之物，七月暑热天气吃点千层糕有益健康。

寿昌909夜街/汤伟 摄

【909夜街】

寿昌的美食文化既保留自己的特色，又对他地美食具有包容开放的胸怀，特别是寿昌政府打造的深夜食堂909夜街。夜晚的寿昌，是烧烤烟火人间，909夜街扎根在老家的灶台，有众多接地气的菜系。有30多家特色餐馆，烧烤、小龙虾等几百种家乡美食，更有夜宵三绝——炒粉干、豆腐包、“三蹄一爪”。从入夜开始这儿就人流涌动，到了晚上9点之后数量到达巅峰，这也是“909”名字的由来。它用最质朴的人间烟火气诠释着寿昌这座千年古镇的新面貌。

【会通桥】

这座桥原名西湖桥，后改为会通桥。为什么要改名呢？这与桥边这组铜像中的2位历史人物相关。这2位煮茶论道的明代贤哲就是李文冈与胡同文。两人都是明嘉靖年间（1522—1566）的进士，同为寿昌人、同在京为官，按常理来说，两人应有同乡之谊。但是李文冈是前科进士，老成持重，而胡同文则少年得志，盛气凌人，“文人相轻，自古而然”，他俩同朝数载，却互视为路人。一天，文武百官聚集在朝房，等候上朝。时近五更，胡同文发觉忘带朝笏，急得他抓耳挠腮。这事非同小可，为臣上朝不带朝笏，是欺君之罪，轻则丢乌纱帽，重则脑袋搬家，急得他面孔煞白，汗流浃背，如临死地。这当儿，李文冈不由生了恻隐之心，他当机立断，悄悄地把自己手中握着的朝笏拦腰一折，分为两个半截，暗中塞给了胡同文半截。由于明代官员朝服的袖子既长又宽大，即使手中握着半截朝笏，利用袖子的遮盖，也是能够蒙混过去的。就这样他俩一前一后上了金銮殿，一直挨到退朝，总算未露破绽，渡过了急难。此事之后，两人冰释前嫌，兄弟相称，相约回乡的时候到李文冈府上一聚。到了正月初三，胡同文进城看到李文冈父子在西湖桥侧等他，他疾步走到石板路上，两人便在西湖桥上拜起年来。胡同文见李文冈的儿子长得眉清目秀，谈吐不凡，在桥上直接把自己的一个女儿许配给他，两家联姻，传为佳话。后来，西湖桥改称为会通桥。

【寿昌西湖】

天下西湖三十六，寿昌西湖为一家。这就是寿昌西湖。唐景福二年（893），戴筠仕寿昌县令。古时城西北一带，地势低洼，而东面、北面、南面等均为低山丘陵。逢雨季，这片土地便会被淹，无法耕作。戴筠就任后，采取兴水利、防火患、美城池“三位一体”的施政方针，修筑了东西二湖。西湖有湖心庙、会通桥、湖心亭，是寿昌县当时的休闲场地；1933年，西湖因年久失修，泥沙淤塞，不利灌溉。时任寿昌县长的李馀，发动百姓疏浚西湖和沟渠，引水注入西湖，灌溉东郭农田，并在西湖上重建六角亭，李馀在任三载，一心从政，不带家眷，不受馈赠，不赴宴请，洁身自好。百姓将此亭命名为冰心亭。东湖亦因填湖建房，水系消失。

【三元宰相坊】

状元牌坊是为了纪念三元及第的商辂而建。商辂（1414—1486），字弘载，号素庵，浙江严州府淳安县人。在明朝科举中，他先后在乡试、会试及殿试中取得第一名的好成绩，是明代近300年科举史上唯一“三元及第”者，也是中国1000多年科举历史上17位“三元及第”之一。后来，他官居文渊阁大学士，是一位勤政为民的好官。为纪念他，古代在省城杭州、州城严州、县城淳安为其建三元坊。现建德梅城、淳安千岛湖仍有三元及第的牌坊。寿昌不是商辂故里，为什么也有商辂的牌坊呢？传说，商辂是淳安人，他从小跟随父亲在严州（今建德市梅城镇）长大，但寿昌是他外婆家，他死后归葬于寿昌绿荷塘。所以，寿昌老百姓也以商辂为荣，并为他建了牌坊。

【周宣灵王庙】

这是周宣灵王庙，原名会通庙，最早由唐代寿昌县令戴筠开拓西湖时所建。后来，为了纪念南宋年间的大孝子周雄，改名为周宣灵王庙。周雄是南宋杭州新城人（今杭州市富阳区渌渚镇），从小聪慧、遇事明理、乐于助人。他少年丧父，与母相依为命。往来杭州与衢州做生意，路过此地，常居会通庙。他一心为民，在家乡时除虎患、消虫灾；到衢州做生意的时候，为救衢民免遭涂炭，独上常山，冒死说服强寇，忠肝义胆。他最为后人称道的是他的孝心。周雄母亲生病时，他守在床前日夜护理。有一天，病重的母亲突然说，想吃鱼。周雄二话不说，冒着大雪，在三九严寒冰天雪地的情况下，破冰捕鱼……这一事迹感动了老百姓。有一次，他在去衢州的船上，“突感心惊肉跳，只怕母病发，明香亮烛对天祈祷，愿减己年以增母寿，离船抄旱路回归家中，母病奄奄一息。日夜伴随，精心护理，更进药汤，母病渐起而愈”。后来在一次经商途中出了意外，遇飓风翻船而卒。南宋朝廷为感周雄纯孝，加封其为“护国广平正烈周宣灵王”。当时，寿昌为了弘扬孝道文化，就将会通庙改为周宣灵王庙，来祭拜他。现在的周宣灵王庙是以善孝文化馆的形式，重塑而成，其间还加入了“新二十四孝”“孝道礼仪互动学习”重现“百善孝为先”的中国孝道文化，每周四下午，在周宣灵王庙还可以欣赏到非遗婺剧的表演。

【西湖水街】

沿着西湖水街走走，可看一看寿昌老物件，感受下寿昌人民的幸福指数。这条水街的店铺很多还保留着二十世纪七八十年代的味道，缝纫机、布匹、陶罐、农具、竹篾等，充满了那个年代独特的韵味。

寿昌状元廊桥/方宏 摄

【状元廊桥】

这条江就是寿昌人民的母亲河——寿昌江，因古时两岸艾草丛生又叫艾溪，对面就是河南里，时称河南李，因李姓迁居寿昌河之南岸得名，河南里的李姓为始居，为唐贞元年间（785—805）江南节度使李芳第17世孙李廷彦之裔，至明代李姓已成寿昌之望族。河南里风景隽秀，20世纪50年代，寿昌中学建校园于此。

架在寿昌江上的这座廊桥叫状元廊桥。它的前身是一座便民桥，连接着寿昌和河南里，是寿昌八千学子的必经之桥，因此被称为状元桥。廊桥全长132.4米，桥面宽度7米，采用五拱桥，拱高0.55米。廊桥由南向北的梁上雕刻有二十四孝故事配图，由北向南的梁上雕刻有二十四史的名言警句，往来于艾溪两岸可以重温孝德文化。

（吴灵秀 蒋祖云）

航空小镇

【导游内容】

概况—航空小镇展厅—弗洛拉Flora飞机主题餐厅—横钢纪念馆—6006历史长廊—新联航空俱乐部和科普中心—汽车公园—航空小镇火车主题公园—航空小镇温泉—建德千岛湖通用机场

【概况】

“建德航空小镇，许你一座天空之城。”建德航空小镇坐落于浙江省建德经济开发区，规划面积3.57平方千米，实际控制区域10平方千米。它是一座以打造“通航产业浙江样板、国家级通航产业综合示范地、国际知名航空休闲旅游目的地”为发展目标，以通航制造、通航服务和通航旅游为内容的浙江省内唯一通航全产业链的特色小镇。小镇内拥有航空小镇温泉、火车主题酒店、飞机主题餐厅、航空主题酒店、开元名庭度假酒店、汽车公园等旅游设施，可发展高空跳伞、直升机低空游览、热气球系留观光、航空科普体验等休闲旅游项目，是国家AAAA级旅游景区，国家第一批低空旅游示范区、国家级特色小镇及浙江省特色小镇、浙江省中小学研学基地、浙江省首批疗休养基地、杭州市中小学研学营地。

【航空小镇展厅】

航空小镇展厅，建筑面积为3544平方米，共分航空小镇发展展示区、规划展示区、通航产业链展示区、空管中心展示区、航空休闲旅游展示区、小镇通航产业企业展示区、无人机展示区、模拟飞行展示区等区块，是一个集小镇介绍、项目展示、规划导览、感官体验等功能于一体的综合性展示区。

航空小镇logo中的数字“6006”，这有什么特殊的含义吗？1960年4月是浙江横山钢铁厂奠基的日子。我们现在所处的航空小镇，是横山钢铁厂的旧址。2006年，建德千岛湖通用机场获得机场证书，第一架飞机在建德腾空而起。于是，将1960年和2006年2个代表年份的数字进行结合，形成了航空小镇的logo。航空小镇的logo旁展示的是航空小镇的驻场单位与合作单位。

1. 小镇大事记单元

建德航空小镇的发展经历了一个较为漫长的过程。小镇大事记记录了这一过程。我们重点了解以下几个时间节点。

2000年，中国人民解放军空军司令部同意建德新建民用临时起降点，标志着建德航空小镇迈出了历史性的第一步。

2006年，千岛湖通用机场获得了民航华东局颁发的民用机场许可证，成为浙江省首家取得A类民用机场许可证的通用机场。

2012年，空军将建德千岛湖通用机场空域作为低空空域改革试点。空域面积为5700平方千米，基本覆盖整个千岛湖。

2015年，成立了航空小镇指挥部，负责管理航空小镇的开发建设，小镇也在这一年被列入杭州市第一批特色小镇创建名单，并在当年举办了全国科研类大学生航空航天模型公开赛。2016年，航空小镇荣获国家首批青年信用小镇、国家首批通用航空旅游示范工程和首批国家航空飞行营地示范工程3个“国字号”殊荣。这一年，机场跑道从800米扩建到1200米，预留1800米，开通了浙江省首条低空旅游专线。

2017年，市委、市政府对航空小镇体制机构进行了调整，设立了建德市航空小镇管委会，与浙江省建德经济开发区管委会合署办公。

2018年，建德航空小镇被住建部评为全国第二批特色小镇，开发区（航空小镇）获评浙江省军民融合产业示范基地。

2. 小镇概况单元

这是航空小镇规划的沙盘。航空小镇位于建德西南部，距离建德城区18千米。小镇规划面积3.57平方千米，实际控制面积10平方千米，围绕“航空＋旅游”的发展理念，以航空旅游、航空服务和航空制造三大区块为主要功能平台，打造具有全国示范效应的“航空智镇、旅游乐镇、文化新镇、生态绿镇”。

在这里打造航空小镇，有四个优势。首先，这里拥有一座高规格机场——建德千岛湖通用机场；这是浙江省首家取得A类民用机场许可证的通用机场。作为建德航空小镇的核心资源，机场拥有全域面积5700平方千米、华东地区最大的飞行空域，机场常年有30—50架次以上的飞行驻场作业，已累计保障12万架次安全起降，已成为全国飞行最自由、配套最完善、服务最优良的通用机场之一。

其次，这里拥有立体化的交通网络格局。建德拥有杭黄、金建、衢建3条高铁，拥有杭新景、临金2条高速和G320线、G330线2条国道，拥有新安江、兰江、富春江至钱塘江的水上航运，再加上千岛湖通用机场，建德拥有四大运输体系，形成了水陆空三维立体交通网。这在全国县级市中是极其少见的。

再次，这里有多元化的基础配套。航空小镇的前身是原冶金部的直属企业——横山铁合金厂。建有学校、医院、食堂、体育馆、文化宫、电影院等配套设施。2003年工厂破产后归地方政府所有。2016年起，按照AAAAA级景区标准将旧厂区改建为航空主题乐园。一期项目建成小镇客厅、温泉酒店、火车主题酒店、联众航空主题酒店、航空博览馆、通航办公楼等基础配套设施。

最后，这里有得天独厚的旅游资源。航空小镇地处“两江一湖”黄金旅游线，以AAAAA级景区千岛湖为核心，与周边的新安江水电站、古楠木森林公园、新叶古村、大慈岩、灵栖洞等知名景点一起，共同组成通航空中旅游景观圈。

3. 通航服务单元

航空小镇的产业体系主要是围绕通航服务、通航旅游和通航制造三大产业板块，打造通航全产业链。2017年8月，与北京东进公司合作，成立低空空域华东管控中心。通航低空空域管理系统上线，为驻场单位飞行作业提供计划审批、监视系统、情报系统、气象信息、协助救援等多方面保障服务。通航服务产业的具体项目，主要包括航油供应、机务维修、人才培训、空管保障、空中救援、保税仓储等多项服务。航空小镇作为浙江省飞机驾驶私人执照和高业执照考培中心，联合浙江传媒学院、万丰飞行学院、美国航校等专业培训学校，培养飞行、机务、气象、乘务等多方面人才。目前，已经培训了将近400名飞行员。

4. 通航休闲旅游单元

通航休闲旅游板块包括航空乐园和低空旅游两大主题，畅享吃、住、玩、学、购一站式度假体验。在航空小镇，你可以乘飞机、玩跳伞、开赛车、泡温泉、住火车、逛展览，各种活动根本停不下来。这里重点介绍几项特色旅游项目。

低空旅游项目：主要有高空跳伞、直升机低空观光、热气球观光和固定翼低空旅游观光4项产品。高空跳伞，从11000英尺（3300余米）高度出舱，自由落体时间约45秒，从出舱到落地全程约8分钟；直升机低空观光，乘坐直升机可俯瞰千岛湖、新安江、富春江风光；热气球观光，乘坐热气球，在高度50—80米高空俯瞰田园风光。2018年，还开通了体育类（动力三角翼、动力伞等）航空旅游观光、固定翼低空旅游观光等项目。展厅里还有VR体验设备，全景模拟高空跳伞的全过程。

航空乐园占地1050亩，总投资逾30亿元。以特色小镇建设为契机，被改建为集小镇客厅（原先的钢铁厂大食堂）、火车广场（浙江省首个以绿皮火车为主题的特色酒店）、温泉酒店（浙江省首个纯天然高品质的硫化温泉）、航空主题酒店（融合航空元素的特色酒店）、双创中心、汽车公园、航空科普博览馆、生态自然城等设施于一体的航空主题乐园。

5. 通航制造单元

在航空小镇通航制造产业的展示单元，可以通过电子设备了解飞翼无人机、多旋翼无人机、双发涡桨四座轻型飞机等几款产品。通过展板介绍，了解到我们制造业的具体项目，如飞行器组装制造类项目、电动飞机生产项目、无人机产业基地项目、零配件制造类项目、航空小镇产学研平台建设项目等。与中国民航管理干部学院将共同建设通用航空领域国家重点实验室，主要研究方向是全省通航运行服务保障及通用航空运行测试。与杭州电子科技大学合作在航空小镇内建设产学研合作基地、暑期大学生实践基地和大学生双创中心。另外浙江传媒学院与小镇周边的建德工业技校合作办学，成立浙江传媒学院航空学院。

【弗洛拉Flora飞机主题餐厅】

弗洛拉Flora飞机主题餐厅，由一架BAe146—300型运输客机改造而成，是全球第八家、中国第二家飞机主题餐厅。餐厅分为舱内、舱外、机下3层，共有舱内餐位29个，舱外餐位18个，机下餐位24个，可以满足100余人同时用餐，配备西餐厅、主题音乐吧、休闲茶吧、露天烧烤等功能区，整体设计风格凸显航空特色，融入登机台、驾驶机舱、飞机模型等元素，还推出3D驾驶模拟体验，进一步丰富航空主题乐园休闲娱乐业态。除了飞机主题餐厅之外，还有欢庭·在云端航空主题酒店、火车主题酒店、森林温泉酒店、航空小镇开元名庭度假酒店等。

【横钢纪念馆】

横钢纪念馆是以冶金部直属的横山铁合金厂为原型而建的一座历史纪念馆。纪念馆面积400平方米，从材质上全馆大面积地使用了穿孔铁板，从造型上还原了铁合金炉和火车，按时间线索布局，共分为序厅、萌芽、成长、蜕变、新生共5个展区，展示老横钢的发展历程及时代影响，现已成为浙江省社会科学普及基地。

【6006历史长廊】

小镇文化路左手边是6006历史长廊，主要分为6044初奠基、钢铁之梦生波折、“731工程”落横钢、硕果累累留美名、繁荣退去落低谷、横钢迎来新征程、通航机场新起飞、航空小镇开新篇，再现了航空小镇的前世今生。

【新联航空俱乐部和科普中心】

新联航空俱乐部又叫新联飞行基地，以低空游览、飞行私商照培训、航空研学课程、机库参观真机讲解、飞行安全教育为主要业务。原横钢厂房，升级改造的飞行基地，集候机厅、景观平台、茶吧、机库等设施于一体，给予游客以更舒服的体验感。目前，新联通航投入运营的低空旅游航线达9条，基本覆盖千岛湖、古楠木森林、灵栖洞、江南悬空寺、新叶古民居、新安江大坝等知名景点，组成通航空中旅游景观圈。乘坐直升机，在百米左右的低空“兜风”，近距离俯瞰这座全国首个气候宜居城市乃至千岛湖核心区域春回大地的别样风采，享受一场空前震撼的视觉盛宴。在新联航空俱乐部，您还可以预约体验精彩刺激的热气球系留飞。体验者可透过缓缓上升的热气球，俯瞰整个航空小镇的美景，飞行员还会一路科普航空知识，让您在高空中翱翔于知识的海洋。

新联航空俱乐部

新联航空科普中心是浙江省内首家青少年航空主题科普中心，以“铭记历史，传承精神，凝聚力量，崇尚科学，探索未知，敢于创新”为精神导向，以航空专业知识为主要脉络，以“飞行员八项素质”为轴线，寓研于游、寓学于乐，通过航空主题系列探索体验，旨在引领青少年了解航空，走近航空，体验航空，激发航空报国的崇高理想。中心场馆面积约3000平方米，集航空科技、航空发展历史、模拟飞行体验、航空教育于一体，是将航空文化与研学旅行相结合的航空主题现代化民营航空科普馆。

【汽车公园】

汽车公园，是依据汽车文化、休闲旅游、综合配套三大体系规划，以市场需求为导向，以生态为本、文化为魂，融合科技创新，打造集汽车赛事、休闲娱乐、文化创意于一体的，贴近大众需求的多功能汽车主题公园。汽车公园作为中国汽车漂移锦标赛指定培训以及比赛场地，杭州DRS赛车培训学校建德分校，还提供赛车漂移培训服务，定期举办赛车及摩托车特技秀，以及为大众开放的赛车漂移试乘体验项目。

在汽车公园的旁边，航空小镇正在投资兴建杭州建德现代数字影视城。项目总投资超46亿元，整体规划面积935亩，分3期建设，建设数字影棚、影视文化中心、影视成品制作中心、影视试片中心等，旨在为国内外提供影视文化全天候拍摄、特效制作以及各类仿生机械、特效服装、微缩景观等外延产品的制作和应用，打造集影视拍摄、产业集聚、会展培训、影视旅游、文化品鉴、休闲度假等功能于一体的现代化数字影棚基地。目前，项目一期工程已开工建设。项目落成后，将有效推进文化和旅游深度融合，带动当地餐饮、娱乐、住宿等产业快速发展，有效促进数字文化产业发展和文化领域数字化改革。除了常规举办专题招商推介活动、影视剧组采景宣传外，也可通过电影节、影视文化活动表演、电影首映活动、音乐文化节、影视路演等“以节带产”的方式为招商引资赋能，引导人才流、技术流、资金流、信息流等聚集成势，增添发展新动能。

【航空小镇火车主题公园】

航空小镇火车主题公园，原横钢铁路站旧址，占地面积约7000平方米，利用火车枕木铺设人行游步道，将绿皮车厢及蒸汽机车头改建为火车酒店，项目集火车酒店、火车餐厅、咖啡酒吧、会议中心等于一体。酒店拥有客房82间，其中标间56间，单间26间，另有火车特色主题客房（高低铺）2节车厢，共有床位120个。

【航空小镇温泉】

航空小镇温泉也叫新安江玉温泉，是浙江首个高品质的纯天然硫温泉。温泉发现于1986年，2010年整体开发，日出水量1500立方米，出水口温度39℃，温泉水源自地心1406米，水质天然纯正，泉水中含有每公升3.07毫克的硫化氢，另含有氡和钾、钠、镁、溴、铁等多种对人体有益的微量元素，可促进血液循环，活化细胞组织，快速消除疲劳，并有效预防疾病，具有显著的医疗保健价值，是养生休闲的绝佳选择。当地利用温泉优势，建起了温泉度假村。温泉度假村拥有150间客房、600个餐位，是一个集温泉养生、研学旅行、冬夏令营、拓展团建、酒店会务等于一体的一站式休闲运动、康养理疗乐园。置身缤纷池中，仰望星星闪烁的夜空、呼吸花香萦绕的空气、体验温泉水的暖意，轻闭明眸，即可尽情享受浸泡温泉所带来的舒适与惬意。

【建德千岛湖通用机场】

千岛湖通用机场，于2006年3月建成投运，是航空小镇的核心资源，是浙江省首家取得A类民用机场许可证的通用机场，拥有3000米以下，广达5700平方千米、华东地区最大的飞行空域。机场占地约580亩，飞行区占地面积200亩左右，机场跑道1200米×50米，飞行等级1B，可满足起飞全重5250公斤以下的A类飞机起降。机场以航空科普教育为引擎，低空游览和高空跳伞为两翼，传统作业为骨干，以机场非航业务为补充，将建德机场打造成为全国飞行最自由、最顺畅的通用机场之一。

航空小镇高空跳伞基地，为游客提供双人跳伞极限运动。高空跳伞是“勇敢者的游戏”，是惊险与刺激的极限运动。上飞机后10—15分钟，上升至11000英尺（3300余米）以上，在跳伞前游客和教练将进行联体，教练会推着你移至窗口，等着体验一跃而下后自由落体的失重感，尽情释放激情！自由落体40秒左右，高度下降至约1500米，在速度近200千米/小时的时候打开降落伞，体验者将在接下来的4—5分钟内徐徐下降，俯瞰寿昌古镇的美丽风情。短短几分钟却又回味无穷的高空跳伞运动，热衷于打卡“人生愿望清单”的你们敢尝试吗？

建德千岛湖通用机场还开通了多条短途运输航线，涵盖了建德—舟山、建德—黄山、建德—镇江、建德—上海金山、建德—芜湖等低空航线飞行，实现长三角地区短途运输航线全覆盖。2021年12月15日，从建德千岛湖通用机场飞往温州、宁波的飞机先后起飞，不仅标志着建德至宁波、温州两地的短途运输航线正式开通，这也是省内首次实现通用机场与“千万级”运输机场之间的通航短途运输飞行，标志着浙江省“干支通”结合的低空航线网络已经形成，浙江“空中1小时交通圈”已打造成形。

（朱永文）

新 叶 古 村

【导游内容】

景区概况—游客服务中心—新叶田园—抟云塔、文昌阁—进士第、四方塘—醉仙居—南塘、有序堂—昆曲展示馆—崇仁堂—双美堂—西山祠堂

【景区概况】

新叶古村位于建德市大慈岩镇，始建于南宋嘉定年间（1208—1224），距今已有800多年的历史。它是以阴阳九宫卦象之数设计布局的，把村中的近百条巷、弄纵横交错地将户与户、房与房连成一个有机有序的建筑群体，构成一组体现东方神秘文化的立体图像，是一处不可多得的中华传统文化、民间乡土文化的活化石，有着极高的研究价值和观赏价值。目前新叶村还保留有16座古祠堂、古大厅、古塔、古阁、古寺庙和158幢明清古民居建筑，故被誉为“明清古建筑露天博物馆”“中国东南部最典型的农耕村落”。新叶古村被列为浙江省历史文化保护区，是中国历史文化名村。

2014年，大型综艺节目《爸爸去哪儿》在此拍摄，新叶古村声名大噪。经历年的发展，新叶古村成为长三角地区体验农耕文化的亲子研学基地。

【游客服务中心】

展现在我们面前的一幢徽派建筑，就是新叶古村的游客服务中心。墙上的“新叶古村”四字，是由著名古建筑专家谢辰生老先生题写的。谢辰生先生是中国文物学会名誉会长，国家文物局顾问，他对新叶古村情有独钟，他

认为“新叶是中国古村落的活标本”。大门的匾额是徐永清上将所题。徐永清是建德市大洋镇麻车村人，1996—2003年，任武警部队总政委，2000年被授予上将军衔，是中共第十五届中央委员。他不仅是一名职业军人，还是国内著名的书法家。在大门口有一副对联，请大家一同来鉴赏一下。

上联：遵祖宗一派真传，克勤克俭；

下联：教子孙两行正道，惟读惟耕。

这一对联揭示了“克勤克俭”是新叶人的持家古训，“耕读持家”是新叶古村的传家宝。

这一幅模型图，可以让大家了解一下新叶村整个建筑设计布局情况。新叶村选址很讲究风水，村落是由宋朝大理学家金仁山先生设计的。从这幅模型图上我们可以看出，左边是祖山玉华山，右边是朝山道峰山，村子位于两山之间峡谷的东南口。从玉华山来的一条溪和道峰山来的溪水汇合形成一个水口，左有象山，右有狮山，象山和狮山把新叶村的水口锁得像葫芦颈一般，这样就可以“聚止内气”，致使村落兴旺发达，财运也不外流。

这是《建德新叶共识》。这是第二届中国乡土建筑抢救与保护研讨会全体代表在2009年9月29日于中国浙江省建德市签署的。这是一份古建筑古村落保护的纲领性文件，也是新叶村古建筑保护的宣言。

游客服务中心墙壁四周悬挂着许多新叶古村的照片。大家可以浏览一下，以增添对新叶古村的了解。

【新叶田园】

新叶古村是以“耕读传家”的，至今仍是一个传统的农业村。新叶古村现有耕地面积1868亩，山地面积17000多亩，在村子四周的田野及低山丘陵上种植着大量的水果，可谓一年四季“瓜果飘香”。展现在我们面前的就是新叶的田园风光。春天，新叶古村四周都被油菜花所包围，白墙黑瓦掩映在金黄色的花海中，十分绚丽多彩，这一景致绝不亚于江西婺源的风光，曾先后数次被评为华东地区十大油菜花基地；夏天，这里是成片的荷花。荷叶田田，那“接天莲叶无穷碧”的诗情画意把古村落装饰得生机勃发；秋季，稻田里泛黄，山坡上橘子橙黄、柿子泛红，一派繁荣丰收的景象；冬季，虽然色彩单调了些，但白墙黑瓦和常绿树种相映衬，仍焕发出活力。因此，新叶有众多的农业观光和采摘游项目，如荷花的观赏，杨梅、橘子的采摘、挖地瓜等。也正由于新叶村保留着传统的农耕文明，这里的“农家乐”也十分具有特色。这是地地道道的农家口味，菜肴以当地的笋干、腌肉、豆腐、小溪鱼及蔬菜等原料用农家烹饪手法制作而成，酒是自酿的“土曲酒”。这种原汁原味的农家菜，健康、绿色、环保，深受游客们的欢迎。

【抟云塔、文昌阁】

这是新叶村的标志性建筑——抟云塔、文昌阁和土地祠。在我国古代建筑中，一个村落里，塔、阁、祠一组相连的建筑是罕见的，这是新叶村的一大特色。从古代风水上看，新叶村背后是雄伟的玉华山，村的对面是秀丽的道峰山，村庄就像停泊在一块土地上的船。从地势来看，后面高，前面低，水流急，这艘船随时有被急流漂走的危险。在古代，水就是财，水急往外流，意味着村里财气不旺。因此，根据风水上的这一特点，新叶村先祖们在水口上建一座塔，代表着一根竹篙，将这艘船永远固定牢，一祠一阁像一道大坝，把往外流的水拦住。

从美学的角度看，玉华山、道峰山在村庄的两侧，像一对伟人守护着村庄，但在村庄前面就显得低矮、空空荡荡，有了这座雄伟的塔，就形成了“三峰鼎立”，使这整座村庄前后左右平衡起来，从宏观上增加了村落的气

春到新叶

势，给人以美的享受。

这座塔叫“抟云塔”，又称“文峰塔”。始建于明隆庆元年（1567），当时用堆土法建塔，塔建好后要把土挑掉，所以工程浩大，造塔总共用了8年多时间。塔为砖砌，每块砖有12公斤重，七层六面，塔高38.8米，围长13.8米，直径4.4米。底层有3个门，从二层以上各层有3个窗洞，为求塔体坚固，相互错开排列，层高逐渐降低。塔外用砖牙叠涩腰檐，檐角微微挑起，塔刹由5个圆形的石盘层叠，第三个最大，上面的逐渐收小，外形如枣核。塔身体上下无任何雕饰，造型端庄秀丽，周围衬着起伏的山峦，异常挺拔精神，向上的动势感很强。

这里是一座土地祠。它紧连文昌阁，里面有土地公公、土地婆婆的神像，两位老人慈眉善目，就像两位保护神日夜保佑着村民的平安。

紧靠土地祠的是文昌阁。文昌，顾名思义就是“文运昌盛”。文昌阁供奉的主神就是“文昌帝君”，文昌帝君就是执掌文运功名的神灵，也就是大家熟知的“魁星”。在文昌阁二层楼上供奉着四尊神像，文昌帝君居中，右侧为掌管文运簿的天聋，左侧为掌印玺的地哑，此二神是文昌帝君的侍从。在文昌帝君像上方的是魁星，魁星像略小些，其造型活泼有趣。新叶一带每逢地方戏开演，总有“点魁星”一段。古代是允许读书人祭拜文昌帝君其身的，阁楼与底层楼梯相连一处设一覆门，平时上锁，旁人只能在楼梯下望阁瞻仰，焚香祭拜。在古代，读书人考试之前都会来这里拜魁星，希望自己能够得到魁星的护佑，考得好功名。

文昌阁门口有一副对联：“抟云甲族擅书香 文昌草堂关野意。”意思是草野之人也要读书重视文化。

走进阁内，我们首先看到的是一古代私塾的布置。在古代时，新叶村曾经办过一座书院，叫重乐书院，始建于元初，初名叫“重乐精舍”，是由玉华叶氏三世祖东谷公叶克诚创办的。创办初期，叶克诚延请了当时著名理学家金履祥的学生许谦、柳贯等一批著名文人会集在重乐书院，研习儒学，吟诗唱和，不以功名为务，因此声名远播，慕名而来者络绎不绝。后来，繁衍成儒源村。叶克诚仿效王羲之三月三兰亭雅集之风，也于每年三月三在重乐书院一带结交社友，吟诗赏景，后来形成了新叶古村特有的民俗——“三月三”祭祖。新叶家族“耕读传家”之风也是从此开始代代相传的。

堂前悬挂着儒教学派的创始人——孔圣人像，在两侧分别悬挂着与这所私塾相关的教师像，主要有叶克诚、金履祥、许谦、章懋、刘贯、叶元锡等。这些先生的简历，大家可以看一下。

呈现在我们面前的牌坊，上有“耕读传家”四字，这标明了新叶村的立世之本。“耕读传家”的意思是“耕可富家，读可荣身”，这是农耕文明时期人们崇高的生活理想。

【进士第、四方塘】

新叶古村，村里的小巷子有200多条，四周建筑物看上去很相似，因此很容易迷路。如果真的迷路了，请大家按照我教大家的两个方法做，也可以走出村子。第一种办法是一直沿着青石板路走。大家低头看脚下的路，在我们的主游干线上中间都有青石板铺着，只要沿着青石板走，就能走出迷宫一样的村子了；第二种办法是沿着路边的水渠走。因为水往低处流，所以人往高处走，这样也能走出村子。水渠，这是新叶村十分重要标志物。新叶村外围有一小溪，叫外溪，那是灌溉农田用的；在村内有两条人工挖浚的渠道，叫“内溪”或叫“内渠”，这是新叶村重要的供水和排水通道。这两条作为村子命脉的水渠，因为重要，又成了村落的边界。宗祠规定，叶姓本族成员，房子都造在双溪之内，不允许造在双溪之外。叶姓族人，凡死于双溪之外的不能入祠、归葬祖茔。另一方面，外姓人，除了剃头匠和铁匠外，一律不允许定居在双溪之内。这个界限，保护着宗法制度下血缘村落的单纯性。

这组建筑叫进士第，也叫荣寿堂，是崇智派的分祠，始建于明万历四十一年（1613）。荣寿堂出过一个进士，叫叶元锡，是清康熙三十年（1691）进士，后来在湖广应城、河南阳武县做县官，是一个清官，后被人用毒药毒死。祠堂里还有一块捷报的牌匾，上面清楚地记载着他在康熙十一年（1672）时，考取了浙江省易经科第37名。叶元锡是新叶村唯一参加殿试且中举的正科进士。

荣寿堂坐西朝东，门前有一口四方塘，塘里水是活水，水质很好。这一景致与宋朝理学大师朱熹所作的《观书有感其一》“四方塘诗”所描绘的景致十分相似。“半亩方塘一鉴开，天光云影共徘徊，问渠那得清如许，为有源头活水来”。水塘正正方方像个砚台，再看水里，村口的抟云塔刚好倒映在水里，像不像一支正在蘸墨的毛笔呢？四方塘旁有一排低矮的房屋，以前是茅厕，共有五间，所以叫“五连厕”。古代有“肥水不流外人田”之说，五个茅房连在一起，集中让肥水流在自己田里。现改造成文创商店。

从这里进巷道，我们就将进入新叶古村的核心区域了。新叶古村现在还完整保存了16座古祠堂、古大厅、古塔、古庙、古阁及158幢明清建筑。国内著名的专家学者对此赞赏有加。清华大学建筑学院古建筑研究所所长陈志华教授认为“新叶是中国东南部最典型的农耕文化村落”“中国最大的明清建筑露天博物馆”。中国文物学会名誉会长，国家文物局顾问谢辰生教授评价更高，他认为“新叶是中国古村落的活标本”。当然，也许有游客朋友会问，新叶古村为什么能保留如此完整的古建筑群呢？这一问题，陈志华教授在他的专著《新叶村》中作了回答。他认为有三个原因：一是地理位置原因。因为新叶村太偏僻、太封闭，对外面的世界变化了解不多。二是宗法制度森严。新叶村是按血缘聚居的村落，宗法观念很强。村民认为祖宗留下的房屋是不能随便拆掉的。即使自然倒塌或水、火灾害毁坏了，也要在原基地上重新建造。三是商品经济不发达，住宅更新的速度很慢。正是这三个原因，使新叶古村能保留如此完整的古建筑群，并成为瑰宝。

新叶村的整体建筑风格属徽派建筑。洁白的粉墙，黝黑的屋瓦，飞挑的檐角，鳞次栉比的兽脊斗拱，高低错落层层昂起的马头墙，纵横交错的青石板巷子，无一不是徽派建筑的手法。但新叶古村建筑又有自己的一些独特之处。例如，新叶村房屋的窗户较低，而徽派建筑总是把窗户置于高处。这一细微的区别实际上有文化上的差异。大家知道，徽派建筑与徽商有关。由于男人在外经商，最忌讳的是妻子红杏出墙，所以就把窗户置于很高的地方。而新叶是典型的农耕文化地区，又是宗法制度森严的家族制管理，因此，对窗户的设置要求并不高。又如，新叶村里还有很多过街廊房。过街楼用来连接两幢楼屋，通过过街楼就可以走家串户了。现在我们看到的这100多幢房子都是互通的，下雨天的时候人们可以从房子里面走而不用去外面淋雨。这也是新叶宗族制度下所特有的建筑风格。

【醉仙居】

我们现在来到的是醉仙居，是新叶土曲酒的一个展示馆。里面展示的是新叶土曲酒的制作过程，新叶土曲酒（又名大曲酒），至今已有800余年的历史。

此酒采用当地的一种野生植物蓼草做药引，用当地农家特有的醇香糯米和特有的玉华山泉水酿制而成。此酒色如琥珀，其味醇厚芳香，余味悠长，口感极佳。常年饮用，活血解乏。强身健体，但不能贪杯。曾经不知醉倒过多少慕名而来的文人墨客，豪杰壮士。这个酒曾经被央视主持人取了一个很形象的名字，叫“迷魂汤”。

说起此酒的来历，还有一段神奇的传说。

传说800多年前，玉华叶氏始祖叶坤的岳父夏氏家族就住在玉华山下。村中有一农夫，每年夏天都要到玉华山后的里八岗开山种粮。他天不亮进山，日落天黑回家，带的是妻子做的米饭，每天中午，都在山上的一个流有涓涓泉水的小水潭边用餐。有一年，久旱无雨，粮食歉收，农夫家中无米。妻子为让丈夫进山种粮，将家中仅有的两斤糯米做成糯米饭，让丈夫带上山去充饥。因天热，农夫怕米饭变质，在小水潭边拔了一把野生蓼草垫在小水潭里，将蒲包装着糯米饭搁在上面，再拔一把蓼草覆盖在蒲包上面。

因天气闷热，农夫劳作一段时间后，突然中暑，生起病来。无奈只好匆匆回家。谁知这一病却病了七八天，直到十多天以后才恢复体力。再次进山劳作。当他走到离劳作处还很远时就闻到一股浓浓的酒香味。开始他还误认为是什么野花的香味。他循着香味寻去，当他走到小水潭时才知酒香味竟来自小水潭。他很觉奇怪，拎起那一蒲包的糯米饭。糯米饭已经发酵，成了一小撮饭渣。再看那小水潭，因久旱无雨，那一涓泉水已经断流，潭中的水已经很少。水中已经变成琥珀颜色，他捧到嘴里一尝，其水已成水酒，其味酒香醇厚。虽然带有一些辣味，但口感不错。

回家后，他将奇怪现象告知妻子，妻子也觉得奇怪。但她长年在家饲养生猪，蓼草也曾割来喂猪，可当草料。虽然辛辣味苦，但并无毒性。如果此草真能发酵，那它可用于酿酒的药引。为此，两夫妻经过再试后，确定蓼草能做酿酒药引，酿出的酒其味虽香，但辣味太重。为了减轻辣味，两夫妻又用蓼草浸出的水拌以曲粉（不去麦麸），待其发酵后晒干研碎，再拌入糯米饭。这一次酿出的酒终于没有了辣味，成了非常好喝的农家水酒，他们将此酒叫作土曲酒。自此后酿制此酒的方法在村中传开。后来经过不断改良，土曲酒终于成了玉华山一带特有的农家美酒。为了此酒的酿制方法不外传，他们虽然年年酿制此酒，但从不出卖，成了规矩。

夏氏家族因瘟疫败落，少部分人外迁。玉华叶氏始祖叶坤从寿昌湖岑迁至玉华定居，土曲酒的酿制方法被承传下来，但也不出卖。酿酒的目的一是招待宾客，二是自家饮用。因此，新叶土曲酒至今仍在玉华山一带的几个村流传，始终没有进入市场，是一种鲜为人知的民间美酒。

【南塘、有序堂】

南塘、有序堂是村子的中心，景观最开阔，最有生气，是全村政治文化中心。这口水塘叫“南塘”，它明明位于村子的北部，为什么叫“南塘”呢？原来，对面就是村北的朝山，叫“道峰山”，这口塘位于山的南面，故称“南塘”。这里充分体现了古人的智慧。大家看：道峰山山头尖尖像毛笔的笔锋，加上旁边的两个山丘就像笔架，这一景叫“道峰卓笔”，左边的玉华山又叫“砚山”，形状像一个砚台倒映在水中，南塘是砚池，水是墨水，大地是纸，整个新叶就是一幅由文房四宝构成的画。这里呈现匾上所言：“道峰会秀”的场景，也是“文笔醮墨”意境所在。大家再看道峰山，山形像金字，山形尖尖像火苗，火克金，金又生水，所以道峰山倒映在南塘里是以水克火的意思。道峰山下有两道山岗，连道峰山一起是三重山，古时村里人传言，这三道山岗意味着三道金牌，捷报频传。果然，玉华叶氏宗族先后得到三封诰命：一是元泰定三年（1326）泰定帝褒奖叶震父母叶克诚（东谷公）及妻唐氏；二是元天历元年（1328）文宗敕命叶震为河南肃政廉访司副使并褒奖其妻金氏；三是明万历十二年（1584）神宗诰封叶锡龙。这三封诰命的牌匾就挂在有序堂内。

有序堂是村落的核心，对村落的规划起决定作用。它是玉华叶氏的总祠。“有序”2个字的含义是“和谐有序”，即众人聚在一起，无序不成体统，有序才有规矩，有序才成方圆。有序代表着古代人的礼法制度，是儒家文化的核心。这个八字大门是有序堂的出入口，取“千丁出入，千年平安”之意。门口竖着四根旗杆，每一根旗杆上放置两个古代量米用的“斗”，寓意“才高八斗”。有序堂建于元代，面积约800平方米，是供奉外宅派前七代先祖神牌的地方，因为从第八世起，外宅派又分成为11个支派。有序堂前

一、二进是重建的，整个建筑恢宏大气，中庭上方挂着三封诰命的圣旨牌匾。这块“龙凤直角圣匾”是明万历十二年（1584）皇帝钦赐的原物。在明万历年间，皇太后生了一种怪病，太医治了大半年都没治好，于是皇帝发了皇榜，谁能治好皇太后的病就重重有赏。新叶村的叶遇春是当时有名的郎中，他就揭了皇榜。只用了三副药就把皇太后的病治好了，皇帝很高兴，本想把自己的女儿嫁给叶遇春的儿子叶希龙，结果被王爷“京山王”捷足先登，最后叶希龙娶了竹冈郡主，就成了郡马，入宗人府，为皇亲国戚，全家搬到河南享受荣华富贵去了。这块匾额前后分为两个内容：一是要郡主下嫁叶门以后要恪守妇道，孝敬长辈；二是诰封叶希龙为朝列大夫宗人府仪宾。所以我们在进门的时候也看到一块国戚第的匾额。这块匾额在“文化大革命”的时候，被村里的一个村民拿回家当小孩睡床才保存下来的，1985年物归原主，1998年又被小偷偷走了，最后是在龙游博物馆里找到并把他追回来的。本来还保存有圣旨的，但是当时的村民比较迷信，觉得皇帝是真命天子，天子赐的东西是有灵气的，有人生病的时候就来撕圣旨拿回家，以灵驱邪，久而久之，你一条我一条，圣旨就撕没了，实在很可惜。

新叶村的建筑雕刻在“文化大革命”时得以幸免，也是十分不容易的。当时红卫兵破“四旧”要来破坏这些东西，有位泥水师傅也是一个惜物之人，他想了个办法，用泥土、石灰把祠堂里的横梁、牛腿、雀替都糊起来，使人看不见里面的雕花。后来红卫兵又去征求老书记的意见，当时这个老书记在村里的威信比较高，大家都很敬重他，老书记对这个问题没有表态。所以红卫兵也不敢随意拆，所以村里的雕刻也就全部保存下来了。天井上面这只保存完好的牛腿，雕刻着鹤、鹿、蜂、猴等四种动物，谐音就是“厚禄封侯”，这表达了人们对美好生活的向往。

新叶村戏台共有5个，有序堂的戏台最大。上面还挂着一块匾额“可以观”，这三个字是民国首任浙江省省长夏超在1923年所题。“可以观”三字，大有哲理。“可以观”的意思是中正以观天下，即你置于台的上下两处，在台上，你是演员，须仔细观望台下，是否能得到掌声或想得到掌声，就须不断纠正自己，提高自己；在台下，你是观众，除了研究台上演者外，也得时时注意自己的所作所为，不但台上看着你，台下边也在看着你。人生如同演戏，不管在台上还是台下，你可以看别人，也可以让人看你。

厅堂内的柱子上都贴有对联，这些对联均来自《玉华叶氏宗谱》。每年农历三月初三由村民书写，内容介绍了新叶历史文化、族规族训等。

请看这里有一副戏联：

曲是曲也，曲尽人情愈曲愈明；

戏是戏也，戏推物理越戏越真。

此联很有意思。借用了一字多义的特点，做了些“多音法”的文章。联中“曲、戏”皆是一字多义。上联四个“曲”，第一、三“曲”是名词，曲调的曲；二、四“曲”是动词，弯曲的曲。下联“戏”相同，一、三“戏”是名词，戏文的戏，二、四“戏”是动词，嬉戏的戏。这副对联的意思是：戏曲描写的是人生的曲折，只有写透了人生的曲折才会明白人生的哲理；戏文故事并不全真，但有许多人生的道理包括其中，越去研究是非越能辨明。

再看这一副对联：

文中有戏，戏中有文，识文者看文不识文者看戏；

音里藏调，调里藏音，懂调者听调不懂调者听音。

此联采用了回文的修辞手法，层层递进，颇具情趣。

这副对联也很有意思：

演以往若正若邪宜认真也

看将来受福受祸毋视戏焉

这副对联的含义是：戏是人生，人生如戏。演戏时，演正演邪都该认真去演，曰为敬业；做人时，是福是祸更应正确对待，莫当儿戏。如若人人皆能如此，社会自是井然有序。

再看这副联：

凤舞龙飞，芑符协应升太平；

珠联璧合，人同物游熙皓天。

戏台上，凤求凰、折桂枝，本是寻常事；戏台下，觅知己、叙衷肠，何止两三家。戏曲是电视未普及以前，平民寻欢娱、自得乐、受教育的最好途径之一。

在有序堂的最后一进，有一块“功德永馨”的牌匾，这是新叶村叶氏六世祖九思公所题的。九思公出生在元末明初国家动荡不安的年代，读书甚多，满腹经纶，但怀才不遇，不能施展其抱负。中年以后离家出走，云游江湖，后病死金陵（今江苏省南京市）朋友家里。他根据自己的所见所闻和积累的人生经验，为子孙写了一篇《君子九思》，告诫子孙做人的道理。这篇《君子九思》现称为九思公族训。族训的主要内容如下：一视思明，意思是说“看事物要有远见，有洞察力，能明辨是非”；二听思聪，意思是说“听人说话要理解所说的意思，辨褒贬，不为谗言迷惑，不为蜜语动心”；三色思温，意思是说“举止要优雅，和颜悦色，平易近人，让人感到亲切体贴”；四貌思恭，意思是说“处事要谨慎谦逊，待人恭敬有礼”；五言思忠，意思是说“要说到做到，诚实不欺，尽心尽力，坚定不移”；六事思敬，意思是说“做事尊重人家意见，特别要尊重长辈的意见”；七疑思问，意思是说“与人相处若有间隙或猜忌，要问明原因，互交意见，争取和睦团结。学术上有疑难处，要提问请教，追根究底，彻底理解”；八忿思难，意思是说“遇受屈和不称心之处，愤怒将发，应当忍耐，平心静气地想想，应不应该发怒，后果会不会难以收拾或带来灾难”；九得思义，意思是说“要守公道，求近人，能得到的财物获取以前想想，是不是符合道德，应不应该取得，否则不能随便接受”。从《君子九思》中，可以看到九思公希望子孙后辈做一个谦谦君子的拳拳之心。

新叶村的祠堂，既是祭祀中心，也是礼仪活动中心，更重要的还是娱乐中心。在乡村里，请戏班子演戏，是群众娱乐活动主要的内容，何况新叶人有自己的“昆腔”艺术。耳声目色，行舞动歌，既能从中悟出国之兴、家之盛的大道理，也可点明友须义、子必孝的好言行。

【昆曲展示馆】

新叶村历史悠久，文化积淀十分丰厚，保留着许多传统文化的“活化石”，如三月三祭祖庙会、新叶草昆班社等非物质文化遗产。

昆曲被称为中国的“百戏之祖”，已经被联合国教科文组织批准为第一批人类非物质文化遗产。昆曲起源于元朝末年，兴盛于明嘉靖年间（1522—1566），清中叶后逐渐衰落。在漫长的演变过程中，形成了许多支派，同时，许多昆曲剧目保留在地方戏，如京剧、徽剧、婺剧中。旧时金（华）、衢（州）、严（州）地区流行的昆曲被称为“金昆”，亦称“婺州昆腔”“金华草昆”。新叶村位于金衢严三府交界处，正是金昆盛行之地。早在晚清时，新叶村已有自娱自乐的昆曲坐唱班、太子班出现，并组织了班社，名义庆班（会）。义庆班兴盛时，能演《折桂记》《金棋盘》《通天河》《火焰山》《九曲珠》《白蛇传》《花尾龙》等11本大戏，还能演《雪里梅》《石洞伏虎》等折子戏，也能演《糟糠》《寄子》《刺虎》等正昆常演的折子戏，可以连演五天六夜而不重复，可见其戏码之多，已具有相当的水平和实力。义庆班演出的剧目多翻多打，场面热闹喜庆，折子戏也讲究热闹和诙谐有趣，适合农村的审美需求。昆曲的唱腔和讲白也做了一些改进，加快了节奏，并糅合进了本地的语言，因而显得比较质朴粗犷，深受农民观众的喜爱和欢迎。后来，随着义庆班演员逐渐老去，新演员后继乏人，新叶昆曲也渐渐鲜为人知。

改革开放以后，随着对新叶古民居的重视和保护，新叶草昆的生存状态也引起了有关方面的关注，经过抢救和发掘，新叶昆曲已被批准为省级非物质文化遗产项目，省市文化部门不断派人来调查指导，一些老艺人重新拿起了琴箫鼓板，找来了深藏的唱本曲谱，恢复了演唱活动，令人高兴的是，还在村中物色了一些好的文艺苗子，教他（她）吹拉弹唱，成立了非遗新叶昆曲传承基地。昆曲还走进了小学课堂，被编进了样本课程，老艺人们被请去给孩子们授课。为了弥补五六十年的断档，有关方面将新叶昆曲与邻村的汪山婺剧团进行了“嫁接”，成立了新叶昆曲婺剧团，借助汪山婺剧团的实力传承新叶昆曲，在绚烂的春风里，新叶昆曲这朵兰花将重新绽放它的芳姿。

新叶昆曲馆展示了相关文物、服装道具，大家可参观浏览一下。

【崇仁堂】

这是新叶最大的分祠堂——崇仁派的崇仁堂。这个分祠是叶氏第八代长房建的祠堂。整幢建筑坐南朝北，始建于明宣德元年（1426），一共有四进，用过厅堂楼相连，总进深有61米。崇仁堂派也是村里人丁发展最兴旺的一个支派，占全村近三分之一人口。

从堂内众多的古匾额就可以看出其人才辈出，现在这一支更是出了5名博士。这块“法学士”的匾额，是中华民国驻日本国全权大使汪燮为当时在日本东京法政大学获得“法学士”学位的叶金、叶桐所立的。

新叶村是一个相对封闭的村落，有很严的家规，而且族规规定，同族人有矛盾不能打官司，要讲究和解，讲究和谐，有问题就到崇仁堂里来解决，所以崇仁堂相当于是一个“家族公堂”。这在当时也是不合法的，私设公堂是要株连九族的。叶氏家族曾有个崇八公，是方圆数十里的富翁，他用了48两黄金建了这个祠堂，还在大堂里用了湖砖铺地，当时这种湖砖是专门供应给皇家的，崇八公用了湖砖铺地已经超出了当时朝廷规定的老百姓造房子的规定，也就是犯了王法。村子对面有一个姓包的侍郎官，看中了崇八公美若天仙的女儿，仗着自己是京官，就差了个奴才为他的儿子来崇八公家求亲。崇八公为人正直，看不上游手好闲、不学无术的包公子，就对媒人说了句：“虎女焉能嫁犬子。”这句话得罪了包侍郎。包侍郎见求亲不成，心生报复，于是一纸状书把崇八公告到了衙门，罪状有二：一是私设公堂；二是青砖铺地。于是，衙门派人来查，好在有人给崇八公通风报信。崇八公得到密报，马上找来家丁连夜把地砖全部敲碎，撒上灰尘做旧。官差来检查的人，没看到青砖铺地，也没看到堂内第二、三进有台阶，不是公堂的建筑格局，最后断定这个不是私设公堂，崇八公逃过一劫。

公堂里一般都悬挂着“明镜高悬”匾额。崇仁堂因为是“私设公堂”，所以不敢明目张胆地悬挂“明镜高悬”匾额。但崇八公很聪明，他设置了这两口日月天井，就把“明镜高悬”的意境给表现出来了。请看，右边这个是日天井，左边这个是月天井，日月就是明镜的明，天井里有水像镜子一样倒映上去，所以叫“明镜高悬”。在最后一进的两边还有男女水牢，男左女右，有祖宗牌位，犯了重大错误的人就被关在这里对着祖宗牌位面壁思过。

最后的一进是后堂（人称前厅后堂），本族有重大事项均在这里商议决策。两边是存放祖宗灵位的香火堂。

出了大门往右边小巷子里走，有碾坊和酒坊，有兴趣的朋友可以进去参观下。

【双美堂】

这是一处保存得比较完好的民居——双美堂。从建筑风格上看，是典型的徽派建筑。八字形大门楼和八字形墙上的壁画、回字格都显示了古建筑的美学观点，显示出主人的高贵和富有。双美堂是对合型建筑，由正房、侧房、前花园、后花园等组成，建于民国初年，是大户人家的民居。

双美堂的前花园墙上壁画这个“福”字，是个意形字，一边是鹿，一边是鹤，代表着福、禄、寿、喜，上面一朵富贵牡丹。整幅图案构成富贵万福之意。两棵松柏意喻松柏长青。这是一个水池，既用于养鱼，又可以防火。

大门的上方写着“耕读传家”四个字，这是这家主人治家的座右铭。抓好农耕、发展经济，培养子弟，读书进取，道出了主人治家、发家之道。天井在古建筑中主要起采光的作用，但又有另外一层意思。天井可以使整座房屋的水向内流，叫“四水归一”，按金木水火土五行之数，水代表财，“四水归一”意喻着财源滚进，四季发财。天井四周四根柱子是四种不同的木料，分别是柏木、梓木、桐木、椿木，意喻着百子同春、人丁旺盛。天井的雕刻很精细，牛腿由八洞神仙组成，有九赐宫、百寿图等、四周是牡丹图案，我们又称它是“牡丹厅”。

这座民居是前后三开间。前三开间分别由中堂和东、西厢房组成。中堂或正堂，用来接待宾客，其装饰布置更为讲究，展示了主人家的富贵。中堂里有搁几、八仙桌、太师椅、圆桌等摆设。特别值得一提的是这张木制的可以转动的圆桌，据说造这张桌子，花了300多个工日才完成，所以它又叫百工桌，也叫“金鸡独立”，两旁的太师椅和茶几都已有300—400年的历史了。东、西厢房一般是主人的卧室或者书房。楼上就是千金小姐的闺房。封建社会讲的是男女授受不亲，千金小姐长年累月地生活在闺楼上，是不能与外面人见面的。她的主要活动是绣绣花、学学针线女红之类。当然，千金小姐也可以到楼下来活动活动，千金小姐主要活动的场所是后花园。这张紧靠水池的长靠椅，叫作“美人靠”，专供千金小姐就座的。池中养有鱼，花园有长廊，有假山，有各色花卉。千金小姐可以在这里观观鱼、散散步、看看花，但就是不准外出。“帘卷西风，人比黄花瘦”是千金小姐后花园思春的真实写照。后园门处有一座吊桥，这吊桥在一般情况下是不准通行的。这是主人家防止那种私订终身后花园的事情发生，而坏了门风。从这些布局我们可以看出，封建礼教在民居建筑中的真实体现。

【西山祠堂】

西山祠堂是新叶村最早的祠堂，也是玉华叶氏的祖庙。初建于元代，现为清乾隆十一年（1746）重建的，并命名为“万萃堂”。

西山祠堂为玉华叶氏的总祠，按当地的习惯，只有合族总祠才能称为祠堂，分支祠均称为大厅。祠堂下属大厅多，是人丁兴旺、家族昌盛的象征。西山祠堂是由三世祖叶克诚即东谷公主持兴建的，西山祠堂在新叶所有的祠堂里地位最高，但它的建筑并不是很华丽，三开间，两进大厅，是一个回字形的建筑。西山祠堂以前只有发生重大事情才开大门的，是以九思公为首的家族族长会集商议解决家庭重大事情的地方，另外还用于春冬二祭。

中堂里挂的四幅画像，分别画着叶氏的四位祖先。这一位是中国叶氏的始祖——叶公。叶公，字子高，姓沈名诸梁。大约生活于公元前550年至公元前470年，春秋晚期和战国初期的楚国人，是楚庄王的曾孙，为楚国王族旁系支亲。因受封在叶邑，做了叶县尹，楚国人尊称县尹为公，叶公称呼由此而来；这位穿红袍的，他是叶氏第41代子孙叶公，他是从河南迁到杭州西山脚下居住的，是浙江叶氏的先祖；这位就是承超公，他从杭州搬到建德寿昌湖岑畈居住，是建德叶氏的祖先；第四位就是我们新叶的始祖叶坤，他在南宋嘉定元年（1208）从湖岑畈入赘新叶娘舅夏家，后来由此繁衍成新叶村的。

祠堂内堂有一尊塑像，他是新叶第三代世祖叶克诚。他对新叶村的发展有四大贡献：一是选村址，二是修水利，三是办学堂，四是造祠堂。可以说，新叶村的布局与他息息相关。西山祠堂中，最有价值的就是叶氏族谱。这里保存了12箱23卷叶氏完整的家谱。族谱是宗族文化的标志，更是一个家族的变迁史。

新叶村在建筑学、美学和社会学中具有极高的研究价值。先后有中国艺术节基金会、清华大学、中国美术学院、同济大学、中国汉唐画院、青岛理工大学、浙江摄影家协会杭州师范大学等机构在此设立写生创作基地。同时，在新叶古村还设有亲子乐园，游客可参与烧土灶、烧烤、磨豆腐、编草鞋、摸泥鳅、钓龙虾等活动，是开展研学和新劳动教育的好地方。

（蒋祖云）

南峰塔

【导游内容】

南峰塔概况—巽峰牌坊—孟浩然吟诗处—严陵文化碑廊—先贤堂—梅苑—南峰塔

【南峰塔概况】

南峰塔景点与北岸的北峰塔景点隔新安江耸立，共同构成“双塔凌云”景观，是严州古城景区中重要的一个文化景点，是全国重点文物保护单位。南峰塔景点主要由孟浩然吟诗处、严陵文化碑廊、先贤堂、南峰塔等组成，共有三大特色：一是瞻仰名人名诗名画，了解严陵文化；二是登宝塔，观三江交汇绚丽风光；三是破解塔顶古树生长之谜。

【巽峰牌坊】

大家首先看到的是一座石牌坊，上有“巽峰”两字。“巽”是八卦卦名之一，“巽为木，为风”，而从方位上看，巽指的是东南方。以严州古城为中心看，南峰塔位于城市的东南方向，因此“巽峰”就是指“南峰”。这两个篆体字是由中国美术学院教授、著名书法家刘江先生所题，牌坊石柱上凿有书法家钱定一先生写的楹联：

光孝禅林、尚留山址；

南峰古塔，永峙江滨。

光孝禅林指南峰塔下的光孝禅林寺，又名“天宁寺”。它始建于北宋庆历年间（1041—1048），历代曾多次重修，最后一次修建于清光绪二年（1876），该寺毁圮于“文化大革命”期间，故上联称之为“光孝禅寺，尚留山址”；而下联说的是：南峰古塔，永远耸立在新安江畔。石坊背后的匾额为“钟灵毓秀”，楹联为“龙山紫气凝佳气，鹊水萦回拥古城”。这副楹联是描写严州古城山水风光之胜的，由中国著名书画家谭建丞先生所书。

【孟浩然吟诗处】

这里称为“鹊淇头”，因唐朝诗人孟浩然曾泊舟于此，并写下了那首传世之作《宿建德江》而闻名，故这里又称为“孟浩然吟诗处”。当然也有人认为孟浩然吟诗处在乌石滩一带。

孟浩然（689—740），字浩然，湖北襄阳人，唐代著名的山水田园诗派诗人，他与诗佛王唯齐名，世称“王孟”。孟浩然年轻时曾一心参加科举，期盼一朝为官，报效朝廷。但由于屡试不中，所以后来归隐山林。唐开元十八年（730），年届中年的孟浩然开始第二次壮游吴越。他这次的旅行路线是从襄阳出发到武昌，再顺长江而下到扬州，然后从扬州沿京杭大运河到杭州，再从杭州逆流而上经睦州到徽州，最后返回家乡。他到武昌时，恰遇诗仙李白。李白当时是孟浩然的“粉丝”，遇到孟浩然十分欣喜。在孟浩然要离开武昌到扬州时，写下了《黄鹤楼送孟浩然之广陵》一诗。这首诗大家都耳熟能详：“故人西辞黄鹤楼，烟花三月下扬州。孤帆远影碧空尽，唯见长江天际流。”开元十九年（731），孟浩然在杭州钱塘江畔欣赏过钱塘江大潮后，溯江而上，经富阳、桐庐到达这里。孟浩然乘船到这三江交汇之处，已是傍晚，他看到夜色已经降临，皓月高挂天空，从船头遥望，天空无限，旷野无垠，江水清澈，月映水中，一幅空旷茫远、清丽幽柔的夜江图景。这种美景与他独在异乡、仕途无望的心情形成鲜明的对比。于是，他挥笔写下了那首著名的诗篇——《宿建德江》：

移舟泊烟渚，日暮客愁新。

野旷天低树，江清月近人。

这是一首五言绝句，也是孟浩然的代表作。该诗现收录于小学课本，其影响十分深远。目前，建德推出的山水实景演艺《江清月近人》就是以孟浩然的诗句命名的。可以说，孟浩然是建德的形象代言人。

【严陵文化碑廊】

南峰塔景区是一处以弘扬严陵文化为主题的风景区。严州古城是一座历史悠久的古城，以州府文化、名著文化、军事文化、诗路文化等闻名。除严州古城的历史遗址外，南峰塔是展示严陵文化重要的一个窗口。首先让我们来欣赏一下“严陵文化碑廊”。严陵文化碑廊长达60米，两侧墙上镶嵌着江西太和石凿刻成的高1.4米、宽0.6米的石碑38方。其中，文献地图7方，景名题书2方，山水画5方，古人咏严陵锦山秀水的诗文22方。

这墙上有2幅文献地图：《建德府内外城图》《建德府子城图》。他们均出自南宋《淳熙严州图经》。我们可从这两幅地图上密集的建筑群、众多的集市，大略看出宋代严州府的繁荣景象。大家知道，南宋定都在临安（今杭州市），而严州古城距杭州仅130千米水路，沿便捷的新安江—富春江—钱塘江顺流而下，一天就可抵达，因此严州成为京都屏障，有“严州不守，临安必危”之说。可见，严州在南宋时地理位置的重要性，而他的繁荣也就可以理解了。

我们重点来欣赏一下诗碑。据统计，在严州古城近1800年的历史长河中，吟咏严陵山水的诗人有770多名，诗作4800多首，是钱塘江诗路文化带上的核心。从这浩如烟海的诗文中，旅游部门选择了在历史上文学地位较高、知名度较大的诗人20余人，将他们的歌咏严陵风光的代表作镌刻在这碑廊上，供游人欣赏。因此，这些诗碑的突出特点是“精”，是“名人名诗名书法”。

名人大多是历史地位和社会知名度十分高的，分别有谢灵运、沈约、孟浩然、李白、崔颢、李频、刘长卿、范仲淹、陆游、张伯玉、宋维藩等。所谓名诗，指的是这些诗篇均是写严州山水的传世之作，有孟浩然的《宿建德江》、杜牧的《睦州四韵》等；所谓“名书法”指的是书写这些诗词佳文的都是现代著名书法家，分别有沙孟海、苏步青、沈鹏、赖少其、李铎、郭仲选、施南池、欧阳中石、周而复、陈大羽等。名人名诗名书法，使这个文化碑廊具有崇高的观赏价值。欣赏名人书画，诵读古人诗文，体会诗情画意，堪称是人生的一大乐趣。

【先贤堂】

看完了碑廊，请大家随我到先贤堂。前面已介绍，在梅城发展的历史长河中，曾涌现过许许多多政绩显赫的代表人物。后人为纪念他们的业绩，建立“先贤堂”以供后人铭记他们的名字，瞻仰他们的业绩。“先贤堂”中共塑有5个历史人物，让我一一来介绍。

第一座立于正中的为建德侯孙韶。看过《三国演义》的人都知道，孙韶（188—241）字公礼，梅城人，本姓俞。“小霸王”孙策见他善用兵，便收为义子，赐姓孙。魏黄初三年（222），孙权称吴王，因孙韶英勇善战，有谋略，战功显赫，封孙韶为扬威将军，赐爵建德侯。东吴黄武四年（225），建德设县，建德县便成为孙韶的封邑。“建德”两字的含义是建功立德的意思。大家也许知道：孙权创建吴国，建都“建业”（今南京市），“建业”的含义是“建功立业”。“建德”与“建业”之名一脉相承，这充分体现了孙权对孙韶的依赖和倚重。现严州古城仿古一条街上就立有“建德侯”牌坊。至今，孙韶的后代仍居住在建德境内。

右边第一座为唐朝杜牧的塑像。杜牧（803—854），字牧之，京兆万年（今陕西省西安市）人。晚唐著名文学家、诗人。诗与李商隐齐名，号称“小李杜”，以区别盛唐时的李白、杜甫。唐会昌六年（846）由池州移昌任睦州刺史（刺史在唐朝时为州府的行政长官）。在睦州任内，杜牧重农桑，改革盐政，颇有政绩。并写下不少讴歌严陵山水的诗词。最著名的是《睦州四韵》一诗：

州在钓台边，溪山实可怜。
有家皆掩映，无处不潺湲。
好树鸣幽鸟，晴楼入野烟。
残春杜陵客，中酒落花前。

右边第二座为唐代刘长卿的塑像。刘长卿（约726—约789），字文房，河北河间人。中唐诗人，唐开元间中进士，官监察御史，两次被贬。大历十一年（776）贬为睦州司马。他在睦州城外碧涧（今碧溪坞）筑有“碧涧别墅”，经常在此接见来访的诗人好友，写出了《碧涧别墅喜皇甫侍御相访》等多篇诗文，讴歌睦州山水之美。他擅长五言诗，自称为“五言长城”，与钱起、皇甫冉等号称“大历十才子”。

左边第一座为北宋范仲淹的塑像。范仲淹（939—1052），字希文，苏州吴县人，北宋政治家、文学家、思想家。景祐元年（1034）因反对仁宗废郭后，被贬为睦州知州。在睦州任内他大兴学校，建龙山书院，修严先生祠堂，并作《严先生祠堂记》，政绩卓著。离任后，人们曾在府治内建有“范公祠”一座，以资怀念。范仲淹一生仕途坎坷，但他忧国忧民，为“封建名臣”之典范。他的“先天下之忧而忧，后天下之乐而乐”的思想，一直为后人所传颂。现在，严州古城仿古一条街上有“思范”牌坊一座，就是为了纪念这位先贤的。

左边第二座是南宋陆游的塑像。陆游（1125—1210），字务观，号放翁，越州山阴（今绍兴市）人。南宋爱国诗人。因主张收复中原、抗击金兵，故应进士试时，便遭奸臣秦桧忌恨，二将考中皆被除名，甚至受到迫害。62岁时，陆游出任严州守臣，在任三年，著有《丁未劝农文》《戊申劝农文》两篇，鼓励农耕，对发展当时农业生产有一定的作用。同时，他还编辑并刻印了《剑南诗稿》，以表达自己忠君爱国之情。陆游的曾祖父陆轸、小儿子陆子遹也在严州任过州官，一门三陆守严州，传为佳话。陆游手中拿的是桑叶，表明陆游对农业很关心。

【梅苑】

严州古城现名梅城，又称“梅花城”，梅花城的得名并不是因为城内梅花树多，而是临江一段城墙雉堞呈梅花形而得名。现在，当地政府在临江地段恢复了梅花城的原貌。但要看真正的梅花，还需到南峰塔下的梅苑来。梅苑面积5亩多，种植着白梅、红梅、青梅、花梅、蜡梅等50多个品种，每年冬末春初，梅花绽放，争妍斗艳，游人接踵而至。探梅的日子，是南峰塔景点最热闹的时节。“南峰探梅”现已成为当地人的一种习俗。

【南峰塔】

展现在我们面前的就是南峰塔。南峰塔为八面七级楼阁式砖塔，分三个部分。塔基为条块垒砌，直径为8.6米；塔身通高35米，底层有四个门洞，二层以上各层有四个窗洞，错列排列，层高逐层降低，塔体外壁，檐角微微起翘；塔顶为塔刹，由葫芦形金属制成。该塔在宋《景定严州续志》上有记载，但到底始建于何时，却没有明确记录。民间传说，该塔始建于三国，由孙权母亲吴国太所建，后毁于战火，曾屡毁屡建。现存宝塔为明嘉靖二十五年（1546）重建。2019年，该塔被列入全国第八批重点文物保护单位。

南峰塔最神奇的就是塔顶生长着一棵郁郁葱葱的古树，高数米，宛如一顶绿伞插于塔顶，树叶繁茂，历经风雨，繁盛不衰，蔚为壮观。这棵树怎么会生长在塔顶的？它到底是什么树？这至今是个谜。民间传说这是一棵桂圆树，由神鸟从王母娘娘瑶池旁的桂圆树叼来一颗种子落在塔顶而生长的；据林业部门考证，南峰塔顶的这棵树是黄连木，树干基部合围直径0.5米至0.6米，树龄在120—250年。据推测，这棵树是由飞鸟衔黄连木种子落入塔顶缝隙，靠着塔顶的鸟粪、灰尘和砖石风化的沉积物汲取营养而逐渐长大的。黄连木生长比较慢，平地生长每年就长0.3厘米，由此可见，这棵树能长如此粗大，着实是个奇迹。

严州古城共有两座宝塔，分别是南峰塔和北峰塔。大家从这里看北峰塔，只见它高高耸立在对面的山巅之上，十分显眼。北峰塔又名卯塔，现存宝塔为明嘉靖二十七年（1548）重建，它塔身通高29米，外观为六面七层，内为六层，每层设有阑额，转角均有腰檐，以四层楼牙叠法出檐起翘。塔内有砖砌中心柱，自第一层至第五层顶部，中心柱与塔内部构成过道，由第一层南门进入，向西折北，按顺时针方向盘梯至塔顶。南北双塔隔新安江而立，共同构成古严陵八景、今新安十景之一的“双塔凌云”景观。据传，

双塔凌云

“双塔凌云”景名由明朝江南四大才子之一的唐伯虎所取。有一年春暖花开时节，唐伯虎慕名游富春江—新安江，见这里山、水、林、塔巧妙组合，人工天然融为一体，互为陪衬，构成一幅绝美的画面，连连赞叹：“壮哉！壮哉！双塔凌云！”并欣然画了一幅“双塔凌云”画。从此之后，双塔凌云一景便名扬天下。

当地人习惯称“双塔”为“夫妻塔”。数百年来流传着一则催人泪下的爱情故事。相传很久很久以前，严州古城北面乌龙山麓有一樵夫，每天以砍柴为生，而城南新安江上有一渔姑，以打鱼为生。两人几乎天天见面，日久生情。但渔姑是新安江中的“九姓渔民”，在那个年代，九姓渔民是“贱民”，他们不准上岸居住、不准读书应试、不准与岸上人通婚。因此，樵夫和渔姑的爱情为世俗观念所不容。樵夫和渔姑便在一个月明星稀的夜晚私奔，但他们马上被人发现了。“生命诚可贵，爱情价更高”，在迫不得已的情况下，他们投江自尽，为爱牺牲了宝贵的生命。后人感怀他们的精神，就建塔以示怀念，北峰塔代表樵夫，称“夫塔”；南峰塔代表渔姑，称“妻塔”。每当月明星稀、江雾如纱的晚上，夫塔妻塔隔江对歌。民谚中就有“北峰高唱南峰答”之句。因他们投江殉情的时候为农历端午节，所以当地人每年端午节都有登塔凭吊的习俗。

也许有人会问：当地人为什么对南峰塔屡毁屡建呢？要回答这个问题，我们首先要知道塔的起源与用途。塔起源于印度，最早是为了埋葬佛的舍利用的，故又称佛塔，也叫浮屠。佛教中有“救人一命胜造七级浮屠”之说。佛教传入中国后，与中国文化相结合，塔的用途就开始多样化了。除佛塔外，用于军事的叫瞭望塔，有用于登高览胜的风光塔，有用于镇风水的风水塔等等。南峰塔和北峰塔均位于新安江两岸，风光旖旎，称之为风光塔是合情合理的。但事实上，它们本质上属风水塔。据明朝《重建卯巽二塔记》记载：由于严州有双塔在，因而人才辈出，宋有詹公骙、方逢辰、明有商辂等三个状元，更有数百名进士。但到明嘉靖年间（1522—1566），人才萎缩，科第不举，究其原因，是因为双塔倒塌之故。重建双塔目的是祈求文运昌盛，以求取“卯巽二峰重建塔，状元从此冠群英”的风水效果……这篇《重建卯巽二塔记》碑文就矗立在南峰塔底层。这篇文章是明代才子鄢懋卿写的，洋洋洒洒上千言，写尽了建塔的目的、严州的四时风光和风土人情，可谓是一篇好文章。可惜的是鄢懋卿本人是个贪官污吏，是明朝奸臣严嵩的死党。也正由于他是个贪官，民国县志上就把这篇文章的作者改为大忠臣胡宗宪。大家看，这就是《重建卯巽二塔记》碑石，只可惜经岁月的洗礼，上面的字迹已模糊不清。但这篇文章在地方志及许多书籍上有记录，也确是一篇好文章。

俗话说：登高可以望远。登上宝塔，远处巍峨乌龙山，千年严州府，壮阔三江口等景观都可尽收眼底，美不胜收，让人赞叹不已。在这里，我重点介绍一下三江口。在古代，由于交通以水运为主，所以大凡二江或三江交汇之地都会形成著名的城市，如武汉、成都、宁波、南昌等等，严州古城也不例外。严州古城的三江是指新安江、兰江和富春江。大家看，新安江从徽州方向从西向东流，兰江从婺州（金华）方向从东南方向向西北而来，二江在严州交汇，然后折向东北而去，形成富春江。三江相汇，整体整体构成“丁”字形，这就是“严陵八景”之一的“两江成字”景观。唐代杜牧有“越嶂远分丁字水，腊梅迟见二年花”的名句，描写的就是这里的景色。三江交汇处形成三个区域，西侧是严州古城，南侧就是南峰区域，而东面就是三都。大家看，那组建筑群就是著名的三都渔村，是原九姓渔民栖居地，被誉为“九姓渔民第一村”。相传“九姓渔民”是明初陈友谅与其部将的后代，因为与朱元璋争天下失败，被贬入水上生活，划入“贱籍”，只能生活在船上，不准上岸居住，不准与岸上人通婚，不准读书应试……直到1969年，国家号召并制定政策鼓励“九姓渔民”上岸居住，他们才彻底告别江上儿百年的流离。所谓“九姓渔民”指的常年漂泊在新安江、富春江、兰江上的渔民，有陈、钱、林、袁、孙、叶、许、李、何九姓，三都渔村，就是原先飘零在三江口的“九姓渔民”上岸后的聚居地。他们还有个特有的婚俗叫九姓渔民水上婚礼，现在村里也推出了还原船上婚礼的旅游项目，整个婚礼有“接亲”“讨喜”“称嫁妆”“抛新娘”等九个环节，生动展现了水上渔民的生活情趣。“望古塔，游三江，扬帆七里醉渔家。”三都渔村就这般静悄悄地镶嵌在三江口畔。这里依山傍水，风景秀丽，现在已经打造成集网红民宿、网红酒店、酒吧咖啡、文创非遗、民俗活动、运动等体验于一体的休闲度假区。

（蒋祖云）

玉 泉 寺

【导游内容】

玉泉寺概况—放生池—照壁—天王殿—钟楼、鼓楼—观音阁—九莲朝圣—大雄宝殿—药师殿—阿弥陀佛殿—玉泉—菩提正果

【玉泉寺概况】

玉泉寺又名玉泉庵，当地人俗称石佛坳、石峰庵，始建于唐贞元十年（794），距今已有1200多年悠久的历史，在佛教界享有盛名，是建德市文物保护单位，是全国百大名寺之一。

玉泉寺由净土宗五祖少康和尚启建，名“善导和尚净土道场”。佛教自印度传入中国后，与中国本土文化进行融合，曾出现过许多派别，现在流行的主要有八宗：一是三论宗又名法性宗，二是瑜伽宗又名法相宗，三是天台宗，四是贤首宗又名华严宗，五是禅宗，六是净土宗，七是律宗，八是密宗又名真言宗。这就是通常所说的性、相、台、贤、禅、净、律、密八大宗派。玉泉寺由净土宗五祖少康和尚亲手创立，是净土宗十三个祖师道场之一，创建的时间早于杭州净慈寺。

玉泉寺在1000多年历史长河中，曾屡毁屡建。现存寺庙是1992年经杭州市批准重新修建的，2009年开始又对该寺庙进行提升改造。目前，玉泉寺由门坊、山门、天王殿、钟鼓楼、观音阁、大雄宝殿、药师殿、阿弥陀佛殿、东西厢房、藏经阁等建筑组成，总建筑面积达7000平方米，总规划面积300

亩，实际占地面积40余亩，是一座拥有名僧、名寺、名石、名泉、名景“五名”的佛教圣地。

净土宗以专修往生阿弥陀佛极乐净土为念佛法门，因东晋慧远大师在庐山东林寺结莲社，最早开始倡导，故又称“莲宗”。该法门以信愿念佛为正行，后人据弘扬净土宗的影响排列了“净土十三祖”。他们分别是慧远、善导、承远、法照、少康、延寿、省常、袾宏、智旭、行策、实贤、际醒及印光大师。玉泉寺的开山鼻祖——少康和尚名列五祖，称得上是真正的“名僧”。

今存玉泉寺寺名由原中国佛教协会会长赵朴初居士题写，山门上的对联“古寺无灯凭月照，山门不锁待云封”，由杭州市佛教协会会长、现灵隐寺方丈光泉法师所题。

【放生池】

佛教认为：诸余罪中，杀业最重；诸功德中，放生第一。因此为体现佛教“慈悲为怀，体念众生”的心怀，每一座佛寺里都建有放生池，鼓励信徒将各种水生动物如鱼、龟等放养在这里。佛教信徒放一次生就积一次德，象征了“吉祥云集，万德庄严”的意义。这座放生池将玉泉水积聚于此，池水清澈。池中有一尊白色观音，她端立在莲花宝座上，慈祥地注视着芸芸众生。玉泉寺的放生池中除有鱼、龟等外，有2种特殊的生物：一是平底螺蛳，二是半边焦鱼。这都是当年少康和尚亲自放生的。传说，少康和尚刚在筹建玉泉寺时，看到当地百姓都喜欢剪去螺蛳的尾巴，炒螺蛳吃，也喜欢把鱼烤着吃。他慈悲为怀，把剪去尾巴的螺蛳和已烤了半边的鱼买下来，放生在这玉泉水中。想不到，这剪去尾巴的螺蛳和半边焦鱼却活了下来，并繁衍了后代。于是，这玉泉寺放生池中就有了“平底螺蛳”和“半边焦鱼”。

【照壁】

这是照壁，照壁上“南无阿弥陀佛”六字就是净土宗持名念佛修行所念诵的佛号。南无是印度话的译音，应该念“那摩”，意思是归投、依托、敬礼。“阿弥陀佛”是无量光佛无量寿佛的意思，也可称为光寿无量，意为具有无量智慧与福德的佛。“南无阿弥陀佛”的意思是我们归投阿弥陀佛为祖师，处处学习阿弥陀佛的样子，求他超度我们。整块照壁指红尘与佛界隔开的意思，就是说进入了照壁区才真正地进入了佛门境地。另外，照壁还是一面风水墙，就是好风水不往外流的意思。在这里，我把敬香礼佛的一些基本知识向大家介绍一下。

首先说选门进。寺庙建筑都有许多道门，从哪一道门进入都有讲究的。据说只有开了光的寺庙才有资格修十三道门。正中间的三道门，才是供人出入的。普通游客，进门只能走右边的那道门，中间那道门叫空门，只有出家人才可以出入的。进门时，女客先迈右脚，男客先迈左脚，都要注意，一定不能踩在门槛上，而且这步子，需迈得越大越好。

其次是烧香叩头。一般来说，佛教礼仪中讲究的是先烧香再叩头。烧香的话，应该是左手拿香，右手拿烛，因为常人用右手杀鸡剖鱼，如果是左撇子的话，则反之。烧香时，先点燃香，要越旺越好。烧香的数量也有讲究，一般来说：烧三炷香是为自己祈福，烧六炷香是为两辈人祈福，烧九炷香是为三代人祈福。而烧十三炷香是一个极致，烧十三炷香就是功德圆满的高香。烧香的姿势也有具体要求。标准姿势：左手在上，右手在下握住香，高举过头顶作揖。作揖后，把香插在香灰里，就可进门叩头了。叩头的话，要认准佛祖菩萨或罗汉。比如，你不能向地藏菩萨一阵猛叩头。

最后是跪拜的礼仪。跪拜的姿势是这样的，双膝跪在蒲团上，双手合十，注意，这个双掌合十要注意手心处呈空心状，高举过头顶，向下至嘴边停顿，可许愿，再向下至心口，默念，再摊开双掌，掌心向上，上身拜倒。

祈福还有一个仪式叫“开光”，当然是由得道高僧来主持最好。平时开光的东西置于家中，须得初一、十五净手焚香，否则为不敬。但如果是很特殊的开普光，则不同，开光的物件可随身携带。供开光的物件只能是象牙、金或玉制品。

把开光的物品和写上被祈福人的姓名和生辰八字（记不住生辰八字亦可不写）的纸用红纸或红锦囊包好，递上随喜一份（最好是以三六九数字相关），请大师帮忙开光。言语需恭敬，否则冒犯了大师，不给你开光。

开光的过程是把所有的开光对象放于一托盘，置于佛前，大师念经数篇，即算是佛光普照。你的开光对象因此而赋予灵气与法力，可以带在身边保佑你了。

好了，接下来，我们登上这100多级台阶，进入天王殿。

【天王殿】

天王殿是山门之后的第一重殿。殿内正中佛龛中供奉的是天冠弥勒菩萨，这有别于其他寺院塑造的布袋和尚的形象。弥勒菩萨名“阿逸多”，是释迦牟尼佛的弟子。佛教认为他是释迦牟尼佛后的未来佛。他的形象有两种：唐宋以前为菩萨形象的倚坐式；另一种是按五代时的和尚“契此”所塑的弥勒菩萨，即常说的大肚弥勒。殿两侧分列着四大天王，俗称四大金刚，是护持佛国安宁的护法大神，属于天龙八部中的天部。四大天王各护一方，即须弥山的四大部洲，故称护世天王。他们手持的法器通过谐音和联想分别象征着“风调雨顺”。这尊手持青锋宝剑的是南方增长天王，“锋”和“风”同音，增长的意思是能令众生增长善根，持剑是保护佛法不受侵犯；这尊手握琵琶的，称东方持国天王。手弹琵琶而没有弦，说明需要“调”音，他的职责是用音乐感化众生，使他们皈依佛门；这是守护北方的多闻天王，他手擎雨伞样的宝幢显示“雨”，用以制服魔众，保护众生财产；这最后一尊是西方广目天王，他手缠龙蛇，能用净天眼随时观察世界，护持众生。他是群龙的领袖，众龙都顺从他。这四大天王合起来的寓意就是“风调雨顺，国泰民安”。这尊背靠弥勒佛，手持降魔杵的是护法神将韦驮菩萨。按佛教寺院规矩，韦驮面朝大雄宝殿的释迦牟尼，意为“执法护法，驱除邪魔”。

【钟楼、鼓楼】

东面这座建筑就是钟楼，内悬寺院中的巨钟。这一口梵钟，由青铜制成，高2.6米，直径1.5米，重4000公斤。梵钟又称大钟、钧钟、撞钟、洪钟、鲸钟、蒲牢、华鲸、华钟、巨钟，是佛教东来、寺院兴起的产物，作为召集大众或早晚报时之用，如《敕修百丈清规·法器章》云：“大钟，丛林号令资始也。晓击则破长夜警睡眠；暮击则觉昏衢疏冥昧。”其所发之音或称鲸音。钟体铸有《大悲咒》经文一篇。在钟楼下供奉着玉泉寺的开山鼻祖——少康和尚。关于少康和尚，史书上记载不多，但关于他的传说非常多。

少康（？—805），俗姓周，唐缙云（今浙江省缙云县）仙都山人。仙都是一处著名的风景区，有一座拔地而起的石峰，形似巨鼎，因峰顶有池贮水，故名鼎湖峰，相传黄帝于此修仙得道，飞升而去，故此地极有灵气。一天夜里，少康之母罗氏梦游鼎湖峰，有一仙女捧青莲送给他，对她说：“此花吉祥，现寄存在你家，日后当生贵子，你一定要珍惜保管好！”后来罗氏果然怀孕生少康，诞生之日，青光满室，室内飘溢着莲花的芬芳香气。少康幼年时长得碧眼朱唇，皓齿明媚，一坐下就开口微笑，但从不开口说话，乡里中会看相的人说：“这个孩子将来必是将相之才。但他不开口说话，我也就难以下结论了。”七岁时，父母抱着他到当地灵山寺游玩，这天正好是如来佛的生日，大家都去朝拜佛祖，瞻仰佛容。母亲指着佛像问他：“你认识他吗？”小少康忽然说：“这是释迦牟尼佛。”父母和周围的人都感到十分奇怪——从来不说话的孩子怎么见到如来佛忽然就开口了呢？父母认为这孩子生来就是佛缘，于是把他送到寺庙出家当了小和尚。小少康聪慧好学，到15岁，已经诵读了五部经典。后来来到越州（今浙江省绍兴市）嘉祥寺受戒，并在那里学习毗尼之法（佛教戒律）。五年之后，又往上元（今江苏省江宁区）龙兴寺，听《华严经》《瑜伽论》等佛经。

唐贞元元年（785），少康到河南洛阳，来到了著名的佛教圣地白马寺，在一个佛殿里，他见到一物闪闪发光，就问是什么宝物？白马寺的寺僧告诉他，乃《善导行西方化导文》。善导（613—681）是初唐时临淄人。幼年出家，贞观十五年（641），赴西河玄中寺，从道绰习净土法。著有《观无量寿经》《往生赞》等，一生用所有施财“写《弥陀经》十万卷，画净土变相三百壁”，他的弟子中有一天念佛万声甚至十万声者，有念诵《弥陀经》10万卷甚至50万卷的。善导也被信众们尊为“弥陀化身”，是净土宗的实际开创者。

少康见了此宝卷经文，口中喃喃发誓：“我若与净土有缘，这卷宝物经文当重放光芒！”誓言刚讲完，经文果然又发出闪闪金光，金光中还出现许多菩萨，于是少康来到长安，前往善导修行、圆寂的光明寺，来到挂有善导遗像的影堂，虔诚礼拜。善导果然现身，对他说：“你按照我的教导去做，一定能够利乐众生，同生安养。”少康深受启发，便往南行，来到江陵（今湖北省荆州市）果愿寺，果愿寺的一位法师对他说：“你的缘分不在这里。你应该去往南方，直接去新定郡（睦州）弘法，你的缘分在那里呢！”说完就不见了，只见一道香光往西而去，少康望西拜伏，按照佛的指示，来到睦州（今建德市梅城镇）。到得睦州城内后，沿街化缘乞讨，讨到钱后就让小孩叫“阿弥陀佛”，叫一声，送一个小钱。一个月下来，念佛号的孩子越来越多，小钱远远不够，少康就给叫得多的人送钱。一年以后，睦州城中的男女老少都来找少康念阿弥陀佛。于是，少康在城北乌龙山建净土道场，筑坛三级，信徒们午夜赶往山上，唱赞二十四契，称颂西方净土之邦。每逢斋日，皆到法坛下聚会，信众多达3000余人。少康登上法坛，让男女弟子们跟着他高声念诵佛号，他还让弟子们看着他的面容念佛。他说：“我念一声佛号，佛就从我的口里吐出来；我连念十声，就有十佛。有谁见过佛身，就可以往生极乐世界。”四众都盯着少康面门，看他连声念佛，果然佛从口出，连诵十声，十佛连珠而出。少数未见到佛影的弟子，都自愧持敬不足、功夫不够，此后更加用功念佛。而亲近者则更坚定了信佛的诚心。少康的这个方法，收效很大，在当时掀起了念佛以求生净土的热潮，念佛法门广为普及，净土宗得到了迅速的传播。唐贞元二十一年（805）十月，少康知逝时已至，告诉身边的人，身体很疲惫，并极力劝勉他们急修净土：“当年净土，起欣乐心；于阎浮提，起厌离心。”言毕，结跏趺坐，周身放光明而逝。当时，天气骤变，狂风四起，百鸟悲鸣，乌龙山也一时变白。遗体火化后，弟子们为之建舍利塔于州东台子岩。因为葬于台岩，因此又称之为“台岩法师”。后来时间久远，舍利塔只剩座基方石，石傍之土，相传可以治病，州民生病，多来此焚香取土，煎汤服下，多有灵验。因为采挖的人多了，台座四周竟如同被车轮轧过一般，出现深深的沟痕。五代后汉乾祐三年（950），天台山德韶禅师为之重建舍利塔，时人称之为“后善导塔”。历史上的玉泉寺有专门的祖师殿，现重修寺庙，将祖师供奉在钟楼中。佛教认为："闻钟声，烦恼清，智慧长，菩提生。"意思是说撞钟可去烦恼。在此，我衷心地祝愿这吉祥的钟声能给各位驱除烦恼，一路顺利。

西面这座建筑为鼓楼，内置大鼓。在鼓楼中供奉着伽蓝神关羽，关平为左胁侍，周仓为右胁侍。值得一提的是关羽是三国时期真实的历史人物，为刘备手下的大将，以刚正不阿、忠义英勇的个性闻名，之后在战争中被孙权杀害，后代民间信仰将关羽奉之为神，尊称其为"关公"，用来驱逐危险，至北宋时被纳入人们膜拜的道教神祇。后来，佛教因为普及后逐渐民间化，融合各种信仰，也把关帝当作崇拜的神祇，称为"伽蓝菩萨"。这里有一个传说。相传隋代天台宗的创始者智者大师，有一次曾在荆州的玉泉山入定，于定中听见空中传来"还我头来！还我头来！"的惨叫声，原来是关羽的头被敌人砍下来，其愤恨不平，到处寻找自己的头。智者大师反问："你过五关斩六将，杀了那么多人，他们的头谁来还呢？"并为其讲说佛法。关羽当下心生惭愧，而向智者大师求授三皈五戒，成为正式的佛门弟子，并且誓愿作为佛教的护法。从此以后，这位千余年来极受国人敬重的英雄人物，在佛教和道教中均有其特定的地位。在佛教中，伽蓝菩萨与韦驮菩萨并称为佛教寺院的两大护法神，伽蓝菩萨为右护法，韦驮菩萨为左护法。在佛教中，伽蓝菩萨供奉在鼓楼里。

在寺庙中，东钟楼，西鼓楼，二者对称。钟与鼓都是古代报时的工具。有一个成语叫"晨钟暮鼓"，意思是佛教寺庙中晨敲钟，暮打鼓。其实在寺院里晨钟暮鼓是早上先敲钟，后打鼓；晚上先打鼓后敲钟。

【观音阁】

展现在我们面前的这座阁，里面供奉着大慈大悲的观世音菩萨，所以叫观音阁。整座观音阁，外看是三层，里面是一层，呈六角形，每边宽6米。里面供奉的八臂观音即是十一面观音的化身，为六观音之一，主救济阿修罗道，给众生以除病、灭罪、增福之现世利益，为除恶导善，引众生入佛道之菩萨。菩萨像用通高8米、直径1.98米的楠木雕刻而成，观音双足站于莲花

观音阁

台座之上，肩出八臂，持日精摩尼、月精摩尼、莲花、宝铎、宝瓶、杨枝等法器。耳垂大环，帛带搭于双肩，在两手腕处作半环形而下，呈祥云状翻卷飘逸在身侧，全身佩璎珞钏环。在佛教中，观音是西方极乐世界教主阿弥陀佛座下的上首菩萨，同大势至菩萨一起，是阿弥陀佛身边的胁侍菩萨，并称“西方三圣”。观音菩萨与文殊、普贤、地藏并称为“四大菩萨”，她的主道场在浙江普陀山。观世音菩萨在佛教诸菩萨中，位居各大菩萨之三，是中国百姓最崇奉的菩萨，拥有的信徒最多，影响最大。以前曾有“家家弥陀佛、户户观世音”之说。观音菩萨端庄慈祥，手持净瓶杨柳，具有无量的智慧和神通，大慈大悲，普救人间疾苦。在民间，观音菩萨有各种身相，如千手观音、净瓶观音、送子观音等等。观音菩萨的生日是农历二月十九日，成道日是农历六月十九日，涅槃日是农历九月十九日。这三个节日是老百姓拜观音香火最旺的时期。

从这里到大雄宝殿，我们往顺时针方向走。眼前，墙上有一图案叫“八宝吉祥”。从上往下看，分别有佛教中的8种吉祥物，分别是海螺、宝伞、宝幢、法轮、双鱼、金刚结、莲花、宝瓶等，总称为吉祥八清静，象征吉祥、圆满、幸福、智慧、财宝。

【九莲朝圣】

呈现在我们面前的这组建筑，就是玉泉寺的核心建筑，即大雄宝殿、药师殿和阿弥陀佛殿。在进殿朝拜之前，我们先站在这露天平台上，我给大家介绍一下玉泉寺五名之一的“名景”——九莲朝圣。

玉泉寺这座千年古刹，建在当地名山——乌龙山南。乌龙山属昱岭山脉。山势磅礴，为古严州府镇山。因逶迤雄伟，矫若游龙，岩石乌黑而得名。乌龙山海拔高度916米，山势雄伟，形似泰山，这是玉泉寺的靠山。相传，乌龙山有100座寺庙庵堂，香火鼎盛。在这100座寺庙庵堂中，玉泉寺是最具影响力的。在我们正前方，是一座圆形的小山，被称为“案山”；在我们的最远处有一连绵的山脉，这叫马目山，它起伏不大，像一天然屏障，从风水的角度说：它是玉泉寺的“屏山”。屏山连绵，案山匍匐、靠山巍峨，这就是玉泉寺绝佳的风水所在。在屏山之间，我们可以看到在两座山峰上各矗立着一座宝塔，这就是古严陵八景之一的“双塔凌云”景观。离我们稍近的这座宝塔叫“北峰塔”，那座位置稍远的叫南峰塔。这二座塔分别建造在古严州城的三江口两岸，是古严州的标志景观。而古严州就坐落在这双塔之中。

古严州城现名梅城，是一座拥有近1800年悠久历史的古镇。三国东吴黄武四年（225），孙权置建德县，封扬威将军孙韶为建德侯；周武则天神功元年（697），睦州府治迁治于此；北宋宣和三年（1121），将睦州改名为严州，这里便是严州府的治所。至1959年止，梅城才撤销地区级和县级建制，但它作为县治治所有近1800年的历史，作为府治的所在地有1200多年的历史。尤其是南宋，因建都临安（杭州），这座被宋徽宗改名为严州的梅城，就成为京都的屏障，列为“京畿三辅”之地，直接受皇帝的管辖，是徽杭间唯一的州府，是钱塘江中游的政治、经济和文化中心。唐朝的杜牧、刘长卿和宋朝的范仲淹、陆游等都曾在这里任过地方官。历代文人墨客谢灵运、沈约、吴均、崔颢、王维、李白、孟浩然、王昌龄、韦应物、白居易、苏轼、朱熹、杨万里、谢翱、赵孟頫、刘基、宋濂、唐伯虎等慕名而来并留下许多瑰丽的诗篇和绚丽的画卷。著称于世的范仲淹《严先生祠堂记》、陆游的

《剑南诗稿》、袁枢《通鉴记事本末》、蒲松龄的《聊斋志异》最早版本青柯亭本等都是在这里刻印问世。唐朝陈硕真领导农民起义，曾在此称“文佳皇帝”，她被中国现代著名历史学家翦伯赞先生称为中国历史上第一位女皇帝，称帝比武则天还早37年。宋朝方腊领导农民起义，曾在这里称“圣公”……因此，梅城又被称为“皇城”。城内至今保留着范公祠、六合古井、明青桂柯、建德侯牌坊、思范牌坊等诸多名胜古迹。梅城背靠着巍峨的乌龙山，南临新安江、兰江和富春江三江交汇的三江口，有“北枕乌龙，南襟丁水”之胜景，城内有东西二湖，城外有南北双塔，共同构成了“锦峰绣岭、山水之乡”。在古代，梅城一带有著名的“严陵八景”，在现代“新安十景”中，仍有五景集中在这里。由此可见，少康和尚在唐代时就选中这里开设净土宗道场弘扬佛法，是十分有战略眼光的。

大家可以看看眼前的这一景致。从我们这个角度看去，呈现在我们面前的是连绵的群山，其中的南北双塔突兀在两座山巅之上，而另外还有七座山峰，总共有九座山峰。九座山峰天然组成一朵九瓣莲花，这一景称之为“九莲朝圣”。古代文人墨客常常面对此景吟诗作画，其中著名的一首诗是这样写的：“巍巍乌龙欲凌空，双塔依稀南北峰。更向寺前高出望，青山灿出玉芙蓉。”这是玉泉寺最著名的景致。大家站在这里，可拍照留念。

【大雄宝殿】

大雄宝殿是寺庙中的最重要的建筑。在佛教寺院中，大雄宝殿就是正殿，也有称为大殿的。大雄宝殿是整座寺院的核心建筑，也是僧众朝暮集中修持的地方。大雄宝殿中供奉本师释迦牟尼佛的佛像。大雄是佛的德号。大者，是包含万有的意思；雄者，是慑伏群魔的意思。因为释迦牟尼佛具足圆觉智慧，能雄镇大千世界，所以佛弟子尊称他为大雄。宝殿的宝，是指佛法僧三宝。

玉泉寺中的大雄宝殿中间供奉的就是佛祖释迦牟尼佛。相传他是古印度北部迦毗罗卫国净饭王的儿子，原名乔达摩。悉达多，29岁时痛感人世生老病死的各种痛苦，舍弃王族生活，出家修道。经过六年茹苦修行，35岁时在佛陀迦耶菩提树下成道，创立了据说能使众生脱离苦海的佛教，他后来被佛门弟子尊称为释迦牟尼，意思为“释迦族的圣人”“释迦族的智者”。这尊佛身通高3米，系整块缅甸玉雕成，1993年温州乐清法华寺方丈演通法师从缅甸请回玉泉寺供养。在释迦牟尼佛两侧，分别为普贤菩萨和文殊菩萨二位胁侍。这乘白象的是普贤菩萨，他的主道场在山西五台山；这骑狮子的叫文殊菩萨，他的主道场在四川峨眉山。释迦摩尼佛后面供奉的是观音菩萨，大慈大悲的观音伫立鳌头，左右为善财童子和龙女侍立两旁；在大殿两旁佛龛供奉着十八罗汉。十八罗汉是指佛教传说中十八位永住世间护持正法的阿罗汉。十八罗汉是十六罗汉加二尊者而来的，这十六罗汉，都是释迦牟尼的弟子，均是历史人物。而两位尊者，流行两种说法，一种说法是一位是《法住记》的作者庆友尊者，一位是《法住记》的译者玄奘。另一种说法是一位是降龙，另一位是伏虎。这里的十八罗汉是根据唐代贯休工笔绢本临摹的罗汉。

【药师殿】

大雄宝殿两侧各有一个配殿叫三圣殿。“三圣”分“西方三圣”和“东方三圣”。“西方三圣”是指西方极乐世界的阿弥陀佛，左侍为观世音菩萨，右侍为大势至菩萨。“东方三圣”是指东方净琉璃世界药师佛，左右胁侍为日光、月光两菩萨。这是药师殿，供奉的就是“东方三圣”。药师本用以比喻能治众生贪、瞋、痴的医师。在中国佛教一般用以祈求消灾延寿。右边的建筑为客堂，客堂为寺院日常工作的管理中心，负责对外的联络，宾客、居士、云游僧的接待，本寺院各堂口的协调，僧众的考勤和纪律，各殿堂的管理，以及寺院的消防、治安、佛事登记等，客堂是集外交、内务于一体的堂口。

【阿弥陀佛殿】

阿弥陀佛殿供奉的是“西方三圣”。玉泉寺的阿弥陀佛殿中供奉的阿弥陀佛是雕刻在一块息石上的，是唐代玉泉寺开山祖师少康大师所刻，迄今已1200多年历史。历朝历代善男信女都来顶礼膜拜，香火极盛，因此这尊阿弥陀佛像也是玉泉寺的镇寺之宝。所谓息石，是指能生长的石头。传说盘古开天时，留于世上两块“息石”，一块沉入东海，一块立于乌龙山峰顶，阿弥陀佛路经峰顶，将“息石”踢至这里。其石高一丈七尺有余，周二丈五尺，色褐黑如铁，旧说“岁久渐长”。少康大师开山时，镌阿弥陀佛像居其中，后人于此处建阿弥陀佛殿。相传石佛灵应非常。息石是玉泉寺的独有之物，它不仅是有着1200多年历史的珍贵文物，更是少康大师在江浙始创弘扬人间佛教，往生净土的“见证者”。宋人江公望官拜左司谏，曾为石佛著有碑记。岁月沧桑，千余年来，十方僧俗，益加膜拜，视石佛为活佛，成为玉泉寺的镇寺之宝。这是玉泉寺五名之一的“名石”。

【玉泉】

玉泉寺之西有泉，寺名玉泉因此而得。此泉在唐代即已出名，成为许多诗人笔下的素材。据民国《建德县志》记载，此泉如喷玉，明万历三十五年（1607）知府毛志尹复于泉旁建平厅三间茶室，并题曰“源头活水”。

【菩提正果】

大殿之后，古木参天。丛林中，有一奇树，长在一块巨石之上。它的奇主要表现在根部和树干。大家看，那树根的形状像不像是一只狮子？大家再看那树干，在那分丫之下，像不像一尊佛像？佛教信徒称此树因长年受世人朝拜之香火熏陶，积日月光辉之灵气，而有了“灵气”故称此树为“菩提正果”。据研究，此树为苦栎树，树龄为400多年。在寺院的最后一进，为地藏王大殿、藏经阁和祖师塔院。

（蒋祖云）

第四章 红色旅游

新安江水电站

【导游内容】

概况—电站大坝外观—电站展览馆—发电厂房—电站坝顶

【概况】

新安江水电站是中华人民共和国成立后，由中国人自己设计、自制设备、自行施工建造的第一座大型水电站，是名副其实的“三自电站”，它开工建设于1957年4月，1960年4月22日首台机组实现并网发电，仅用3年就基本建成，创造了世界水电站建设史上的奇迹，开创了中国自力更生建设大型水电站的先河，是中国水电站建设史上的一座里程碑。

【电站大坝外观】

新安江水电站拦河大坝位于建德铜官峡之间，它的海拔高度为115米，建筑高度为105米，顶部跨度为466.5米，底部跨度为315米，正面看着是一个上宽下窄的倒梯形。这是一座混凝土宽缝重力坝，建造时用了约36万吨水泥、160万立方米混凝土、4万多吨钢材，坝体自身达到几百万吨的重量。

新安江水电站采用坝顶溢流式厂房设计。坝体上部是9个巨大的泄洪孔及9条泄洪道，每当大坝泄洪时，巨量的洪水从泄洪孔喷涌而出，沿泄洪道奔泻而下，在发电厂房顶部被众多的挑能鼻嵌打散后再次抛高，形成一片漫天飞舞的水雾，在空中腾飞出300多米之后再冲入新安江中，一时间巨浪翻滚、声若雷鸣，场景之壮观堪比大型瀑布，是无数摄影爱好者可遇不可求的场景，也已经成为新安江水电站的标志。

这座巍峨的拦河大坝，以坚实的身躯牢牢锁住千岛湖的万顷碧波，忠实地守护着下游人民群众的安全，因此被称为“紫金锁澜”，是新安十景之一。

新安江水电站是“全国工业旅游示范点”“全国水电科普教育基地”“浙江省爱国主义教育基地”“青少年红色经典景区”，光荣地承担着弘扬爱国主义精神、开展水电科普教育等重要社会责任。

【电站展览馆】

新安江水电站展览馆分为3个主展厅，主题分别是“殷切关怀”“建设历程”和“综合效益”，另外还有一个纪录片放映厅以及一个红色主题教育厅。展陈内容涵盖电站地理位置、水文信息、建设历程、发展经历、综合效益等情况，将一幅电站建设发展的历史长卷徐徐展开，全面展示中国第一座“三自电站”多年来的奋斗历程和所取得的光辉成就。

第一展厅——殷切关怀。

展厅北边墙上的砂岩地图，展示的是新安江流域的水文情况。

新安江全长373千米，它发源于安徽省休宁县的怀玉山脉主峰六股尖，流经皖、浙两省诸多县市，流域内年均降雨量达到1756毫米，水量异常丰沛。从安徽屯溪到浙江建德铜官峡之间的河道长达170千米，险滩多、水流急，河床坡降形成的天然落差达到了100米，其蕴藏的水力资源非常丰富，是建设大型水电站的理想之地。

新安江在建德梅城与兰江交汇而成富春江，又在萧山闻堰镇与浦阳江交汇流入钱塘江，最后从杭州湾流入东海。新安江、富春江、钱塘江这三条河流，曲折连绵地连成了全长589千米的钱塘江水系，这曲折的“折”字，加上三条河流这三点水，就组成了浙江的“浙”字。

1960年，电站大坝截断新安江，上游形成的人工湖名为“新安江水库”，因水库中形成有1078座岛屿，而被称为“千岛湖”。

展厅东面墙上的展板，是周恩来总理视察电站建设工地的场景和题词。

1959年4月初，因为春汛连降暴雨，引发了巨大的洪水，冲毁了正在施工的电站二期围堰，电站建设遇到了自开工以来最严峻的考验。

当时，正在上海参加八届七中全会的周恩来总理获悉这一情况后，在4月9日这天清晨，风尘仆仆地赶往新安江水电站建设工地视察。抵达电站工程局驻地后，周恩来总理不顾辛劳，要求工程局负责人立即陪同前往施工现场视察情况。在途中，周恩来总理向工人们热情问候，对年轻技术员们积极鼓励，和移民老大娘亲切交谈、嘘寒问暖。来到工地南岸八五高程的小山头上，周恩来总理亲眼看到了建设者们热火朝天的工作场景，也看到了洪水汹涌冲击围堰的险情，他对电站建设给予了高度评价，鼓励工程局领导发动群众战胜困难，同时协调处理了许多积累的大难题。

视察结束时，在工程局领导的恳求下，周恩来总理欣然落笔，为电站写下了这幅题词："为我国第一座自己设计和自制设备的大型水力发电站的胜利建设而欢呼！"

周恩来总理的题词，极大地鼓舞了电站建设者们的士气，他们爆发出更强大的战斗意志，战胜了面临的各种困难，加快了施工进度。也激励着一代又一代的电站人，继承先辈自力更生、团结奋斗、顽强拼搏的精神，在新安江水电站建成后的发展时期，创造出了更多的光辉业绩！如今，这幅珍贵的题词真迹被收藏于中国国家博物馆内。

展厅南面的墙上，展示了历年来多名党和国家领导人视察电站，以及诸多国外元首和众多友好国家的外交人员参观电站的图片。2003—2005年，习近平同志在担任浙江省委书记期间，曾三次前来新安江水电站和新安江水库视察，对新安江水电站深切关注。

这些照片和题词，正是我国历届党和国家领导人对新安江水电站殷切关怀的展现。

第二展厅——建设历程。

展厅的第一幅展板有一张电站未建成之前建德铜官峡原貌的照片。

中华人民共和国成立初期，国民经济开始恢复和发展，华东地区发展尤为迅速，用电需求极大。为解决急需的电力供应问题，我国燃料工业部和浙江省人民政府组成勘测队，于1952年8月起对新安江开展水力资源和地质情况勘测调查。经上海勘测设计院分析，建德铜官峡谷石峰壁立，两岸的山体全部由坚硬的千里岗砂岩和页岩组成，地质构造良好，而且江面狭窄，犹如天然的江上门户，可以以最小的成本建成拦河大坝截流，是建设大型水电站的理想之地，确定可以在此建设装机容量达60万千瓦以上的大型水电站。

1955年11月，建德铜官峡被选定为建坝地址，命名为新安江水电站。

1956年2月，国务院批准将新安江水电站工程提前列入中国“一五”计划和1956年计划。1956年5月，电力工业部成立了新安江水力发电工程局，同年7月，新安江水电站完成初步设计。1956年6月至1957年4月，电站建设工程开展了大量前期准备工作，包括铺设了兰溪到铜官峡全长55.44千米的专线铁路，解决了众多大型施工设备和建设物资的运送问题，以及调派来自全国各地上万名建设工人进驻工地。

1957年4月1日，随着新安江水底河床爆破的一声巨响，新安江水电站工程建设从此拉开序幕。虽然那个年代正是中国经济基础相当薄弱的时期，同时，大批苏联专家撤离，电站建设工程在设备和技术上都处于一穷二白的状况。但是，中国人历来是勇于斗争、敢于拼搏的。在党的正确领导下，电站建设者为了改变国家落后面貌，毅然迎难而上，披荆斩棘、艰苦创业，奋勇投身于建设工作中，他们喊出了“让高山低头，叫河水让路”的豪迈口号，为早日建成电站而奋力拼搏。

凭着自力更生、艰苦奋斗的精神，建设者们只用了短短三年就基本建成了这座中国人的争气水电站。同时，最初预算总投资5亿元人民币的新安江水电站工程，在1965年工程验收时核算出实际造价仅用了4.23亿元，其中还包括了近9000万元的库区移民费用。因此，无论是从技术创新、资金使用还是建造速度来说，新安江水电站都创造了世界水电站建造史上的奇迹。

新安江水电站投产后，电站工作者们继承老一辈建设者们自力更生、艰苦奋斗、科学务实、勇于创新的优秀精神，不断革新技术、创新发展，获得国家进步科技奖、省部级科技创新成果奖等技术革新1000多项，在第二展厅西侧墙上的诸多奖状、奖杯就是见证。

第二展厅东北角是关于库区移民情况的展示介绍。

在电站建设的规划中，建成大坝截流新安江后，上游形成的水库将会淹没新安江上游的淳安、遂安2座县城以及周边的30多个乡镇和数百个村庄，因此需要对库区内约29.4万名居民进行迁移和安置，这是中华人民共和国成立以来首次有组织的大移民工程。这些库区移民有的迁移到了水库上游由淳安和遂安合并组成的新淳安县，有的迁移到下游的建德、桐庐、富阳、临安、余杭、萧山等县市，还有更远的被安置到了江西省的上饶、吉安、广丰等地区。当时移民搬迁安置费不高，但淳朴的移民们甘愿舍小家、为大家，积极配合迁移工作，以实际行动支持国家建设。在2002年中央电视台拍摄的千岛湖水下考古纪录片中，依然可以看到众多的古建筑在水底保持原来的模样。

第三展厅——综合效益。

新安江水电站建成后产生了多种综合效益。

首先是发电供电。历年来，新安江水电站一直为浙江、安徽、江苏、上海提供电能，至2020年8月，新安江水电站累计发电已达到了1000亿千瓦时。同时，作为华东电网的调峰、调频和事故备用电站，新安江水电站还承担着电网安全的重大职责，为华东地区经济建设发展做出了不可磨灭的贡献。

其次是防洪灌溉。因新安江属于山溪性常年河流，夏季多暴雨，经常因山洪暴发而造成下游泛滥成灾。翻开旧《建德县志》和《严州府志》，有关新安江水患的记载触目惊心："浮尸弊屋环江下，迸山裂地如鲸奔。半山都成水泽国，平地皆作龙蛇窟。"新安江水电站建成后，具备调节万年一遇洪水的强大能力，从根本上杜绝了之前的洪灾发生的可能性，有力守护着下游人民的生命财产安全。同时，电站多年科学调节水量，为下游农田提供了稳定的灌溉水源保障，为下游千万亩农田的粮食增产作了积极贡献。

再次是航运交通。在新安江水电站建成之前，由于新安江河床坡降大，急流险滩多，给航运也造成了极大的威胁，"千夫牵挽寸步进，下滩容易上滩难"，船只航行受枯水与洪水的影响十分突出。电站建成之后，上游形成了新安江水库，具有水面平、航道深、航线多等诸多有利条件，促进了航运事业的发展。从1960年至1988年，新安江库区总共开辟了54条新航线，其中就包括黄山到千岛湖的黄金旅游线，四通八达的水路交通，为当地人民提供了便利的交通条件。

复次是农林渔业。因新安江水电站形成的新安江水库内，形成了众多岛屿，充分具备发展林业种植的条件。而岛屿上郁郁葱葱的植被所形成的丰富腐殖，促进了水中微生物繁殖生长，为适宜湖泊习性的淡水鱼提供了有利的生长环境，使得库区内的渔业资源非常丰富，如今千岛湖大鱼头早已名声大噪，成了金字招牌。农林渔业为地方经济发展作了巨大贡献。

最后是生态旅游。因新安江水电站而形成的千岛湖，风光秀丽、景色优美，是优质观光资源，千岛湖在1980年开发旅游，如今已成为著名的国家AAAAA级旅游景区。而电站下游的建德新安江，因千岛湖深层水的流入，常年保持着14—17℃的恒定水温，形成了冬暖夏凉的独特气候环境，也成为国家级优秀旅游城市。这一江、一湖，每年都吸引了数以百万计的游客前来观光旅游，成为黄山至杭州这条著名的三江两湖黄金旅游线上的璀璨明珠。

千岛湖的深层水还使得建德新安江的水质更加清纯甘冽，达到了国家Ⅰ类饮用水的标准，驰名的饮用水品牌“农夫山泉”就诞生于此。如今杭州饮水工程完工之后，杭州市区人民群众也能喝到清纯的千岛湖纯净水了。

特别值得一提的是，新安江水电站的建成，为中国之后许多大型水电站积累了宝贵的经验。在电站的建设和发展过程中，还培养了如中国工程院副院长潘家峥等中国著名的水电站专家，曾任浙江省省长的葛洪升、国家电力监管委员会主席柴松岳等省部级以上的领导干部，以及众多的水电专业人才，因此新安江水电站也被称为中国水电事业的摇篮，在中国水电事业发展史册上，留下了浓墨重彩的一笔。

【电站发电厂房】

新安江水电站大坝是一座空心坝，内部多个垂直建造的坝段之间形成了26条宽缝。比起全部实心的坝体，空心坝设计更有利于提高大坝的抗震性和结构强度。同时通过科学的设计布局，把发电机组和其他与发电相关的各种设备设施安装在内部，可以起到更好的保护作用，还省去了为安装这些设施设备所需的建筑，更加节约建造成本。新安江水电站作为中国首创的宽缝重力坝结构，开创了全新的建坝模式，现在已被中国更多的大型水电站采用。

在坝体内部有着各种廊道、甬道及多层空间，构造就如同蜂巢一样。发电厂房就是坝内空间之一，它的总长度为216米、宽度为17米、高度为42.75米，它是坝体内部最大的一个工作层面。在发电机层的下部是水轮机层，安装有和每台发电机对应的水轮机。

在发电厂房内，由南向北整齐排列着9台发电机组。这些发电机组都是在二十世纪六七十年代，由中国哈尔滨电机厂生产制造的，属于中国自主研制、自行制造的第一代水力发电机组。其中首台安装的是四号机组，在1960

年4月22日顺利投产发电，这一天也被定为新安江水电站发电纪念日。1976年最后一台九号机组完成安装投产发电时，电站的总装机容量为66.25万千瓦。1999年至2005年，新安江电厂对全部发电机组进行增容改造后，现在的总装机容量已达到85.5万千瓦。新安江水电站作为华东电网最大的常规水电站，始终秉承打造清洁能源、维护电网安全这一宗旨，在华东电网中发挥着发电、调频、调峰、事故备用等诸多不可替代的重要作用。

靠近厂房参观平台的是一号机发电机组，连接着主机的是8支绿色的支脚，那些就是发电机组上机架，它们承载着发电机转子、水轮机转轮的重量，以及满负荷发电运行时近600吨的水推力。发电机的主轴带动发电机转子按每分钟150转的速度顺时针旋转，误差不超过千分之五，满发时每转一圈就能发电10千瓦时。

大坝上下游之间巨大水位落差就是发电的动力来源。在大坝内部有9根长度为93米、直径为5.2米的引水钢管，进水口设置在海拔70米高的大坝上游侧，输水量可达到每秒120多立方米。引水钢管把上游水库的水引入水轮机蜗壳内，利用高达70米的落差产生强大力量，冲击着水轮机转轮的叶片，进而推动水轮机转轮及发电机转子转动。转子和位于发电机机坑壁上的定子之间不断发生磁力切割作用，于是就产生了电压和电流。

由于这9根巨大的引水钢管内，始终灌注着千岛湖深层低温水，因此这些引水钢管就像是空调机的冷却管，在空气流动的作用下，坝体内部始终维持着20℃左右的温度，形成了一个冬暖夏凉的恒温环境。

随着科技进步，新安江水电站不断革新技术、更新设备。相比20世纪六七十年代，在发电厂房内有着大量工作人员操作发电机的场景，如今的发电设备早已实现了远程自动控制运行，达到了高度自动化程度。因此，如今的发电厂房内，除了在对发电机组进行维修的时候，平时几乎看不到任何工作人员。

【电站坝顶】

在海拔高度115米的电站坝顶，可以看到电站上游千岛湖和下游新安江之间的巨大落差，以及电站坝顶的众多设施设备。

在坝顶中部靠下游侧的是3台大型变压器组。每台变压器组负责3台发电机组的变压工作，它们将发电机组发出的电压为13.8千伏的电流升压到220千伏之后，再通过大坝南岸山坡上开关站的控制，向杭州、金华等方向进行高压送电。

坝顶中部有9个围栏，这就是电站的9座溢洪孔的位置。每座溢洪门净宽度为14.47米，垂直高度为10.5米，重达37吨。在溢洪门两边的轨道上，耸立着2座巨大的门式起重机，单台最大起重量可达160吨。

每当电站上游的千岛湖水位上涨到海拔106.5米高度时，电站就进入防汛战备状态，当水位到达海拔107.5米以上时，浙江省防汛指挥部就要决策是否泄洪。一旦到泄洪指令下达后，这2台门式起重机将会按照从两端到中间的对称次序同时提举对应的闸门，这样的做法是为了使洪水从溢洪孔对称下泄，为的就是能使大坝在泄洪时受力平衡，有效保护坝体对抗洪水的冲击。

新安江水电站从1960年建成至今只有过8次泄洪。第一次试验性泄洪在1966年7月12日，之后分别在1983年、1994年、1995年、1996年、1999年、2011年都曾经泄洪，最后一次是在2020年7月7日的特大规模9孔泄洪。每一次泄洪时，并不需要将所有9座溢洪闸门全部打开，而是根据上游来水量、下游洪峰流量等多个因素综合考量后，科学地控制开启闸门的数量和时间，争取达到最佳泄洪效果。

大坝上游就是风景秀丽的千岛湖，湖水面积达到573平方千米，是华东地区最大的人工湖，如今是著名的国家AAAAA级旅游风景区。

2020年7月7日，新安江大坝9孔泄洪

这条流淌了亿万年的新安江，在劳动人民伟大创造力的作用下，从一条曾经桀骜不驯、肆虐多灾的河流，变成了如今造福人类的水利工程，而电站下游的新安江城区，也由原来的一片荒滩，发展为一座繁荣的新兴水电城，成了中国优秀旅游城市。

1963年，一代文豪郭沫若先生来到电站参观时，就深深感慨这种沧海桑田的变化，一时思如泉涌，写下了“西子三千个，群山已失高。峰峦成岛屿，平地卷波涛。电量夺天日，降威绝旱涝。更生凭自立，排灌利农郊”的著名诗句。

岁月不拘，时节如流。历经60多年风雨历程的新安江水电站，依然以厚重的身躯阻挡着万顷碧波，为祖国建设发出源源不断的绿色电能，为下游人民守卫生命安全、提供清洁水源。这座曾被写进了教科书、印在邮票上的中华人民共和国第一座“三自”大型水电站，在滚滚前进的时代潮流中，将继续承担起更大的历史使命，做出更辉煌的业绩！

（王玮江）

千鹤妇女精神纪念馆

【导游内容】

概况—序厅—第一篇章（第1单元）—第二篇章（第2、3、4单元）—第三篇章（第5单元）

【概况】

千鹤妇女精神教育基地，占地面积19923平方米，建筑总面积4474.72平方米，展厅面积2100平方米。是一座以千鹤妇女精神为核心，以讲述建德妇女群众成长为出发点，讲述中国特色社会主义妇女精神的主题性展示馆，是“立足浙江、面向全国”的妇女爱国主义教育基地、农村基层党建教育基地、红色旅游教育基地。

“妇女能顶半边天”，这句话响彻中国大地几十年，追寻思想源头，始于浙江省建德市梅城镇的千鹤村，它不仅是“妇女能顶半边天”的发源地，更是毛泽东同志关于“妇女思想”的起源地。20世纪50年代，千鹤妇女打破传统旧俗勇敢地走出家门，走上田间地头，投身农业生产劳动，实行男女同工同酬政策，孕育了不等不靠，敢想敢干艰苦奋斗的千鹤妇女精神，得到了毛泽东主席长达512字的按语。其中最核心的一句在我们头顶的上方：“中国的妇女是一种伟大的人力资源。必须发掘这种资源，为了建设一个伟大的社会主义国家而奋斗。”

【序厅】

展现在我们面前的这组千鹤妇女群像神态各异：左手边为参加农业生产劳动的妇女群众，中间为学习知识的妇女群众和钻研农业技术的妇女群众；右手边为幼儿班带孩子的老年妇女；中间上方为佩戴党员徽章的女性党员和千鹤女民兵，展现了千鹤妇女积极向上的精神面貌；群像背后中心的浮雕，构建出一个抽象的“人”字，象征着女性有力的臂膀，与顶部的蓝天结合在一起，蕴含着妇女能顶半边天的含义。两侧的浮雕分别代表着新安江的元素和千鹤的地貌特征。

千鹤妇女精神纪念馆

【第一篇章：抗争旧社会】

第一单元：意识觉醒 争取解放

人类进入父权制社会，男尊女卑成为普遍现象，女性依附于男性，充当服侍丈夫，生儿育女的角色。在中国漫长的封建社会中，妇女要遵循“三从四德”，“三从”是指女子在家从父，出嫁从夫，夫死从子，“四德”就是指妇德、妇言、妇容、妇功。根据这些封建伦理纲常和行为规则，“吃着猪狗食、做着牛马活，丢了镰刀没米吃”的千鹤妇女跟全国其他地方一样，女性的日子更是苦不堪言，封建礼教陋习道德的严重束缚，戕害着女性的心灵和身体，出现了领养童养媳、裹三寸金莲、竖贞节牌坊、建弃婴塔等各种陋习。

随着马克思列宁主义传入中国，中国共产党的成立，妇女开展解放运动。一方面，在整个革命的过程当中始终是重视妇女工作的。例如，1915年陈独秀在上海创办了《新青年》，将女性问题作为反抗礼教，倡导民主科学的重要议题；1918年4月毛泽东、蔡和森在湖南长沙发起成立的新民学会，是最早倡导和实行男女平等与社交公开的团体；1919—1920年向警予、蔡畅等40余名女性，参加了留法勤工俭学，展现了当时的妇女对知识渴望和对自由的向往，并对旧礼教进行了抗争。另一方面，从新文化运动开始，到中国共产党的成立，再到中华人民共和国的成立，整个过程当中妇女始终发挥着重要的作用，成为决定革命的重要力量，出现了诸如参与中共一大的会务筹备和保卫工作的王会悟、中国共产党第一位女党员缪伯英，中共中央第一任妇女部部长向警予等杰出的女性。1939年，中国女子大学在延安创办，毛泽东在开学典礼上发表讲话：“全国妇女起来之日，就是中国革命胜利之时。”

在建德的土地上亦不乏党组织领导下的妇女革命先驱。这就是中共建德县委第一任宣传部部长童润蕉的雕像。她宣传男女平等，妇女解放，宣讲妇女不要缠足，不准抱童养媳，不准虐待父母。1930年7月，童润蕉参与组织发动建德农民武装暴动，不幸被捕，后被国民党枪杀。她牺牲时年仅27岁。

【第二篇章：顶起半边天】

第二单元：妇女新生 艰苦创业

中华人民共和国的成立，结束了数千年来中国妇女被奴役被压迫的历史。从1950年至1954年，我国先后颁了《中华人民共和国婚姻法》《中华人民共和国土地改革法》《中华人民共和国选举法》和《中华人民共和国宪法》等，明确了妇女在政治、经济、文化和社会家庭生活各方面享有与男子平等的权利。所有这些法律法规的颁布，使妇女地位得到了大幅度的提升。

1950年下半年，建德全县开展轰轰烈烈的土地改革。妇女通过土改分得生产和生活资料，与男子拥有平等的土地权。土地证上第一次出现妇女的名字，妇女成为土地的主人。土改后，广大妇女又积极参与了扫盲运动，掀起了学习文化知识的热潮。

根据全国第一次妇代会精神，1950年，建德县成立了县妇女联合会。1953年10月，建德县召开了第一次妇女代表大会，这次妇代会的主题是“发动妇女积极参加农业生产，积极推动合作化运动”。

当时建德县委所在地就在梅城，千鹤就处在城郊接合部，是建德中部的产粮区。当时千鹤普遍存在着重男轻女的封建思想。流传着“妇女下田，无米过年”“妇女踩过的田是不长庄稼的”等荒谬言论。妇女的自卑，男人对妇女的歧视，封建礼教观念的根深蒂固，使得妇女都不愿下田干活。在这样的情况下，时任建德县委书记的解信秋指派当时的妇联副主任胡采薇带领工作组到千鹤蹲点，围绕合作化这一党的中心任务开展妇女工作。20世纪50年代干部下乡蹲点的口号是：“工作要上去，干部要下去。干部下田头，百姓有劲头。滚一身泥巴，炼一颗红心。”胡采薇带领工作组到千鹤蹲点后，他们和农户们同吃同住同劳动，并通过召开大小会议，挨家挨户上门谈心，耐心宣传男女平等，推动合作法运动。

农业的社会主义改造经历了互助组、初级社、高级社三个阶段。1951年8月，千鹤村八户人家组成了范水根临时互助组，1954年发展到20户人家的初级农业生产合作社。1955年建德试办了2个高级农业合作社。其中千鹤高级社的规模，一下扩大到了77户。随着生产规模的扩大，经营部门增加劳动范围加大，劳动力渐渐感到不足。怎么解决劳动力严重不足问题？工作组深感发动妇女投入生产是解决当前问题的有效途径。为此，他们召开各种会议，与男女社员共同探讨针对妇女思想、分配、分工、带小孩等方面探索出切实可行的方案。

第一，解决思想问题。解放思想不是一朝一夕的事情，整个过程是非常艰难的。要真正让妇女走进田间，要算好三本账：算好生产劳力账，算好生产增收账，算好妇女自身的发展账。当时胡采薇教育妇女：我们妇女的地位不是男人给的，也不是政策定的，是要靠我们自己奋斗出来的。用现在的话来说就是有作为才有地位。

第二，解决分配问题。以前妇女参加劳动，只能评上4—6工分，实行同工同酬之后，妇女也可以像男人一样，被评为10工分，并且记自己的名字。骆樟妹是第一个拿到10工分的千鹤妇女，廖三号身体特别好，能和男人一样做砖瓦活，由原来的6工分增加到12工分。

第三，解决协作问题。在男女之间，女劳力之间，家庭成员之间，合理分工团结协作，解决家务劳动与田间劳动的矛盾。

为了解决妇女下地干活和带小孩之间的矛盾。千鹤创新性地试办了托儿组。这个托儿组远远早于全国的托儿班。大家看到这里有带小孩的婆婆与妇女之间商定的合理报酬，比如，1—2周岁最难带的，保姆负责喂孩子，小孩的粮食由母亲出，每天给保姆1角3分的报酬；4个月以上至1周岁的，每天送到田间喂奶2次，母亲回来喂1次，每天报酬1角2分；不足4个月的送田间喂奶3次，每天报酬1角，当时的10工分相当于人民币5角钱。

可以看出当时就是通过分类实施，来非常精准地确定合理报酬。这也是坚持问题导向，针对不同问题，制定不同的工作举措。是一种非常好的工作方式，也是个重大探索。是千鹤妇女敢为天下先的一种体现。

当时千鹤妇女在建德县委领导下，各级组织发动下，妇女们白天劳动晚上学文化，发挥了前所未有的积极性主动性，在修筑水库、烧焦泥灰、割青草、挖塘泥、积堆肥，增加土壤有机质等一系列劳动中，发挥了与男劳动力同样的作用，改变了过去男社员爬了山头荒了田头，顾了田头丢了山头的被动局面。在这过程中，涌现了千鹤妇女的群英图。洪水花是当时第一个入党的千鹤妇女，1969年到北京参加过国庆观礼，1975年1月出席过全国人民代表大会；骆樟妹是第一个拿到10工分，会犁田的千鹤妇女。

针对以上情况，建德县妇联组织并撰写了一篇题为《发动妇女投入生产解决夏收夏种中劳动力不足的困难》的报告。报告经逐级上报，引起了各级领导的重视。1955年4月，省妇联专区办事处、县妇联组成联合调查小组深入调研，并总结经验，形成了《庵口乡千鹤高级农业合作社怎样发动妇女投入生产的检查报告》，并通报给了省县各级相关部门和组织。千鹤妇女的事迹在浙江省得到了广泛的宣传。

第三单元：光辉按语 意义深远

1955年5月，《关于千鹤发动妇女投入生产》的报告，被中共中央办公厅编入了毛泽东主席亲自组织并撰写的《中国农村的社会主义高潮》一书，毛泽东主席在这本书上看到了千鹤的经验，亲自做了批示和修改，并亲自写下了512字按语，而且将标题改为“发动妇女投入生产，解决了劳动力不足的困难”。按语不仅鲜明地提出了中国的妇女是一种伟大的人力资源，更把发动这种资源和建设伟大的社会主义国家结合起来，把妇女的地位提高到一个前所未有的高度，也为后来妇女能顶半边天响彻中国大地提供了丰厚的思想养料和实践素材。

毛泽东主席亲自编写了《中国农村的社会主义高潮》一书被誉为当时的农业发展的百科全书。毛泽东主席为其中不少文章写了按语，提出了许多真知灼见。书中收录了来自浙江的稿子8篇，其中3篇来自建德，可见建德的“三农”工作从解放初期就走在全国前列。

毛泽东同志关于妇女解放的思想，自20世纪50年代，对千鹤妇女生产的肯定，到20世纪60年代对天津、贵州等地妇女的表扬逐渐演变成了“妇女能顶半边天”这一伟大的论断，并成为家喻户晓、响彻中国的口号。20世纪50—70年代，在这句话的激励和鼓舞下，广大中国妇女走出家门，参加生产和政治活动，与男子并驾齐驱在各行各业，各条战线上，撑起了社会主义建设的半边天。在工业农业等各个领域涌现出许多妇女先进，书写了中国妇女的新篇章。

第四单元：团结奋进 谱写新篇

在毛泽东主席按语的鼓励下，千鹤妇女参加劳动积极性更加高涨，她们提出生产“十包”，成立妇女学技术小组，积极开展科学实验活动，妇女试验田创造了全大队高产纪录。她们还带领周边妇女一起学文化、学技术，积极投入农业生产。男女同工同酬得到深化，妇女能顶半边天作用进一步发挥，全县粮食生产稳步增长，农村集体经济实力不断壮大，农民生活水平不断提升。

不仅如此，千鹤的妇女们敢想敢干，创造了两个全国领先：第一个，创造了全国首批，全县首个农村幼儿班；第二个则是组建起了全杭州市唯一一个女子基干民兵连——千鹤女子民兵连。在当时的浙江省有2个女子民兵连，一个是温州洞头的北沙女子民兵连，一个就是建德千鹤公社女子民兵连。在当时柬埔寨国家元首西哈努克亲王参观新安江水电站时，千鹤女子民兵提供了安保服务之一，她们也被称为乌龙山下的红色娘子军。

上山下乡运动中，一批知青来到千鹤。受千鹤妇女的影响。她们脚踏实地，勇敢奋进，在劳动中锤炼了意志，收获了宝贵的精神财富。

为支持国家的水电站建设，千鹤一批干部和群众牺牲小我，舍小家为国家，摒弃故土难弃的观念，拖家带口离开家园，移民江西。在艰难的环境中，继承传统、坚定信念、团结开拓，再次树起被江西全省学习的千鹤红旗。1969年1月开始动迁移民。1969年12月9日，千鹤大队党支部书记骆南海带领23户120余名乡亲，响应党的号召，移民到江西省武宁县箬溪公社新坪大队。

时间来到了1977年春，《毛泽东选集》第五卷出版了，毛泽东主席“关于千鹤妇女的按语”收录其中。4月6日，浙江省妇联党组书记、副主席陆苏等一行人将《毛泽东选集》第五卷送到了千鹤大队千鹤公社。

时代在变迁，千鹤村的面貌不断地发生变化，但是千鹤妇女事迹始终深深地烙印在广大人民的心中。

【第三篇章：共筑中国梦】

第五单元：伟大道路 壮丽事业

党的十八大以来，在以习近平同志为核心的党中央坚强领导下，党和国家事业取得历史性成就、发生历史性变革。习近平总书记始终关心关注妇女事业和妇女工作，为妇女发展注入无穷动力。他曾在《中国妇女报》《人民日报》撰文指出："妇女是人类社会的'半边天'，与男子一样，同是社会物质财富、精神财富的创造者，同是人类历史前进的推动者。"正是在这一思想指导下，千鹤妇女精神纪念馆得以建设，千鹤妇女精神得以传承。这一展厅主要展现的就是近年来，党和政府对千鹤妇女精神传承的重视。

这里展示的是千鹤妇女精神教育基地的规划与建设布局图。目前，千鹤妇女精神教育基地和乡愁记忆区块工程已竣工，乡愁记忆区块由文化礼堂、千鹤书房、女民兵传承馆、鹤家童馆组成。"千鹤一面"乡村振兴产业实践点、"千鹤一家"乡村治理公共空间、"千鹤一味"乡村餐饮以及"欢庭·她宿"民宿综合体，形成了千鹤乡村振兴综合旅游区。过去，千鹤妇女投入生产，解决了劳动力不足的问题。今天，在乡村振兴的大舞台上，千鹤妇女依然是一种伟大的人力资源。

中华人民共和国成立至今，"千鹤妇女精神"从孕育、发展，到丰富、传承和弘扬，与时俱进，历久弥新，激励着一代代千鹤妇女奋发有为，逐梦前行。

千鹤妇女精神教育基地还建有培训中心。拥有培训教室4个、学习沙龙中心2个、大教室可容纳100人，现场教学点30多个，同期可接收学员500名。中心拥有强大的师资队伍，课程丰富，有国家、省市各级妇干校、党校教授授课，有女性企业家创业指导，有原千鹤女子民兵和"毛主席指示千鹤精神"亲历者讲述，有教育专家家庭教育辅导等，授课方式多彩多姿，现为青少年研学、妇女干训及党员教育的红色基地。

（朱丹萍）

双童烈士纪念馆

【导游内容】

概况—中共建德革命史料展厅—双童墓—童家祠堂—童祖恺故居

【概况】

双童烈士教育基地由双童烈士墓、双童烈士纪念铜像、双烈亭、中共建德革命史料展厅、童家祠堂、童祖恺故居等组成的一个综合性的红色教育基地。它位于建德市大洋镇大洋村扦岩下，距集镇中心1.5千米，坐东朝西，面江背山，林木蓊郁，交通便利。基地占地有30多亩，种植各种树木700余株，绿化面积达2000平方米以上，环境十分清幽。这是建德红色革命的根据地、建德党史的摇篮——杭州市爱国主义教育示范基地“双童烈士”教育基地。“双童烈士”是指童祖恺和他的胞姐童润蕉，童祖恺是原中共建德县委首任县委书记，童润蕉是原中共建德县县委委员、宣传部部长。

大洋镇位于建德东南部，距市中心35千米。行政面积241平方千米，是建德市第二大乡镇和正在规划建设的第5个中心镇。下辖19个行政村，户籍总人口33400人。党组织101个，党员1747名。

大洋镇是浙西革命重要发源地，中共建德县委首任书记童祖恺故乡，红色文化底蕴深厚。随着金建高铁开工建设，大洋镇作为杭州都市圈和金义都市圈重要交会点的区位优势日益明显，是建德少有的“通高铁、通高速、通航运”的农业特色型美丽城镇。现已形成以杨梅、柑橘、枇杷、枸杞等水果种植和水产养殖为主导的农业发展格局和以化工、纺织为主导的工业发展格局。近年来，先后获国家卫生镇、省小城镇环境综合整治样板镇、新时代美丽城镇省级样板镇、省农村文化礼堂建设示范镇、省体育强镇、省园林城镇等10余项省以上荣誉称号。

【中共建德革命史料展厅】

“中共建德市革命史料展厅”几个字由人民日报社原社长邵华泽先生所题写；门口看到的“童祖恺、童润蕉烈士纪念馆”馆名由中国武警总队原政委徐永清上将所题写。这两位都是童祖恺的校友，都曾就学于浙江省严州中学。邵华泽先生是淳安县人，徐永清将军是建德大洋镇麻车人，距此不过数里。两位将军对童祖恺、童润蕉兄妹钦佩有加，故题写馆名，以表敬意。

中共建德革命史料展厅面积160平方米，共分4个部分，通过文字、图表、图片、照片、沙盘、遗物、蜡像多种等形式，直观、形象地展现了当时建德人民在中国共产党的领导下，为取得新民主主义革命胜利而进行的艰苦卓绝、前仆后继的英勇斗争史，展厅内还有童祖恺、童润蕉等29位革命历史人物的英勇事迹。

这是序厅。呈现在我们面前的这一块屏风，正面引用的是邓小平同志的一句话：“我们要用历史教育青年、教育人民。”在屏风的背面，镌刻着童祖恺在1928年1月第一次被捕时，戴着手铐走在梅城南门大街上昂首高唱的诗歌《长街行》：“慷慨丈夫志，从容作楚囚；快刀如饮雪，不负少年头！”这首诗充分展现了童祖恺当时面对反动派大义凛然、视死如归的革命气概！

我们先来看第一展厅，第一展厅主要是土地革命时期、抗战时期、解放战争时期三个阶段的建德革命斗争活动示意图。墙上有中国历届中央主要领导人关于党史工作的重要论述、上级党史工作会议上领导的讲话选录以及建德市委书记董悦先生为展厅作的题词“学史明志、建功立德”。土地革命时期农民暴动示意沙盘，述说当时的莲花、寿昌、寿南等地的农民暴动，虽然这些暴动都失败了，但也给反动派带来沉重的打击，指引并激励着后人继续前行。展厅还有反映1919年5月至1949年5月这30年间建德进行革命斗争的重大事件，包括县委成立、大洋暴动过程、抗日自卫队成立等。

第二展厅主要介绍的是建德在新民主主义革命时期的历史概况，展示中国共产党的创立和大革命时期、土地革命时期、抗日战争时期、解放战争时期的建德革命斗争史，以及建德党组织沿革、党员人物统计等情况。

第三展厅主要是革命烈士人物照片和简介，图文并茂地展示了有关建德29位革命历史人物的简介与事迹，其中有原浙江省委书记卓兰芳、原建德县委书记严汝清、洋尾乡的潘景福、大洋胡店的胡耀先、三都镇的蒋治等。

第四展厅是双童烈士革命活动画板、双童生前所用实物和书籍、双童蜡像等，生动展现童祖恺和童润蕉姐弟的成长史和轰轰烈烈的革命史，直观形象展现了“双童烈士”为赢得新民主主义革命的胜利而进行艰苦卓绝革命斗争的宏伟画卷。

【双童墓】

呈现在我们面前的就是童祖恺、童润蕉烈士的墓。墓前矗立着他们的雕像。在这里，我把两位烈士的生平作一介绍。

“双童烈士”纪念馆

童祖恺（1907—1930），字瑞梅，化名董超，大洋镇人，1922年8月考入浙江省立第九师范学校。1925年春，在共产党员唐公宪、进步教师竹均之的影响下，接受革命思想。1926年3月，童祖恺由俞弁群、竹均之介绍加入中国共产党。同年12月，国民党左派建德县党部（筹）成立，童祖恺被选为监察委员，负责全县的农运工作。1927年3月，童祖恺等人到大洋一带农村组织农民协会，宣传减租减息政策。5月，国民党实行“清党”。童祖恺等人转入农村，到大洋以接办建南小学为名，举办农民夜校，组织农民协会，秘密发展党员，壮大党组织。9月，中共建德县委员会在大洋正式成立，童祖恺任县委书记。

1928年1月16日，童祖恺等人在大洋召开了农民协会会员大会，参加大会的达千余人。当时农民运动的声势浩大，土豪劣绅惊恐万分，于是向县政府告密后，童祖恺被捕。当局终因查不到确凿证据，于12月26日允许具保释放。

童祖恺出狱回到建德后，经过深入调查研究，于1929年写成《浙西现状报告》，后去上海立达学园，以教书为名，继续从事革命活动。

1930年5月9日，童祖恺奉命回到建德。参加和领导了建德农民暴动。暴动前发动的大洋、洋尾、麻车等地近万名农民开展的分粮斗争获得胜利。接着，和中共中央巡视员卓兰芳（曾任中共浙江省委书记）等一起领导了著名的1930年建德农民武装暴动（是浙西农村大暴动和全省总暴动的重要组成部分），暴动失败后因叛徒告密被捕，7月27日被国民党当局枪杀于梅城南门码头。就义前，他慷慨激昂，不断振臂高呼：“共产党万岁！打倒国民党！”为壮丽的革命事业牺牲了生命，时年24岁。

童润蕉（1903—1930），原名顺姣，学名祖琼，女，大洋镇人，系童祖恺烈士的胞姊。润蕉自幼好学，性格刚毅，读过4年书，后在家自习，擅长绘画绣花。在祖恺的影响和引导下，润蕉走上了革命道路。1927年，大洋妇女协会分会成立，童润蕉被选为分会负责人。是年冬，童润蕉加入中国共产党。入党后，做党的机要工作，秘密传递董超（童祖恺化名）有关信件。1929年11月，童润蕉任中共大洋区委书记。1930年春任县委委员兼宣传部部长，同年7月参与组织发动建德农民武装暴动。

大洋暴动失利，撤离时，她不计个人安危赶到家里，烧毁机密文件。保安队抓不到童润蕉，就吊打并绑走其表哥游荣发。童润蕉得知表哥被抓后，毅然以自己的生命换回了游荣发。同年7月16日（农历六月二十一）就义于大洋下埠溪滩。时年28岁。

人生自古谁无死，留取丹心照汗青。正是有了千千万万像“双童烈士”一样的革命先烈，他们在风雨如磐、血雨腥风的岁月里，抛头颅，洒热血，以视死如归的英雄气概谱写一曲曲壮烈的革命篇章，才造就我们今天的安定生活。姐弟双烈如同两棵永不凋谢的青松，永驻人间、万古长青。今天我们在这里我们缅怀革命先烈，不仅为他们伟大的忘我精神而震撼，更要让“双童”的革命精神和坚定的理想信念永远激励我们后人在新时期建设社会主义事业中发挥积极的作用！

【童氏祠堂】

双童烈士教育基地第三部分是童氏祠堂。童氏宗祠曾经是童氏家族活动的场所，建于清道光二十三年（1843），距今已有100多年的历史。祠堂坐北朝南，建筑面积约720平方米。在大革命时期，这里是建德地下党的重要活动场所之一，也是建德县委的诞生地，具有重要的历史价值和教育意义。1999年被公布为建德市级文物保护单位。

从童氏宗祠的外观，我们可以看到，正门开在门厅明间，仿牌楼式的石砌砖雕门楼，呈四柱三间冲天式，额枋上的“童家祠堂”四个字用回纹砖雕装饰，正门两侧都装有扇漏窗。

2018年，大洋镇政府对童氏宗祠进行了改建，在祠堂内部陈列了相关的展品，展陈共分为三大篇章：一是红色岁月星火燎原的时代背景，二是英雄儿女烈士的简介，三是新民主主义时期革命的时间轴。

在第一篇章中，用大量的图片展现了中国共产党在建德的创立过程和大革命时期的背景。这里重要的历史事件主要有：1919年的五四运动，将反帝反封建的思想也传播到了严州；1925年5月，“五卅”惨案爆发，激发省立第九中学的爱国热情，严汝清、童祖恺等人脱颖而出；1927年“四一二”反革命政变后，中共建德临时县委成立；1927年9月，中共建德代表会议在大洋镇秘密召开，正式成立了中共建德县委员会，由童祖恺同志担任县委书记，严汝清、胡耀先等担任委员；1928年1月16日，童祖恺等人在大洋镇童氏宗祠召开了农民协会会员大会，发动农民游行；1930年7月6日，童祖恺领导发动农民暴动，暴动历时两个半月。后在国民党浙江省保安队的残酷镇压下，有130多人被捕，童祖恺等30多人牺牲，党组织遭到严重破坏，革命转入低潮。关于童祖恺领导大洋农民暴动的故事，请大家观看红色婺剧《大洋埠》。这是一部以建德市大洋镇“双童烈士”的革命故事为题材的大型红色婺剧，由建德市文广新局、大洋镇党委政府、建德市婺剧团联合出品，是一部反映建德早期革命斗争历史的戏剧。主要介绍了以童祖恺为代表的共产党人，在国民党白色恐怖下，坚持党的信念，进行不懈斗争，不惜牺牲自己生命的历史故事。对于开展不忘初心，坚持党的信仰，进行“三严三实”、中央八项规定教育，具有重要的教育意义。2017年9月30日，《大洋埠》作为杭州地区唯一入选浙江省迎接党的十九大优秀作品展演的节目，在2018年“西湖之春”艺术节暨杭州市新剧（节）目会演中获得优秀剧目奖。

第二篇章是钢铁意志，英雄之诗。这里展示的是革命先辈们的生平简介。重点介绍了童祖恺、童润蕉等革命先烈的英勇事迹。玻璃柜里陈列的物品都是由童氏家族的后人捐献出来的，这些物品大多是童祖恺、童润蕉生前曾经在日常生活中使用过的。

第三篇章展示的是新民主主义时期革命时间轴，以年代为主线，串联起重要的历史事件。

【童祖恺故居】

在童氏祠堂附近就是童祖恺烈士的故居。这是2021年，由大洋镇人民政府出资修建的，这里展现了少年时期的童祖恺和其胞姐生活和战斗场景，故居庭院名为“童心园”，寓意以童祖恺、童润蕉为代表的革命先辈一心向党的革命意志。童心园种植了一棵楷树和芭蕉树，以此纪念两位烈士万古长青，永驻人间。

童祖恺出生在大洋一个非常富裕的家庭，是当时大洋镇上四大家族之一，当时大洋镇上有一首谚语叫“谢家的派头，童家的笔头，朱家的屋头，黄家的谷头”，足以可见童氏家族当时在大洋的显赫地位。童氏家族有着严格的家规和家训。他的父亲童曜南是清末的秀才，是大洋有名的老中医，一直给大洋的老百姓行医问诊，对前来看病的老百姓也非常的热情，有些穷苦的老百姓拿不出医药费，他免费问诊，还给他们送衣送粮。这在幼小的童祖恺心里也埋下了对穷苦老百姓同情和关爱的种子。小时候的童祖恺聪明伶俐，童祖恺的父亲在家里办了个私塾，童祖恺和姐姐润蕉一起在私塾里读书，有一天，天气寒冷，大家都冻得哆哆嗦嗦，先生看到说，谁能就这寒冷的天气写诗一首就可以出去玩，大家都在绞尽脑汁想，童祖恺略一思索，随口道：“昨日北风起，今日雪花飘。我以手触之，其冷过于铁。”先生一听说：“不错不错，小小瑞梅（童祖恺字瑞梅），才思敏捷，以后必定成大器。”童祖恺父亲要求童祖恺和家里的长工、佣人同吃同住，一起劳作，从小童祖恺就知道生活的艰辛，粮食的不易，也感受到穷苦老百姓的生活的困苦。这为他以后参加革命也奠定了一定的基础。

童祖恺的父亲对童祖恺及子女非常严厉，告诫他们一定要爱护老百姓，不能欺负他们。

童祖恺有三个姐姐，童祖恺最小，母亲也是大户人家出身，对子女非常地宠爱。

1922年童祖恺考入浙江省立第九师范学院，在共产党人唐公宪，进步教师竹均之的影响下学习了马克思列宁主义，他看到在国民政府的腐败统治下，老百姓过着苦不堪言的生活，毅然加入了中国共产党。五卅惨案爆发后，惨案传到梅城后，童祖恺、严汝清等人组织发动了“千人集会”声讨日本侵略者的恶行。

1927年9月，党代表会议在大洋秘密召开，正式成立了中共建德县委，童祖恺任第一任县委书记。

在童祖恺的影响下，童祖恺的三姐童润蕉也加入了中国共产党，先后担任了大洋的区委书记，建德县委委员，建德县宣传部部长一职。童润蕉主要担任党的机要工作，负责传递党的秘密文件。童祖恺等人经常在童氏故居里开展秘密会议，童润蕉就负责站岗放哨，童润蕉擅长绘画和绣花，她就坐在家门口一边绣花，一边观察动静。一发现有情况，就机警地敲敲家里的柱子，童祖恺等人听到后就迅速地撤离。

1930年，童祖恺领导和参加了建德县农民暴动，在严酷的斗争中，童祖恺始终坚定革命信仰。暴动失败后，童祖恺、童润蕉姐弟先后被捕。敌人对他们各种威逼利诱，姐弟俩都坚贞不屈，童祖恺还写下了“慷慨丈夫志，从容做楚囚。快刀如饮血，不负少年头”的豪迈诗词。反映了他当时面对反动派视死如归的革命气概。

童祖恺故居留下了童祖恺童年的点点滴滴，站在故居里，我们仿佛穿越回到那个时代，感受到他在这里的生活和革命气息。

英雄们虽已离我们远去，但他们的革命意志永远激励着我们在新时代的建设中继承和发扬他们的光荣传统，不忘初心、牢记使命，在实现伟大梦想的新时代里，砥砺前行。

（蒋祖云）

第五章 非遗研学

致中和五加皮酒非遗博物馆

【导游内容】

致中和概况—致中和的起源—致中和五加皮酒—致中和非遗博物馆—致中和发展蓝图

【致中和概况】

《中庸》有云："致中和，天地位焉，万物育焉。"致中和始创于清乾隆年间（1736—1795），徽州药商朱仰懋在古建德严州府，以"致中和"三字为号，开设第一家"致中和酒坊"，至此开启了致中和发展历程。

致中和酒业坐落于山清水秀、人杰地灵的新安江畔，主营五加皮酒、养生酒、白酒、黄酒等产品，是中国保健酒行业主流企业之一，也是行业中唯一同时拥有"国家级非物质文化遗产""中华老字号""中国地理标志产品"3项荣誉的企业。

【致中和的起源】

说起致中和五加皮的来历，就要从创始人——朱仰懋说起。

朱仰懋出生于徽州药商之家，家里兄弟二人。徽商重视经商、读书入仕，按照朱仰懋父亲的想法，大儿子是要继承祖业，而小儿子则是读书科举，如能考中一官半职，更是光宗耀祖。但是，小儿子朱仰懋虽如父亲所想一般跟随先生学习，但却偷偷对家里的药材上了心，并暗地里偷学了各种药材知识，后来朱仰懋就开始参与药材采购等买卖。有一次，朱仰懋乘船从水路去杭州采购药材，到了梅城严东关附近却遭遇风浪，所乘小船被打翻……待朱仰懋浑浑噩噩地醒来之时，发现自己被好心的船老大一家所救。船老大是何许人也？他乃九姓渔民。九姓渔民由陈、钱、林、袁、孙、叶、许、李、何九大姓氏组成，生活在严州府一带的新安江上，已有数百年。九姓渔民因长期生活在水上，湿度大，劳动强度高，易患风湿病痛，又因无钱治病，就有自酿药酒的习惯。朱仰懋在船老大家养伤，船老大非常热情拿出药酒来招待朱仰懋，他喝过后精神焕发。朱仰懋开始精心研究此酒配方，在此酒的基础上运用自身的中医药理知识，添加五加皮等中药材，这就是致中和五加皮最早的由来。所以致中和酒具有提高免疫力、活血抗寒、祛风湿、抗疲劳、助睡眠的保健养生功效。

【致中和五加皮酒】

建德地处浙江省西部，钱塘江上游，属于亚热带季风气候，全市森林覆盖率高，气候温暖湿润，年平均气温约为17℃，丰沛优质的水源，富饶适宜的土壤，使得空气中适宜酿酒的微生物含量丰富，提供了得天独厚的酿酒自然资源。致中和酿酒基地地处北纬30° 附近，该领域被誉为“中国黄金酿酒带”，中国好酒也大多出自这一纬度线上，西有茅台，东有致中和五加皮酒。

古时民间有“宁得一把五加，不用金银满车”的说法；中医经典《本草纲目》中记载：“五加皮酒，能去一切风湿痿痹，壮筋骨，填精髓，顺气化痰，久服延年益寿，功难尽述。”

致中和五加皮酒，选用五加皮、当归、枸杞、玉竹、栀子、木香、肉桂、丁香等几十味名贵中药材，引新安江优质水源，经国遗技艺“二次发酵、四度浸提”酿制而成，酒香飘逸扑鼻，入口醇甘，回味绵长，其色如榴花，香如蕙兰，金黄挂杯，具有调节免疫，增强免疫力的功效。

【致中和非遗博物馆】

进入致中和非遗博物馆，首先看到的是致中和的荣誉墙，每一面奖牌都是对致中和最高的褒奖。主要荣誉有清光绪二年（1876），新加坡南洋商品赛会金质奖；1915年，巴拿马万国博览会银质奖；1929年，西湖国际博览会

严东关五加皮酿酒技艺/周密 摄

优等奖；2006年被商务部授予“中华老字号”称号；2007年成为“中国地理标志产品”；2021年入选第五批国家级非物质文化遗产代表性项目名录……这些荣誉的背后都见证了致中和人无数的心血与奋斗的历史。

致中和“严东关五加皮酿酒技艺”是国家级非物质文化遗产，虽然传统的生产场景很难再现，但我们可以通过一个个模拟道具，带大家重温非遗魅力。

致中和“严东关五加皮酿酒技艺”是传承固态发酵、蒸馏和浸提等传统工艺，以纯粮白酒、糯米蜜酒、药汁等为主要原料，通过蒸煮、摊凉、发酵、窖藏，形成了“二次发酵”“四度浸提”为核心的一整套酿酒技艺。

第一次发酵是选用建德当地的优质糯米为原料，通过选料、浸米、蒸饭、淋饭、拌曲、前发酵等工序，进行7—10天的发酵，与家酿米酒非常相似；第二次发酵，也是重点步骤，需要取适量的五加皮及其他草本植物提取的汁液，拌入酿缸，进行二次发酵，发酵时间约3个月。

四度浸提是指以五加皮为主的中药材在提取过程中，经过常温浸提、循环浸提、加热浸提、蒸汽浸提等四道工序。药材浸泡、提取有单味与混合之分。单味主要取其色泽、成分，根据品类不同，时间3—15天；混合主要取其香气、口味，一般需耗时一个半月以上。

此外，致中和首创草本制曲，以草本药材入曲，结合四季制备古法麸曲与河内白曲、酵母菌曲、芽孢菌曲培养后，经科学配比制成。后期运用勾调工艺将酒中各种微量成分以最佳比例调和，促使分子重新排布和缔合，才能使致中和酒的“色、香、味、格”达到平衡和谐的最佳境界。

致中和作为国家级非物质文化遗产——“严东关五加皮酿酒技艺”的保护单位，一直致力于完善和保护传承体系。八代致中和酿酒匠人以“心口相传、师徒相授”的方式将五加皮酿酒技艺延续至今，先后共有省级非遗传承人2名、市级非遗传承人4名。通过开设培训课程、建立校外研习基地、新媒体平台短视频投放等方法，将非遗技艺发扬光大。工艺、设备在不断革新，但致中和执着坚守的工匠精神和独特的酿造工艺不会改变。

【致中和发展蓝图】

在一代代致中和人的努力下，企业不断发展前进，品牌价值全面提升。2022年致中和综合型保健酒生产基地全面落成投产。基地位于浙江省建德市杨村桥镇绪塘村，地处新安江现代化生态型商贸文化中心，是贯穿西湖、钱塘江—新安江、千岛湖、富春江—浙西山水风景线上的一颗璀璨明珠。该基地投资超5亿元，占地约400亩。以生产制造为基础，联动致中和健康食品研究院、中草药发展研究院、酒文化博物馆、产品体验旗舰店、非遗大师工作室等板块，将酿酒技艺传承、中草药文化弘扬、实效养生开拓、商业模式创新融会贯通。

基地酒类生产线主要涵盖酿造车间、联合包装车间、动力车间、勾兑车间、提取车间等，占地约6万平方米。全线运用现代化生产设备，引入智能制造先进技术，4吨立式锅炉、空压机、全自动机械板框压榨设备、自动化勾调罐，助力实现跨越式产能升级，年产量可达五加皮酒3万吨，蜜酒1万吨，固态白酒5000吨、黄酒3000吨。

一直以来，致中和以倡导品质生活为理念，助力国民健康为使命。品牌主打的养生系列产品，皆以中国传统医药经典为根基，草本植物药材为核心，遵循药食同源机理。经过持续发展与积淀，尊崇健康的品牌文化得以深入人心。

伴随着技术革新，致中和产品也在不断推陈出新。目前主营产品已涵盖五加皮酒、养生酒、白酒、莲子酒、黄酒、果酒等，深受消费者喜爱。致中和常年定期开展助农收购草莓活动，大力开发以草莓酒为主的区域特色农产品，形成了一条从草莓收购，生产加工到运输销售的完整产业链。

未来，致中和将始终坚持以“发展、创新”为主题，积极保护非遗技艺传承，响应健康中国国家战略，专注现代化健康产业发展，致力于成为中国植物草本保健的开拓者和领导者。

（陈方琦）

秋梅倒笃菜非遗工坊

【导游内容】

概况—九头芥种植基地—非遗工坊陈列馆—自动化生产线—研学体验区

【概况】

“倒笃菜”非遗工坊于2022年7月列入浙江省非遗工坊创建名单。主要从事倒笃菜制作技艺的生产、研发、保护传承工作。目前，该地已成为非遗展示和研学教育基地。

【九头芥种植基地】

这一片农田上种植的就是制作倒笃菜的原料——九头芥。九头芥的学名叫雪里蕻，它是十字花科，属一年或二年生草本植物。因其耐寒能力强，对土壤要求不高，中国南北各地均可种植。在南方，该菜有一股天然的芥末味，虫鸟不食，不需打农药，是一种原生态的冬季蔬菜。一般通过腌制食用，味道更好。这一片九头芥基地就是秋梅食品公司种植的倒笃菜原料基地。

【非遗工坊陈列馆】

首先我们来介绍一下什么叫倒笃菜。倒笃菜是浙江建德市农村传承了数百年的传统农家菜，由“九头芥菜”经过清洗、晾晒、堆黄、切割、加盐揉搓、倒笃、发酵腌制等一道道工序加工而成。这些工序中最有特色的就是倒笃腌制。用木棍把切碎并加盐揉搓脱水后的九头芥菜用力笃进坛里，且必须结实笃紧装满。然后，将腌菜的坛子倒置过来进行干腌。这种腌制方式避免了营养成分的流失，可确保原汁原味，鲜香脆嫩，保鲜不变质。

“倒笃”这一方式据说是由三国时期东吴大帝孙权母亲吴国太所创。传说，东汉末年，群雄逐鹿，战火连天，百姓生活贫苦。当地百姓家家户户用大瓦缸腌制九头芥作为日常菜肴。但是当时人们在腌制时却无法避免菜烂在缸里，往往辛辛苦苦腌好一坛菜却要扔掉大半坛。

孙权的母亲吴国太是现在的建德梅城人，她聪慧端庄，心灵手巧。她从小陪伴家人腌制九头芥，为了防止菜在腌制过程中烂掉，她将腌制坛子倒过来摆放，使腌制中产生的废液自然沥出。这一方法，使她腌制的菜再也不会烂掉了。她把这种方法传授给当地老百姓。孙坚、孙策、孙权等在行军打仗时，也仿效这一办法，从而确保在军队士兵在艰苦的行军打仗时能吃到鲜嫩的菜。这种把坛子倒过来的方法，当地人称为“倒笃”，这种雪菜，也被称为“倒笃菜”。

呈现在我们面前的这一倒置的坛子，形象地展示了“倒笃菜制作技艺”的全部内涵。当年“吴国太”就是用这种坛子创造了倒笃菜的奇迹，惠及了千家万户的老百姓。

接下来，我们来介绍一下倒笃菜的制作过程。这里展现了倒笃菜从种植、收割、清洗、晾晒、切断、加盐揉搓、倒笃、贮藏发酵等多道工序。

倒笃菜原是建德农村一道普通的农家菜，通过一名普通的农家妇女的不懈努力，倒笃菜已成为一道名菜。创造这一奇迹的建德女子叫潘秋梅。为了使这一传统技艺发扬光大，她不辞辛苦，深入农村，走访农户，实地掌握各种技能，同时聘请专家教授，将此传统工艺和现代加工技术有机结合起来，形成了秋梅倒笃菜标准化生产作业流程，从而使该产品品质有了质的飞跃，既确保了倒笃菜原有醇正口味的特色，也大幅度提高了生产能力，而且在加工过程中不添加任何防腐剂，是实施“绿色标准、绿色基地、绿色企业、绿色市场、绿色品牌”的绿色食品。

最后，我们介绍一下秋梅倒笃菜和潘秋梅本人所获得的荣誉。潘秋梅创办的浙江秋梅食品有限公司，先后荣获全国农产品加工示范企业、全国巾帼

秋梅倒笃菜

现代农业示范基地、农业农村部行业标准“芥菜腌制加工技术规范”起草单位、浙江省级骨干农业龙头企业等众多荣誉；其中，秋梅“倒笃菜”先后荣获了中国农产品品牌博览会及浙江省农产品博览会25块金奖，它同时也是浙江名牌产品、浙江省市民最喜爱的十大品牌农产品、首批浙江省优秀非遗旅游产品。潘秋梅本人也先后被授予全国三八红旗手，全国十大农民女状元，全国城乡妇女岗位建功十大标兵，全国民进学习践行社会主义核心价值体系先进个人，浙江省非物质文化代表性项目传承人，浙江省第十一届、十二届政协委员等荣誉称号。

倒笃菜最具代表性的产品是“千斤一坛倒笃菜”。它的来历可不简单，它采用了500公斤九头芥的精华部分，经20余道工序，采用古法炮制一坛，故名千斤一坛。它于2019年荣获了首批浙江省优秀非遗旅游商品，2020年获得杭州市特色伴手礼的荣誉称号，是走亲访友的精美伴手礼。这坛菜还有“笃定一生”的美好寓意，非常适合作为俊男靓女结婚时伴手礼，因而很受广大消费者的欢迎。

“小小倒笃菜能做大市场”，这是习近平总书记对秋梅食品倒笃菜的高度评价。倒笃菜，这本是建德农村一道普通的农家菜，秋梅食品公司秉承线下线上相结合的销售理念，产品在祖国的大江南北、长城内外大放异彩。与此同时，以倒笃菜为原料制作的状元饼、蛋炒饭伴侣等产品，也成为市场上的抢手货。

【自动化生产线】

请大家往这里看，透过玻璃窗，车间的左边安装了中国第一条倒笃菜自动生产线，这是我们与浙江大学和浙江省农科院合作开发的。它的生产能力为每小时4000公斤。投入使用后大大提高了倒笃菜的生产效率和产品质量。这条生产线是传统工艺和现代加工技术完美结合的产物。它既保留了倒笃菜传统工艺的精髓，又大大提升了生产效率和倒笃菜的品质，减轻了工人的劳动强度。由于企业转型升级，现在我们把这条生产线用于传承倒笃菜制作技艺的现场培训样板，广大学员可以通过现场观摩，快速掌握倒笃菜生产技术。

【研学体验区】

这里是倒笃菜非遗预制食品制作体验互动区。是我们专为公司“粉丝”、会员和广大游客、企事业单位及中小学生开展研学提供的实践平台。在这里大家可以在指导老师的帮助下，亲手动手体验制作倒笃菜各种衍生预制食品，并在休闲区品尝自己做好的美味佳品，最后还可以带走新鲜出炉的自己喜爱的好产品。

通过互动式的亲身体验学习，让广大群众亲身体验倒笃菜非遗制作技艺的文化魅力。在潜移默化中“赏非遗”“玩非遗”“学非遗”“吃非遗”“购非遗”，从而达到学习倒笃菜制作技艺，带动倒笃菜销售，实现共富之目的。

（蒋祖云）

农夫山泉研学基地

【导游内容】

景区概况—二楼展区—生产区

【景区概况】

建德农夫山泉研学基地位于建德市新安江街道朱家埠，这是一个集科研、开发、生产、营销于一体的饮料深加工企业，是一家环境优美的花园式工厂，拥有现代化的高科技设备、全自动化的生产全流程、全透明的旅游观光通道，可以欣赏到农夫山泉的整个生产过程。农夫山泉股份有限公司于1996年9月26日在浙江省建德市成立，公司拥有“农夫山泉”品牌，以“农夫山泉有点甜”的广告语闻名于全国。2000年被授予“中国奥委会合作伙伴”荣誉称号和“北京2008年奥运会申办委员会热心赞助商”荣誉称号。2002年农夫山泉天然水的总产量达61万吨，居全国饮料企业产量第四位。2003年9月农夫山泉天然水被国家质量监督检验检疫总局评为“中国名牌”产品。

今天参观的是农夫山泉建德新安江二厂。于2011年4月开始建设，12月开始投入试生产。它前期投资了8亿元人民币，厂房的占地面积有55967平方米。新安江二厂一共有5条生产线，2条天然水线（72000水线和12升天然水生产线），3条无菌线，也可以叫饮料线。

大家看到左手边的这张图是新安江二厂的整体效果图，中间这个像航空母舰一样的位置就是厂房，厂房后方是农夫山泉的铁路专线，是专门用来运

农夫山泉生产区

输农夫山泉的水和饮料。在铁路上方看到的这块白色的地方是农夫山泉最早的一家工厂，这家工厂主要以生产水为主。今天来到这里，大家能了解农夫山泉的优质水源是如何得到控制跟保证的，还可以参观天然水以及饮料线的生产线。

【二楼展区】

农夫山泉除了今天参观的这个工厂，在全国其他地方还有21个工厂，其中有10个工厂可以对外参观。首先最重要的就是水源地的选择，农夫山泉始终坚持“水源地建厂，水源地灌装”的原则，在全国寻找到了11大水源地。第一个就是浙江的千岛湖，它是国家一级水源保护区，水质可以达到直接饮用的程度；第二个就是吉林省长白山，2000年初建立的工厂，它的水源来自于错草泉；第三个水源地是湖北丹江口，是南水北调的源头；第四个是广东万绿湖，它是香港同胞们饮水的来源之一；第五个是来自新疆玛纳斯的天山冰川水，剩下的还有四个水源基地分别是四川峨眉山、陕西太白山、贵州武陵山及福建武夷山。

展区吧台这里是农夫山泉产品的品尝区，可品尝到东方树叶、农夫果园、水溶C100、维他命水、打奶茶等多种口味。农夫果园里含有胡萝卜、橙子、苹果，在新疆农夫山泉有自己的种植基地；水溶C100可以补充我们人体每天所需要的100克的维生素C；打奶茶中的奶粉都是新西兰进口的，是不添加任何香精的，大家可以放心品尝。

【生产区】

右手边的这个车间是水处理车间，水是来自新安江大坝内70米深处的千岛湖深层水，新安江水电站距离这里1.5千米，通过管道把水引到水处理间，最里面的那个大桶就是原水桶，原水通过物理过滤的方法进行过滤。首先通过砂滤器白色的石英砂过滤掉杂质跟大颗粒物质，然后是碳滤器，通过活性炭吸附掉异味以及异色。接下来膜过滤，膜过滤上的一张膜有孔径，通过孔径的大小有选择性地把水中的矿物质保留下，处理好的水放在最右边的成品水箱，进入成品水箱的水通过管道来到左右边的灌装车间灌装。

现在我们看到的是白色的瓶坯，通过这个理坯轨道，把瓶坯整理好输送到吹塑机内部，吹塑机内部的36个模具，转一圈会有36个空瓶吹塑起来，这个红色的就是水坯了，可以看到通过气体往里面吹，通过拉升杆的作用吹塑成空瓶的形状，吹瓶好之后简单地清洗来到灌装机，把水灌到空瓶中，水灌好之后就是封盖。正前方的这条生产线是全世界速度最快的一条生产线，一个小时可以生产72000瓶，一分钟1200瓶，1秒20瓶水，眨一下眼睛的工夫20瓶的水就生产出来了。

经过吹瓶、灌装、封盖，之后来到包装区域，首先把水一分为二，分成2条通道，接下来的工作就是贴标签，贴标机的速度只有灌装机速度的二分之一，所以要把水分给2台卷标、贴标机。贴标贴好后就是自动包装，当天生产出来的水是不能当天发货的，需要3天的时间检测指标，检测合格之后才会安排发货。

“无菌线”也可以叫饮料线。农夫山泉除了水还有一系列的饮料，这个工厂主要是生产维他命水、水溶C100、东方树叶这3种饮料，全国18个工厂，只有我们现在参观的这个工厂是生产这三种饮料，所以全国任何地方买到的都是今天参观的这个工厂生产出来的。

大家可以看到这一条生产线都是全自动化的，每条生产线只需要8—10个员工，一个是开设备包括维护设备，第二个就是品质点检，他的主要工作职责就是检查瓶子的外观，如果瓶子上有划伤或是拉丝，这样的产品都是直接作报废处理的。

东方树叶茶饮料除了乌龙茶和水之外，它的食品添加剂只有2种物质，一种是维生素C，一种是碳酸氢钠，维生素C的作用主要是防止茶叶氧化，碳酸氢钠就是小苏打，小苏打主要是为了防止茶在灌装的时候产生泡沫，这瓶茶有这2种物质可以使茶存放一年的时间，也就是说没有添加防腐剂，有一年的保质期。通过正前方的饮料线做到所有的环节无菌，产品会变质是因为里面有细菌跟微生物在活动。

正前方的这条生产线叫作无菌冷灌装饮料线，首先我们往这边第二层看一下，第二层可以看到五扇玻璃窗户，这一个设备叫作盖灭菌机，是负责

盖子灭菌，确保盖子是完全没有细菌的。前面看到的灌装机有一圈白色的软管，饮料就是从这里灌到空瓶里面，它转一圈可以生产120瓶饮料，灌装机里面的充填头有一个称重仪，对每一瓶饮料进行称重，以确保它的精确度。

通过三级台阶走上去，有圆的两个眼睛跟一个嘴巴，这个其实是一扇门，这扇门是可以打开的，但是在生产的过程中千万不能把它打开，因为一旦打开，外面的空气就会流进灌装机里，那么整个灌装机就不是绝对的无菌了。这个灌装机绝对无菌是怎么实现的呢？我们可以往下看，下面的这个玻璃房就是中控室了，在生产前，如果是今天下午1点开始生产，早上7点就要开始准备了，为什么要提前6个小时准备呢？因为要通过中控室的电脑对整个生产线进行清洗，清洗一次需要6个小时的时间来确保整个灌装环境是无菌的，在确保无菌的情况下才可以开始进行生产，开始生产之后可以连续无菌生产五天五夜，之后必须要停下来清洗一次。刚才讲到盖子、瓶子、灌饮料的空间是无菌的。右边这个很大的大桶叫作无菌桶，是存放饮料的地方。这么大的一个无菌桶可以存放28吨的饮料，一个小时就灌完了，一个小时可灌54000瓶。我们看到这个大无菌桶跟我手上的这瓶茶是一样的结构，为什么这么讲呢？因为存放在这个大无菌桶里面的饮料存放一年是完全没有问题的，他也是在生产前进行无菌清洗，确保它是无菌的，在生产的过程当中有氧压保护饮料，确保里面的饮料压力比外面的压力大，确保里面的饮料是完全无菌的。我们再拐过弯来看到这些管道，就是液处理区域，产品液通过这些管道进行高温瞬时杀菌，完成杀菌的产品液降温到20℃，没有细菌了的饮料才会存放在无菌桶中，所以大无菌桶内的饮料可以直接通过管道来到灌装车间，把饮料灌到空瓶里面去。

我们一般在买产品时都会看生产日期，像我手上拿的这瓶东方树叶的生产日期是2023年6月8日，后面的这个1314表是几点几分，H9代表的是生产线的名称，全国就只有这一条生产线是生产茶饮料的。生产日期是什么时候做到瓶子上的呢？我们可以看一下贴标机旁边是不是有一个白色玻璃板，上面写着“激光危险，请勿靠近”。贴标贴好之后立刻激光喷码，把生产日期喷到瓶子上去，旁边的这台机器就是检测仪器了，它会把贴标贴得不好的产品或是喷码没有喷到位的产品自动剔除出来。旁边输送带的颜色不一样，右边的是蓝色的，左边是紫色的，蓝色的是产品的输送带，紫色的就是纸箱的输送带。紫色输送带后面的那台白色的设备就是自动包装机。自动包装机的正前方，有四条通道是分瓶器，它对产品进行重新排序，把产品整理好进入包装机内部。这台包装机的速度是一个小时4320箱，基本上是一秒钟一箱。最后一个环节是机械码垛，码垛之后就可以进入仓库了，那里堆放整齐的一板一板的产品都是这台码垛机的功劳。整个仓库可以堆放140万—150万箱的产品，我们看到的仓库最大的一个特点就是环保，顶上这个白色的玻璃板是采光板，它的材质有聚光的效果。

今天生产的茶饮料到达市场最快需要一个礼拜的时间。这瓶茶出厂有一个非常严格的指标检测，检测产品的内容物和微生物的结果，内容物跟微生物的培养需要一个礼拜的时间才能出来，检查没有问题之后才会把今天生产的这一批次的产品发货发出去。

从吹瓶、灌装、封盖、贴标、包装、码垛，一瓶水和饮料的“诞生史”呈现在您的眼前。

（王微微）

十里荷花研学基地

十里荷花

【导游内容】景区概况—莲子工坊—十里荷花长廊—采莲区

【景区概况】

十里荷花景区位于杭州、金华、衢州三市交界处的建德大慈岩镇境内，以建德大慈岩镇里叶村为核心向周边兰溪、龙游二县市辐射，覆盖大慈岩镇双泉村、陈店村、狮山村、吴山村，还包括龙游县横山镇天池村、志棠村、兰溪市诸葛村、长乐村等十几个村庄，形成了面积1万多亩的莲子种植专业区，成为我省最大的莲子种植基地之一，也形成了蔚为壮观的“十里荷花”景观。这里享有“十里荷花、百里荷香、千年荷村、万亩荷田”之美誉。这里出产的莲子有“颗粒均匀、光泽度好、易蒸易熟、香酥可口”等特质，被列为国家地理标志保护产品，获得浙江省农产品金奖、浙江省著名商标和农业农村部无公害产品认证等多项荣誉。十里荷花景区分莲子工坊、十里荷花长廊（观景区）、荷花采摘区三部分，将观荷、采荷、品尝荷花宴、购莲制品、开展科普和研学等融为一体，是浙江省内农业与文化、旅游完美结合的著名生态旅游区，大慈岩镇也因荷花闻名，被誉称为“荷美小镇”。目前，建德大慈岩镇以里叶白莲为核心，联合兰溪诸葛镇、龙游志棠镇，以共有的莲产业为纽带，打响“浙硒莲”品牌，打造一条横跨杭金衢三地的莲风貌带，依托莲子产业实现三地百姓共富。

【莲子工坊】

莲子工坊是一座集莲荷文化展示、旅游接待中心、亲子研学体验、农旅产品展示、特色莲荷餐饮、5D和VR互动体验等功能于一体的综合性文化体验基地，是“荷美小镇”地标性建筑。它建筑面积为4899平方米，分为一号楼、二号楼、三号楼。一号楼的主要功能是旅游接待中心、莲荷文化展厅、荷花宴餐饮和办公区，二号楼的主要功能是汉服馆、书吧、咖啡吧、文创直播间，三号楼主要功能是农产品产品展销中心和会议室。在建筑外面为千荷园，这里种植有大黄莲、睡莲、十里荷一号、建荷17等几百个品种的荷花。在园区内有小火车、游船、小黄鸭等游乐项目，是开展荷塘音乐会、亲子活动和研学的好去处。在这里，我把荷花和中国荷文化的基本情况作一简要介绍。

荷花，又名莲花、芙蕖花、水芙蓉、水花、君子花等，它被称为“活化石”，是被子植物中起源最早的植物之一。据科学考证：在人类出现之前，大约一亿多年前，荷花就在地球上生存，在人类的原始社会初期，荷花的果实和根节（莲子与藕）就成为人类充饥果腹的食物。由此可见，荷花是我们人类最初的朋友之一。在浙江余姚河姆渡文化遗址、河南仰韶文化遗址考古中，都发现了莲子。因此，人类栽培种植荷花的历史十分悠久。从文字记载看：《周书》上有“薮泽已泽，即莲掘藕”，可见，当时的荷花已开始作为食用蔬菜了。

在人类漫长的发展过程中，人类进一步对荷花的实用性进行了探索，荷花凭借它艳丽的色彩、优雅的风姿深入人们的精神世界，并逐渐地发展为源远流长的荷文化。荷花现已成为“中国十大名花”之一。在我国，地无分南北西东，凡有水处都能种植，可谓生命力强；荷花从叶到花，从根到茎，无一不可入馔入药，荷花将自己的一切奉献给了人类。

自古以来，我国人民从采荷、食莲，逐步发展到赏荷、咏荷、画荷，形成了独特的荷文化。荷花，不仅频频出现在我国的诗、词、歌、赋、文、画、摄影等文学艺术中，而且在器皿、建筑、家具、衣饰图案、地名、习俗、传说、寓言、神话、故事等方面均有反映，它与中国文化传统、人民日常生活结下了不解之缘，成为我国文化宝库中的璀璨明珠。在我国人民心目中，荷花“出淤泥而不染，濯清涟而不妖，中通外直，不蔓不枝。香远益清，亭亭净植，可远观而不可亵玩焉”，已成为君子的象征，成为纯净、圣洁品质的代名词。

荷花的品种有近200种，但根据其用途，这些品种可分为子莲、藕莲和花莲三大品种群。里叶十里荷花景点，主要以子莲为主。在这里，我以这枝荷花为例，对荷花各部分作一介绍。

荷叶呈质状圆形，全缘波状。叶面黄绿色至深绿色，具有蜡质白粉。在荷的整个生长过程中，叶分为三种：由种子或种藕顶芽最初产生的叶，浮于水面，称为“钱叶”，又叫“荷钱”；从走茎上长出来浮于水面的叶，称“浮叶”；挺出水面，具有粗叶柄的，称为“立叶”。这枝，就是“立叶”。荷“叶”是进行气体交换和光合作用制造养分的器官。

荷花单生，系两性花，它与立叶并生。因品种不同，花型有单瓣、重瓣、千瓣等；花色有红色、白色、粉红色等。单花期一般只有4—6天，花大多晨开午闭。荷花的群体花期较长，可达3个月。所以，十里荷花景点的赏花期是7—10月。

这是莲蓬。剥去外壳，即露出莲子。莲子为小坚果，呈椭圆形、卵形，其大小因品种而异。一般长1.6—1.8厘米、1.1—1.2厘米，1000粒莲子重1.1—1.4千克，上品莲子为白莲和红莲。里叶十里荷花盛产的是里叶白莲，在清代即为贡品。

荷的茎为地下茎，具有明显的节与节间，横生于淤泥之中，并分枝蔓延。我们俗称为“藕”。藕能贮藏养分，还是营养繁殖的种源。由于藕中有弹性的增厚的黏液状木质纤维素，藕切断后，丝尚连在一起，故有成语“藕断丝连”。

荷，既可作为美味佳肴，又是上等的滋补品和良药。特别是莲子和藕，它们具有“味甘平，主补中养神，益气力，除百病，久服，轻身耐劳，不饥延年”的功效。因此，无论是莲藕、莲子，还是荷花、荷叶及花蕊，荷的一身全是宝。

【十里荷花长廊】

呈现在我们面前的就是连绵十里的荷田，是一片莲花的海洋，人们称之为“莲海”。烈日当空时，这里妩媚灿烂，有“翠盖红幢耀日鲜”般的壮

十里荷花

观；当细雨蒙蒙时，眼前是一片碧碗倾摇、银珠戏跳的景观；当月色朦胧时，光和影有着和谐的旋律，如朱自清先生笔下的《荷塘月色》，轻柔恬静，又如凤凰传奇《荷塘月色》歌曲那般婉转抒情；当清风吹拂时，我们看到的是绿浪翻滚、红裳飞衣的景象，令人叫绝。总之，面对这十里荷花，拍摄照片和短视频是最好的选择。

建德里叶白莲种植历史悠久，栽培历史可追溯到唐朝，凭借出众的品质，南宋时被钦定为皇宫贡品，并沿袭至明清两朝。2016年里叶白莲“雨过天青”产品特供G20峰会元首夫人茶歇，并作为伴手礼送给各国元首。白莲产业发展至今，已成长为荷美小镇的农业支柱产业。这里气候四季分明，夏季炎热，土壤富硒、泉水清澈，适宜莲子种植。一到夏季，大慈岩镇十里荷花种植区气势非凡，有“十里荷花、百里荷香、千年荷村、万亩荷田”的美誉。每年的7—8月，浙江省建德市大慈岩镇的数千亩荷花塘迎来盛花期，每天有上万枝荷花从这里发往周边省市的花卉市场，成为当地百姓致富的重要途径之一。这些年来，大慈岩通过打响“建德里叶白莲”区域公用品牌，形成了完善的荷花、鲜莲蓬、干莲、文创产品等莲产业链，每年销售莲子200吨、荷花80万支、莲蓬300万个，同时也带动了周边乡村旅游产业，每年增加农民收入3000余万元，真正实现了“一塘荷花富了一方百姓”。

在当地流行一个传说故事，里叶莲子的出名与乾隆皇帝有关。传说乾隆皇帝巡访江南，路过风景秀丽的里叶村，不知从何处传来一阵清香，引得乾隆下轿寻觅清香从何处传来。只见是一村妇在炖一颗颗像珠子般的东西，散发出扑鼻的香味。乾隆心中奇怪，忙问：“大婶，你炖的是什么？”村妇说是自家种的白莲，并盛了几粒请他尝尝。乾隆皇帝用筷子夹了一颗，洁白晶莹，十分可爱，放入嘴中，觉得粉烂酥松，清香可口，可惜略有苦味。便连叫几声大婶，想问个究竟。

谁知那村妇说：“我今年七十有零了，还叫我大婶？”乾隆皇帝看看这个妇女，不过五十岁上下，问她为啥身体这么好？那村妇笑着说：“不瞒客官说，这叫里叶白莲，观音所赐，我日食百粒，才得以延年益寿。”接着，那村妇便将这莲子的来历说了出来。

很久以前，观音菩萨从普陀云游大慈岩路过此地，看到一位可怜寡妇在叹气：“观音娘娘，我穷得连种子都没有哇。人说黄连苦，我是连心都苦哇。”观音菩萨听了寡妇的诉说后，从莲花座里取出四粒莲子交予寡妇，并叮嘱她：“空空一丘田，心齐好种莲，不可断藕种，苦尽便来甜。”寡妇母子牢记观音的嘱托，辛勤劳作，年年种莲，日子也一天天好过起来。

乾隆皇帝听了，才知道里叶莲子的来历。他细细地玩味观音菩萨留下的四句话，突然心里一亮，这不是一首藏头诗吗？观音菩萨早就告诉人们“空心不苦”。就对村妇说：“老人家，你把莲心捅掉便不苦了。”那村妇按乾隆所言一试，果然不苦，比原先更加香酥可口。里叶人从此懂得加工空心莲。

乾隆皇帝回京后，立即下了一道圣旨，将里叶白莲定为贡品，限期送京。据说乾隆皇帝自那以后常吃里叶白莲，果真身轻筋壮，延年益寿，竟活了八十九岁。

从此之后，里叶人也靠着自己勤劳的双手，世世代代种植白莲，一直延续至今。

【采莲区】

这里就是采莲区。采莲是一项江南水乡古老而重要的农事活动，轻快优美，富有诗意，蕴含着浓浓的生活情趣，很早便成为歌唱家、舞蹈家和诗人们的创作源泉。汉乐府里有一首非常著名的曲子——《相和曲》，那是青年男女对唱的：

江南可采莲，

莲叶何田田，

鱼戏莲叶间，

鱼戏莲叶东，

鱼戏莲叶西，

鱼戏莲叶南，

鱼戏莲叶北。

这一风俗到南朝时最为兴盛，也出现了大量吟诵采莲的曲赋。从梁武帝、梁简文帝、梁文帝父子三人到唐朝的李白、白居易，到北宋的柳永，许多著名的诗人以采莲为内容，抒发内心的感受。其中最优美的一首诗当属唐代诗人王昌龄所作：

荷叶罗裙一色裁，芙蓉向脸两边开。

乱入池中看不见，闻歌始觉有人来。

这是一幅优美的采莲图画。若要在这里重现这一景区，女游客们可下田采莲，并唱起歌来，而男游客则各个都会成为王昌龄了……

莲子在七成熟时就要采收了，不然老枯了容易落水，所以民间有个说法，叫作“宁拣七成熟，免遭三成丢”。

十里荷花景区周边的各村庄，由于悠久的种植历史，形成了完整的荷花产业链和丰富的荷饮食文化。以莲为主题衍生出各种旅游特产，像里叶白莲、荷叶茶、莲子酒等，均为地方特产；与荷为伍的村民利用莲子的糯、荷花的美、荷叶的香，将它们变成一桌丰盛的“荷花宴”。其中，里叶白莲炖土鸡、荷叶粉蒸肉、炸荷花等是特色菜肴；白莲红枣汤、里叶白莲木耳汤等是地方特色小吃。这些特产和菜肴，在莲子工坊和景区周边各个农家乐中都能买到或品尝到。

（蒋祖云）

编后记

□ 蒋祖云

我从事旅游三十多年了，从1993年到建德市旅游局工作起，先后辗转淳安千岛湖石林、东阳横店影视城和富阳文旅集团工作，但大部分时间仍住在建德。建德是我的家乡，我爱这里的山水和文化。在建德工作期间，我除了完成本职工作外，还承担了建德导游词的撰写和导游员的培训工作。我撰写的导游词数次在全省导游词写作大赛中获奖，并先后编入《浙江著名景点导游词》《杭州市新景导游词》等书中。2011年，为了规范建德各景点导游词，在建德市旅游商贸局的大力支持下，我和朱睦卿先生编写了《建德之旅》一书，此书曾作为导游培训教材，并作为宣传手册置于建德各酒店客房，为宣传推广建德旅游做出了一定的贡献。但时过境迁，当时的信息材料许多已过时，加上建德近几年新开发的景区景点越来越多，该书已不能满足现代旅游的需求。

2022年，建德市旅游协会重新成立，在会员单位的呼吁下，市旅游协会决定编写《建德市景区景点导游词》一书，并向市政府、市文广旅体局、市旅投公司等进行了汇报。该报告得到了市政府领导的高度重视，市文广旅体局、旅投公司领导曾多次召开会议进行研究。最后决定，此书由建德市旅游协会和建德市导游协会具体承接这一工作，并由我担任主编，具体负责此项工作。

2023年年初，建德市旅游协会和建德市导游协会正式成立《建德市景区景点导游词》编写委员会，并先后开展导游词编写业务培训，同时通过任务分解方式分头进行编写。这一过程是十分烦琐的。为了详尽地反映景区景点内容，我们查阅了大量的资料、实地考察了景点、听取了导游和游客的意见，一次次地修改并一次次地试讲，力求口语化、规范化和科学性。在初稿形成后，我们又对文字进行了统稿，统一了文字风格和内容，主要如下：导游词中的欢迎词和结束语，在文稿中不再体现，由导游在实际带团中自由发挥；对导游词中涉及相同的内容进行了规范，明确了在主景区详写、在副景区略写的原则，以确保不重复；对景区中相关展馆内容采取重点介绍方式，以确保核心讲解内容完整；对于景区景点的介绍，按游览行进路线依次展开……为了确保导游词的规范化和内容的真实性，我们邀请了严州文化研究会会长陈利群老师和浙江导游协会副会长、著名导游词编纂专家钱钧老师对所有导游词又进行了统稿。两位老师在百忙之中，花费了大量的心血，从文字到内容，从体例到结构，从标点符号到数字等进行了修改，使文稿更为清晰。

在本书编写过程中，得到了袁思明、周密、张扬军等市领导的热情鼓励，得到了市文化和广电旅游体育局谢黎琴、章晓腾、顾伟梁、邵永忠和建德市新安旅游投资有限公司郑希平、骆燕君等领导的大力支持，得到了建德市旅游协会、建德市导游协会的积极配合，在此一并感谢。同时，感谢张扬军、钱钧两位先生为此书撰写了序言，感谢陈利群、钱钧先生为此书统稿，感谢夏柱霞、王玮江、朱永文、朱丹萍、吕建青、洪基军、胡浩、邱和红、吴灵秀、陈方琦等作者的辛勤付出，感谢何建荣、演通、胡凯、邵玲、祝冬根、朱页军、王微微、程润平、武丹、吴芳珉、蒋丽霞、林美华、陈艺恺、杨爱娟等提供了大量素材；感谢方娟、马琦瑛、吕建青、夏柱霞等做了大量的协调和编务工作，特别感谢方志出版社各位编辑老师进行认真仔细地编校。正因为有如此多的人无私的付出，该书才能如期出版，与读者见面。由于时间仓促，信息掌握不全，书中难免有不足之处，敬请大家批评指正。

2023年金秋于云涛斋

建德市景区景点分布示意图